JN411461

프랑스인 그리고 **프랑스 사회**

프랑스인 그리고 프랑스 사회

김선미 · 최준식 지음

한국문화사

프랑스인 그리고 프랑스 사회

초판인쇄 2011년 8월 25일
초판발행 2011년 8월 31일

지 은 이 김 선 미 · 최 준 식
꾸 민 이 이 지 은
펴 낸 이 김 진 수
펴 낸 곳 **한국문화사**
등 록 1991년 11월 9일 제2-1276호
주 소 서울특별시 성동구 아차산로 3(성수동 1가) 502호
전 화 (02)464-7708 / 3409-4488
전 송 (02)499-0846
이 메 일 hkm7708@hanmail.net
홈페이지 www.hankookmunhwasa.co.kr

책값은 뒤표지에 있습니다.

ISBN 978-89-5726-900-8 93330

이 도서의 국립중앙도서관 출판시도서목록(CIP)은 e-CIP 홈페이지(http://www.nl.go.kr/cip.php)에서 이용하실 수 있습니다. (CIP제어번호: CIP2011001364)

■ 머리말

수업 시간에 학생들에게 <프랑스>라는 주제로 리포트를 내준 적이 있었다. 놀랄 정도로 많은 학생이 톨레랑스의 나라, 솔리다리테의 나라, 앙가주망의 나라라는 단어로 문장을 써내려 갔다. 에펠탑이나 베르사유를 프랑스의 상징이라고 생각할 것이라고 기대했던 나에게는 조금은 의외였다.

프랑스의 수도 파리는 어떠한가? 많은 드라마에서 파리는 실연당한 연인이 치유를 위해 떠나는 장소로 등장한다. 그렇다면 파리를 가로지르는 세느 강은 실연의 아픔을 달래줄 만한 특이한 모양을 하고 있는 걸까?

프랑스는 학생들에게 어떻게 프랑스가 지니고 있는 추상적인 가치를 전달했을까? 학생들은 어떤 경로로 프랑스의 이미지를, 눈에 보이지도 않는 사회적 가치로 전달받았을까? 이 모든 것에 궁금증이 생기기 시작했다.

또한 프랑스인은 자신의 나라를 어떻게 생각하고 있을까? 자신들이 이 관용의 나라(?)에서 타인과의 차이를 인정하고, 타인을 배려하고 존중하며 살고 있다고 생각하고 있을까? 프랑스인은 어떤 문화를 바탕으로 한 사회에서 살고 있을까? 이러한 모든 질문에 대한 해답을 찾고 고민하고 생각해보는 기회를 제공하고자 이 책을 출간하게 되었다.

프랑스인은 아름다움에 대한 환상을 불러일으키기에 충분한 과거 유물을 많이 보존하고 있는 곳에 살고 있다. 모든 도시에는 중세에 만들어진

성당이 한두 개쯤은 있다. 또한 19세기에 지은 건물들이 거리에 즐비하고 사람들은 실제로 그곳에서 생활하고 있다. 그 건물 안에는 중세시대를 연상케 하는 가구와, 현대 문명의 이기인 냉장고와 텔레비전, 그리고 하이테크놀로지인 인터넷이 연결된 컴퓨터가 놓여 있다. 그렇기에 프랑스인에게는 과거와 현재의 경계가 모호할지도 모른다.

이렇듯 우리와 시간 개념이 다른 문화 속에 살고 있는 프랑스인의 문화를 미국의 문화 연구 학자 에드워드 T. 홀은 다음과 같이 정의한다. "프랑스인은 철학적으로는 모노크로닉하지만 그들의 일상생활은 폴리크로닉하다".[1] 데카르트의 철학관을 유산으로 물려받은 프랑스인의 비판 정신 그리고 스케줄보다는 인간관계를 중요시하는 그들의 생활 방식을 잘 나타내는 말이다. 이처럼 프랑스인의 시간 관념은 우리와는 사뭇 다르다. 어딜 가나 항상 기다려야 하는 그들의 시간 습관은 프랑스의 독특한 문화를 만들어냈다. 우체국은 물론이고 담배를 사려고 한참 동안 줄을 서서 기다려야 하고, 병원에 예약을 했더라도 기본적으로 1시간 이상은 기다려야 하는 프랑스인의 시간 관념 때문에 외국인의 눈에는 톨레랑스(관용)의 사회처럼 보였을지도 모른다. 또 프랑스인이 생각하는 공간의 개념도 우리와는 상당한 차이를 보인다. 개인들 간의 거리는 매우 밀접해서 서로 얼굴을 대고 인사를 한다. 길거리에는 작은 차들이 즐비하고 도로의 구조도 방사선 모양으로 되어 있어, 한국의 바둑판 구조로 되어 있는 동네 모양을 생각하고 친구의 집을 찾다가는 길을 잃기 십상이다. 파리의 개선

[1] 에드워드 T. 홀은 주어진 시간에 하나의 일을 처리하는 것을 단선적인 시간(모노크로닉)이라고 정의하였으며, 이와 달리 여러 가지의 일을 처리하는 시간성을 복선적인 시간(폴리크로닉)이라고 정의하였다.

문을 중심으로 방사선 모양으로 쭉 뻗어 있는 각각의 도로는 파리의 모든 방향으로 서로 이어진다. 이러한 공간관 안에서 형성된 문화가 중앙집권적인 사회구조를 만들어 낸 것은 아닐까? 많은 사람이 프랑스 사회의 특징이라고 하는 권력 집중과 엘리트 집단의 계층 상속은 이렇듯 중앙에 집중된 프랑스적인 공간 개념에서 비롯된 것이 아닐까?

이 책은 프랑스인과 프랑스 사회의 특징을 소개한 책으로 먼저, 프랑스 사람들의 특징을 만들어낸 역사적 배경과 프랑스 사회가 어떻게 형성되었는지 살펴보았고, 두 번째로는 프랑스인이 현재 어떻게 살아가고 있는지 그리고 마지막으로 정보화 시대에서 프랑스 사회가 어떻게 변해가고 있는지 알아보았다.

모쪼록 이 책이 프랑스라는 주제에 친숙한 독자뿐만 아니라 생소한 독자에게도 프랑스 사람과 프랑스 사회를 이해하는 데 조금이나마 도움이 될 수 있기를 바라며, 이를 가능하게 해 주신 도서출판 한국문화사 대표님께 감사드린다.

2011년
김선미 · 최준식

■ 차례

프랑스 사람들은 어떤 모습인가? 

프랑스 사회는 어떤 모습일까?

오늘날의 프랑스는 어떻게 변하고 있는가? III

I

프랑스 사람들은 어떤 모습인가?

1. 지금의 프랑스인이 만들어지기까지

1. 골족의 후예임을 자랑스럽게 여기는 프랑스인

'장발의 갈색 머리, 축 늘어진 수염, 규율을 잘 지키지 않으며 호전적인 성격, 대식가이며 술을 많이 마시고 매우 용감함…' 이는 프랑스인들이 평소에 서슴지 않고 자신의 선조라고 이야기하는 골족 (라틴어로 갈리아라고 함)[1]의 특징을 나열한 것이다. 프랑스인들은 어려서부터 학교의 정규 교육이 아닌 쉬는 시간에 친구들과 이야기하며 자신의 선조가 골족이라는 것을 배우게 된다. 그러나 이러한 역사가 정확한 기록에서 연유한 것은 아니다. 그렇다면 프랑스인은 언제부터 이러한 생각을 갖게 된 걸까?

프랑스의 사회학자들은 프랑스인이 자신의 선조를 골족이라고 생각하게 된 것은 프랑스 대혁명 시절인 제3공화국 시기부터 <강요된 것>이라고 말한다. 역사적으로 볼 때 프랑스 왕들은 4세기부터 자신들이 골의

---

[1] 기원전 8세기경부터 켈트족이 현재의 프랑스 영토에 이주하여 원주민을 몰아내고 정착하였으며, 이 지역을 로마인들이 갈리아라 불렀고 이 곳에 정착한 켈트족을 갈리아족으로 호칭하였다. 이후 갈리아는 프랑스식 단어인 골(Gaule)로 변했다.

북쪽과 동쪽에 정착한 프랑크족[2]의 후예라고 생각해 왔다. 프랑크족은 496년에 랭스(Reims)에서 세례를 받고 기독교로 개종한 클로비스(Clovis) 왕을 자신의 선조라고 믿어 왔다. 클로비스는 751년까지 두 세기 반 동안 프랑스 땅을 지배한 메로빙거 왕조의 첫 번째 왕이다. 이후 814년까지는 샤를르마뉴(Charlemagne) 대제의 카롤링거 왕조가 지배하게 되었다. 카롤링거 왕조의 몰락 이후 카페 왕조와 부르봉 왕조가 9세기 동안 프랑스를 지배하였다. 프랑스 대혁명 이전에 프랑스를 지배했던 왕들은 신에 대한 충성을 반복했고 거기에 따라 프랑스는 <교회의 맏딸(fille aînée de l'Église)>의 역할을 충실하게 이행하였다.[3]

클로비스 왕 프랑크 왕국의 초대 국왕(재위 481~510)으로서 메로빙거 왕조의 창시자이다. 그가 세운 프랑크 왕국은 중세 초기에 서유럽의 대부분 지역을 지배했다. 그는 로마인이 아닌 이방인 왕으로는 처음으로 로마 가톨릭교도가 되었다. 481년에 아버지의 지위를 물려받은 클로비스는 같은 이교 신들의 보호를 받으며 남하하여, 골족의 북부지방을 정복했다. 클로비스는 종교적으로 두 가지의 의미 있는 행동을 했는데 첫 번째는 오를레앙에서 종교회의를 소집한 것이었다. 이 회의에는 32명의 주교가 참석했으며 여기서 결정된 교회법은 오늘날까지도 남아 있다. 이것을 보면 왕이 교회법 심의에 개인적으로 얼마나 깊은 관심을 갖고 있었는가를 알 수 있다.

두 번째는 프랑크족의 법률인 살리카 법전을 공포한 것이었다. 이 법전은 시골 생활을 규제하는 65개 조항으로 이루어져 있다. 그리스도교 신앙의 영향을 받지 않은 이 조항들은 엄격한 법률 문서라기보다는 정치적 선언문이다. 살리카 법전을 통해 왕의 권위가 높아졌으며, 왕이 자신의 종족인 이방인들을 다스리는 데 골족의 속주를 지배한 로마인들의 수완을 기꺼이 활용하고자 했다는 사실을 분명히 보여준다.

클로비스는 영웅적인 이방인으로서 걸출한 인물이다. 그는 작은 영토에서 이방인의 족장으로 출발하여, 골 지방에 사는 로마인들에게 통치자로 받아들여졌다. 그는 황제의 승인을 받아, 서유럽의 아리우스 종파와 고트족의 연합 세력에게 처음으로 심각한 공격을 가했다.

그는 종족을 대신하여, 프랑크족은 아리우스 종파가 아니라 결국 가톨릭교로 개종해야 한다는 중대한 결정을 내렸다.

---

[2] 프랑크는 <대담함> 혹은 <자유분방함>이라는 의미를 포함하고 있다. 프랑크족은 평시에는 모든 이들이 평등하였으나 전시에는 왕이 절대 권력을 지니고 명령에 복종하는 매우 극단적으로 대비되는 사회구조를 갖고 있었다.

[3] 496년 최초의 프랑크족 왕 클로비스가 기독교로 개종하고 랭스에서 세례를 받으면서 프랑스는 공식적인 가톨릭 국가가 되었다. 프랑스가 <교회의 맏딸>이라 불리는 것은 바로 프랑스가 공식적으로 가톨릭 국가가 된 최초의 나라이기 때문이다. 800년에는 샤를르마뉴 대제가 교황에 의해 왕관을 수여받음으로써 프랑크의 왕은 신에 의해 선택된 기독교인들의 수장이라는 의미를 가지게 되었고, 이는 왕권신수설의 기초가 되었다. 그의 치세 기간 중 이루어진 건설 계획의 3분의 2 이상이 수도원과 관련된 것이었으며, 그 기간 중 교회 토지는 전체 경작지의 10%

그러나 프랑스 대혁명 때 프랑크 왕조로부터 계승된 군주제와 귀족제에 대항한 제3세력이 프랑크의 침입으로 정복당했던 골족을 자신들의 선조로 내세웠다. 이러한 새로운 역사적 해석을 통해 군주와 귀족은 프랑스 최초의 정착민족인 골족의 권력을 약탈한 세력으로 비춰지게 되었다. 이렇듯 다분히 정치적인 목적에 의해 형성된 골족의 신화가 프랑스 전역으로 확산되기 시작한 것은 제3공화국에 이르러서이다. 정치적 성격을 띤 골족의 신화화는 정치와 종교적 색채가 분리된 영웅을 통해 프랑스 국민에게 민족과 문화적 동질성을 부여하고 국가의 정체성을 확립시켜 주었다. 공화국의 역사학자들은 골족을 프랑스의 시작점으로 만들기 위해, 즉 골족을 프랑스인의 선조로 만들기 위해 세자르(Jules César, 기원전 101~44년)를 선택하였다. 세자르는 골족의 전쟁을 승리로 이끌어 여러 부족들이 살고 있는 영토에 동일성을 부여한 인물이었다. 또한 베르킨게토릭스(Vercingetorix)[4] 역시 국가적 영웅의 좋은 모델이 되었는데, 그 이유는 그가 전쟁에는 실패했지만 흩어져 있던 부족들을 하나로 모은 인물이었기 때문이다. 베르킨게토릭스의 골족은 전쟁에서 패배한 후 기원전 50년부터 기원후 5세기 중반까지 로마의 속주가 되었다. 그러나 로마인과 골족의 동거는 <갈로 로망>이라는 훌륭한 문명을 탄생시키는 계기가 되었다.

그리고 무엇보다도 뛰어난 업적은 오늘날의 벨기에와 라인란트에 살던 프랑크족의 여러 부족을 정치적으로 통일된 하나의 민족으로 만든 것이었다. 프랑크족의 세력은 라인 강 동쪽으로 침투하여 그 지역에 정착했다. 그의 가문은 강력한 지배권을 확보했고, 이 지배권은 8세기까지 지속되었다.

그렇다면 왕과 국가에 대한 충성을 목적으로 역사가들에 의해 만들어

에서 30%로 증가했다. 대혁명 전까지 교회 수입의 주요 원천이었던 십일조를 규정한 것도 이때였다. 이후 카페 왕조에 이르면 '신의 은총을 받은' 왕의 신화는 조직적으로 윤색되고 이용된다.

4 골족의 부족인 아르베른족의 추장. 로마의 골족 통치에 대항해서 대규모 반란을 지휘했으며(기원전 52년), 부족의 왕이자 연합군의 지휘관으로 추대되었다.

진 전형이 아닌 프랑스인의 진정한 조상은 누구일까? 프랑스의 선조에 대한 논란은 침입과 반란이라는 역사적 특징에 기인하고 있다. 현재 프랑스 영토는 기원전 2000년 전부터 기원후 3세기까지 독일과 보헤미아 남부에서 온 켈트족으로부터 침입을 받았다. 켈트족은 유럽의 상당 부분과 일부 아시아 지역을 점령하고 있었으며 로마인은 켈트족의 모든 영토를 골이라고 불렀다. 반면 세자르는 라인강의 서부에 위치한 곳을 <골>, 동쪽에 위치한 부분을 <게르만>이라 불렀다. 그러나 세자르가 골이라고 명명한 지역 전체가 문화, 종교, 언어 혹은 종족의 차원에서 동일한 모습을 갖고 있는 것은 아니었다. 이곳에 사는 사람들은 동맹 관계를 맺기도 했지만 서로 경쟁 관계로 얽혀 있었다.

한편 프랑스 남부지방은 이미 기원전 2세기부터 로마가 점령하던 곳이었다. 로마의 압력과 세자르의 영토 확장 의지는 여러 골족 정착민의 반란을 유발하였다. 골족은 아르베른족 출신의 베르킨게토릭스의 명령아래 봉기를 일으켜 제르고비(Gergovie)에서 승리를 거뒀으나 이듬해 알레지아(Alésia)에서 대패하였다(약 기원전 52년). 이에 따라 로마가 점령한 지역이 점차 확장되었다. 이러한 로마 점령 지역은 인구가 매우 많았으며 특히 농업과 상업이 발달했다. 또한 기독교가 도입되는 1세기까지 켈트족의 신앙과 로마의 신앙이 혼용되었다.

이후 3세기에 게르만에서 온 사람들(로마 시민이 아니었기 때문에 '미개인'으로 불렸다.)이 골족을 침입하였다. 게르만인은 로마의 압력으로부터 영토를 방어하기 위해 켈트족과 매우 친밀한 동맹이 되어 여러 왕조들을 건설했다(북쪽의 프랑크, 남쪽의 위지고트, 론강과 손강 주변의 뷔르공드). 5세기에는 클로비스의 지휘 아래 프랑크가 모든 골족의 영토를 정복했다.

이러한 복잡한 역사 때문에 프랑스의 역사학자와 정치인에게 국가 탄생 시기는 많은 논란이 되고 있다. 기원전 1세기경 베르킨게토릭스의 명령에 따라 골족이 연합한 때? 아니면 프랑크족의 왕인 클로비스가 세례를 받은 496년? 9세기 동안 프랑스를 지배한 왕조의 시조, 위그 카페(Huges Capet)[5]가 출현한 987년? 혹은 프랑스를 하나의 국가로 만들었던 프랑스 대혁명?

분명한 것은 공화국 학교에 의해 전해내려 온 골족의 신화는 르네 고시니(René Goscinny)[6]와 알베르 위데르조(Albert Uderzo)의 만화 아스테릭스를 통해 널리 전파되었다는 것이다. 아스테릭스는 해외까지 전해져 프랑스인뿐 아니라 외국인에게도 골족의 이미지를 재현하고 있다(미식가이고, 투덜거리지만 호탕한 성격이기도 하다).

역사학자 어네스트 라비스(Ernest Lavisse, 1842~1922)가 골족을 기원으로 서술한 신화는 프랑스 의무 교육의 창시자 쥘 페리(Jules Ferry)[7] 시기에 공화국 학교 교사들을 통해 프랑스 젊은이들의 정신 속에 주입되었다.[8]

---

[5] 카롤링거 왕조의 마지막 왕이 죽자 봉건주의 체제를 갖추던 프랑스는 선거를 통해 왕을 선출하게 된다. 여기서 프랑크의 왕족이자 가장 강력한 힘을 지니고 있던 위그 카페가 선출되어 987년 6월 1일에 왕좌에 오르게 됨으로써 카롤링거 왕조는 몰락하고 카페 왕조가 시작된다. 그러나 왕의 통치권은 미비하여 지금의 파리 주변 지역인 일 드 프랑스 정도였다.

[6] 1926년 8월 14일에 파리에서 태어나 아르헨티나 부에노스아이레스에서 학창시절을 보냈다. 뉴욕에서 작가를 시작한 고시니는 50년대 초 프랑스로 돌아와, 최고의 삽화가 장 자크 상페와 함께 전설적인 꼬마들이 나오는 시리즈를 탄생시켰다. 바로『꼬마 니콜라』다. 그 둘이 창조해 낸 새로운 우주는 아이들의 언어로 아이들의 일상을 이야기하며 프랑스 전역에서 커다란 성공을 거두었다. 이후 고시니는 알베르 우데르조와『아스테릭스』시리즈를 만들어냈다.『아스테릭스』는 107개 언어로 번역되었으며 지구상에서 가장 많이 읽힌 작품 중 하나로 손꼽힌다.

[7] 쥘 페리는 종교색을 띄지 않은 무상·의무 교육을 창설한 온건공화파의 대표적인 인물이다. 현대 교육제도의 기초를 마련한 쥘 페리는 프랑스의 교육분야에서 상징적인 인물로 남아있다.

[8] Nelly Mauchamps, *Les Français*, Le Cavalier Bleu, 2006.

골족의 특징은 서로 융합하지 못하고 분리되는 경향이 있지만 적과 마주하면 대단한 결속력을 갖고 있다. 프랑스인은 침입자나 세계화와 같은 문제에 직면할 때는 완강한 골족의 계승자라는 이미지를 확실하게 보여주고 있다. 골족을 연상케 하는 아주 훌륭한 수염(?)을 갖고 있는 조제 보베(José Bové)[9]는 미국에 대응하는 골족의 용맹스러운 신화를 완벽하게 재현하고 있다.

조제 보베

일찍이 골족과 결부된 형용사는 자유로운 사고와 솔직함이었다. 여기에 점차 자유로운 생활 습관과 노골적이고 호색적인 언행이 덧붙여졌다. 이에 따라 골족의 정신은 즐거움과 자유 그리고 방탕함과 동의어가 되었다.

2. 미개한 중세의 프랑스인을 탈출시킨 르네상스

르네상스는 역사적으로 어느 시기에 위치하고 있을까? 프랑스의 역사학자들은 르네상스를 중세의 끝인 동시에 <근대>[10]가 출발한 시점이라고 강조한다. 다시 말해서 르네상스는 중세와 관련된 미개함의 종말과 근대로의 진입을 의미하는 것이다.

중세는 가혹한 공포정치가 지배하던 이전 시기와 크게 다르지 않은 시기다. 학살, 시민전쟁, 영국과의 백년전쟁 등으로 얼룩진 시기이기 때문이

---

[9] 1999년 8월 프랑스 미요에 있는 맥도날드 신축 공사장에 트랙터를 몰고 들어가 기물을 부순 혐의로 징역 3개월을 선고 받았으며 같은 해 11월 세계무역기구(WTO) 각료회의가 열린 미국으로 건너가 반세계화 시위를 주도한 프랑스의 대표적인 농민 운동가.

[10] 공식적으로 1515년 프랑수아 1세가 왕위에 등극한 것을 근대의 출발점이라고 한다.

다. 반면 르네상스는 지적·예술적 혁신, 지리와 과학의 발견 그리고 국가 현대화에 있어 매우 특별한 시기라고 할 수 있다. 또한 종교개혁이 전개되면서 종교적 혁신이 이루어졌다. 이렇듯 르네상스는 모든 새로운 것을 주저 없이 받아들인 변화의 시기였다.

르네상스는 무엇보다도 고대의 작품과 가치로의 회귀, 교양의 선호, 이전 시기와 다른 지식의 발전으로 알려진 지적 운동의 시기이다. <인문주의(humanism)>[11]라고 명명되는 이 운동은 15세기부터 많은 학자가 스탄티노플을 떠나 이주하게 된 피렌체, 로마 그리고 베니스에서 일어났으며 16세기에는 서양의 모든 국가로 퍼져나갔다. 가장 유명한 인문주의자로는 네덜란드의 에라스무스가 있으며 그는 지혜의 원천을 고대 문학과 성서라고 주장했다.

인문주의자들은 그리스와 라틴 작가들의 작품에 대한 해석을 하였는데 많은 사람으로부터 대단한 학식을 가진 사람으로, 동시에 철학의 창시자로 간주되었다. 왜냐하면 고전 작품을 판독하고 이해하려면 그리스와 로마의 언어 및 문명 그리고 제도에 대한 연구가 필수적이었기 때문이다(당시 라틴어는 많이 사용되는 언어였지만 그리스어는 잘 알려지지 않았다). 또한 인문주의자들은 연구의 관심을 성서의 문구를 해석하는 것으로 전환하기도 했다. 이때까지의 교육은 성서 교리 학습을 기반으로 하는 이론에 국한되었지만 이때부터 <자유로운 평가의 정신> - 오늘날 비평의 정신이라 불리는 – 을 통한 복음이 시작되었다. 인문주의자들은 중세 시대에 지배적이던 비관적인 세계관(인간은 피동적이고 신의 분노에 따른다)과는 달리 인간 자신과 인간의 발전을 강조하면서 낙관론적인 세계관을 옹호했다. 즉 "인간은 자신의 운명을 조절할 수 있으며 교육, 이성, 의지를

---

[11] 라틴어인 *humanitas*는 문화(culture)를 의미한다.

통해 발전할 수 있다"고 주장했다. 따라서 인문주의는 인간 지각의 정신 세계에 대한 근본적인 변화를 만들어내었다. 인문주의자들은 신이나 교회에 대항한 것은 아니었지만 인간의 정신적 독립성과 자유에 대한 확신이 기독교 교회에 의해 파괴되었다고 생각하였다.

기욤 뷔데

프랑스에서 가장 널리 알려진 인문주의 지식인은 왕립도서관 관장이었던 기욤 뷔데(Guillaume Budé)였다. 16세기 초 프랑스에서는 법률 개혁이 프랑스 근대화를 위해 필수적인 과정이라고 생각하였고, 기욤 뷔데는 다분히 웅변적이고 실용적인 로마법으로 돌아가 이를 프랑스의 새로운 법률적 수단으로 활용할 것을 주장하였다. 따라서 프랑스는 중세 법학자의 주석과 주해에 의존하여 고전 법률서의 본문을 읽는 이탈리아와는 달리 직접 원어로 고전 원서를 다루는 과정을 발전시켰고, 그 결과 주석과 주해서를 원문 연구의 장애물로 여기게 되었다. 또한 학자들의 아버지가 되고 싶었던 프랑수아 1세가 현재 콜레주 드 프랑스(Collège de France)[12]의 기원이 된 고등교육 기관을 창설하게 된 것도 바로 기욤 뷔데의 주도하에서 이루어졌다. 왕국의 학자들(교수)은 소르본 가톨릭 대학[13]에서 금지

---

[12] 파리에 있는 국립 성인교육기구 및 연구소. 각 분야에서 특별한 학위는 없지만 저명한 학자들이 강의를 한다. 교수직도 반드시 영구적이지 않을 뿐만 아니라 개설과목 역시 시대적 경향에 따라 비중이 달라진다. 학위나 자격증을 수여하지 않으며 입학시험이나 수업료도 없다. 이 곳에서 강의한 저명한 학자로는 앙리 베르그송, 폴 발레리, 클로드 레비 스트로스 등이 있다.

[13] 1253년에 로베르 드 소르본(Robert de Sorbonne) 신부에 의해 문을 연 이후, 나폴레옹의 보호를 받으며 프랑스 고등교육의 산실로 성장해 빅토르 위고, 베이컨 등의 세계적 석학을 배출해 낸 대학으로 현재는 소르본 대학으로 통칭되고 있다.

된 과목들, 특히 그리스어, 라틴어, 히브리어, 아랍어, 수학 등을 강의했다.

특히 문학 분야는 인문주의자들의 운동에 영향을 받아 대단한 발전을 이룩하였다. 문학의 발전이 두드러진 곳은 이탈리아와 프랑스였다. 이탈리아에서는 마키아벨리(1469~1527)가 도덕에 관한 문제로부터 관리의 효율성을 분리하면서 새로운 정치적 이론을 발전시켰다. 프랑스에서는 플레이야드 시인들[14]이 로마와 그리스 작가들로부터 영감을 얻어 프랑스의 시를 새롭게 변화시켰는데 대표적인 시인으로는 뒤 벨레(Du Bellay, 1522~1560)[15]와 롱사르(Ronsard, 1524~1585)[16]가 있다. 또한 라블레(Rablais, 1494~1553)[17]는 교육의 새로운 시스템을 주장했다. 라블레는 속박의 상태로부터 육체와 정신을 자유롭게 해야 하고 자연을 신뢰해야 한

---

14 1459년, 별자리의 이름을 딴 플레이야드라 불리는 7명의 시인 그룹이 '프랑스어의 옹호와 현양'(Défense et illustration de la langue française)이라는 이름의 이 선언문을 발표했는데 이는 프랑스어가 학문과 문학의 언어일 수 있음을 부인하는 라틴어학자들을 상대로 하고 있다. 이 시인들은 그리스어와 라틴어를 모방하지 않고는 프랑스어에 탁월함과 지식을 줄 수 없다고 생각했으며 이를 통해 프랑스의 시를 쇄신시키고자 했다.

15 뒤 벨레는 로마 체류 기간 동안 향수에 시달린다. 조국을 그리워하며 『후회시집(Les Regrets)』이라는 제목의 시집에서 그의 향수를 표현하였다.

16 뒤 벨레처럼 귀족 집안 출신인 피에르 드 롱사르는 일찍부터 청각을 상실하여 직업을 포기해야만 했다. 그리하여 그는 문학에 심혈을 기울이며 그리스어와 라틴어를 공부하면서 많은 작품을 썼다. 가장 잘 알려진 작품은 『오드(Les Odes)』와 『사랑(Les Amours)』이다.

17 베네딕트파의 수도사였던 라블레는 36세에 의학을 공부하고 몇 년 뒤에 리옹의 시립병원 의사가 된다. 1532년 시장에서 가르강튀아라고 부르는 거인의 모험에 대한 책을 발견하고 흥미를 느낀 라블레는 그 후속을 책으로 집필할 결심을 한다. 그것이 팡타그뤼엘(Pantagruel)이다. 또 2년 후에는 가르강튀아(Gargantua)를 출간한다. 그 책들은 소설이라기보다는 오히려 여러 부분으로 나뉘어진 괴상하고 희극적인 일련의 모험이다. 연속적으로 거인들의 출생, 어린 시절, 교육 그리고 전쟁 공훈의 문제 등을 다루었다.

다고 주장했다. 그리고 르네상스의 마지막 인문주의자 몽테뉴(Montaigne, 1533~ 1592)[18]는 지식의 한계와 대발견의 결과에 대해 의문을 제기했다. 그는 문화적 상대주의에 대한 실험을 통해 다른 문화의 법, 도덕 그리고 종교가 모든 사물의 토대가 된다고 생각했다. 몽테뉴는 브라질 원주민이 식인종일지라도 절대로 미개함과 잔인함이라는 관점으로 보면 안 된다고 주장했다.

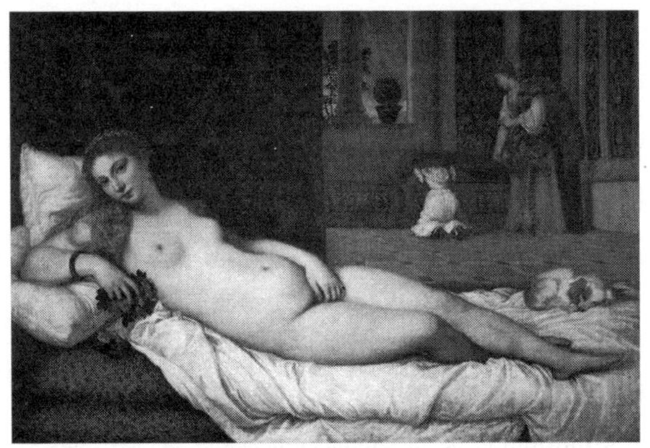
우르비노의 비너스

르네상스 운동은 예술 분야에서도 고대의 특징이 두드러지게 나타났다. 예술과 건축분야 역시 고대 예술을 바탕으로 발전되었다. 화가들은 중세 기독교의 수줍어하는 표정의 무거운 의상과는 반대로 나체나 고대의 의상을 걸치고 있는 그림을 그렸다.

프랑스인과 이탈리아인과의 접촉은 <이탈리아 전쟁(1494~1515)>의 대규모 군사 원정을 통해 이루어졌다. 이 군사원정은 프랑스 왕들에 의해 시작되었지만 결과는 좋지 않았다. 왜냐하면 프랑수아 1세가 마리냥에서 한 번 승리한 이후 계속 실패했기 때문이다. 프랑스는 이탈리아에서 영토

---

[18] 몽테뉴는 16세기 후반 광신적인 종교 시민전쟁의 와중에서 종교에 대한 관용을 지지했고, 인간 중심의 도덕을 제창했다. 그러한 견해를 피력하기 위해 또는 좀더 정확하게 그러한 견해가 자신에게 무엇을 의미하는 가를 밝히기 위해 에세(essai)라는 문학 형식을 만들어냈다. 그의 『수상록(Essais)』은 인간 정신에 대한 회의주의적 성찰과 라틴 고전에 대한 해박한 교양을 반영하고 있다.

를 조금씩 잃어갔다. 그러나 이탈리아와의 전쟁에서 가장 중요한 결실은 무엇보다도 예술 분야에서의 이탈리아의 영향이라 할 수 있다. 알프스 너머 이탈리아 문명의 정교함에 사로잡힌 프랑수아 1세는 이탈리아에서 테이블과 예술 조각을 구입하였고 이탈리아 예술가들을 자신의 왕궁으로 불러들였다. 이때 들어온 화가로는 레오나르도 다빈치, 티치아노, 프리마티스 등이다. 한편 루아르 지방의 고성들은 프랑스의 전통 방식으로 건축되었지만 내부의 장신구와 장식 및 대벽화 등은 이탈리아 양식의 문양이었다.

르네상스는 과학과 기술 분야에서도 놀랄 정도의 발전을 가져왔다. 특히 인문주의자들에 의해 발달된 비평 정신 덕분에 이 시기에 과학이 탄생했다고도 할 수 있다. 레오나르도 다빈치(1452~1519)는 아주 독특하게 보편주의 정신을 구현했다. 화가, 조각가, 건축가 그리고 과학자로서 역학, 해부학, 지질학, 식물학 등의 여러 분야에 관심을 갖고 있었고 여러 형태의 기계를 발명했다.

르네상스의 또 다른 시기, 16세기는 종교 운동의 토대가 만들어진 시기로서 개신교를 탄생시킨 시기이다. 종교개혁은 성서 해석의 자유를 원칙으로 가톨릭 교회 권위를 추락시키는 데 공헌한 인문주의에서 출발했다. 개혁가들은 새로운 종교를 만들려고 한 것이 아니라 더 개인적이고 단순한 신앙을 갈망했다. 그들은 가톨릭 교회의 사치, 특히 영리를 위해 교황이 <면죄부>를 파는 것을 비난했다. 종교개혁은 한 쪽에서는 독일의 루터에 의해 시작되었고 다른 쪽에서는 프랑스인인 칼뱅에 의해 시작되었다. 이 운동은 유럽 전체로 확산되어 학자들에게만 관심을 끌었던 인문주의가 모든 계층과 모든 사회로 발전되는 계기를 제공했다.[19]

가톨릭 교회는 종교개혁에 대항하여 <반종교개혁> 운동을 감행하였다. 칼뱅을 표적으로 한 트리엔트 공의회(Le concile de Trente)는 교리를 명시

프랑수아 뒤부아가 그린 성 바르톨로메오 대학살

하고 프로테스탄트와의 전쟁을 선포했다. 교황주의자와 위그노(칼뱅파의 신교도) 사이의 갈등은 시민전쟁으로 변질되었다. 이 갈등의 정점은 카트린 드 메디시스(Catherine de Médicis) 여왕의 명령에 의해 파리에서 수천 명의 개신교도들이 살해당한 성 바르톨로메오(Saint-Barthélemy)의 밤으로 이어졌다(1572년 8월 24일).[20] 이후 대학살은 국가 전체로 확산되었고 1만 명 이상의 희생자가 발생했다.

종교전쟁은 40년 동안(몇 번의 휴전을 포함하여 1562년부터 1598년까지) 프랑스를 유혈의 도가니로 만들어 놓았다. 기독교 분리에 직면한 다른 유럽 국가에 심각한 정치적 위기는 일어나지 않았지만 프랑스에서의 종교적 통합

---

19 16세기 중반, 프랑스에는 200만 명의 프로테스탄트가 있던 것으로 추정되고 있다.

20 샤를 9세의 어머니 카트린 드 메디시스는 신교도를 지휘하는 꼴리니(Coligny) 제독의 영향력이 커질 것을 염려한 나머지 꼴리니의 암살을 계획, 딸 마르그리뜨의 결혼식을 기회로 꼴리니를 암살하려고 하였으나 실패하였다. 왕이 이를 조사하자 암살 음모가 탄로날 것을 두려워한 카트린 드 메디시스는 결혼식을 보기 위해 파리에 모인 신교도 지도자들의 암살 계획을 꾸몄다. 8월 24일 새벽, 구교도들의 무차별 대학살이 시작되었고, 다음날 왕이 학살 금지 명령을 내렸음에도 불구하고 그 해 10월까지 유혈 사태가 지속되었다. 이 사건으로 수천 명의 신교도들이 학살되었다.

은 이들 유럽국가에 군주제 국가 건설이라는 중요한 가치를 등장시켰다.

프로테스탄트로 성장한 앙리 4세는 1589년에 프랑스 왕에 즉위하자 가톨릭으로 개종하였다. 그는 또 다른 종교적 갈등을 피하기 위해 프로테스탄트에게 인식의 자유와 시민 권리를 승인하는 낭트 칙령을 선포하였다. 그러나 두 종교의 평화적인 공존은 오래가지 않았다. 왜냐하면 1658년에 루이 14세가 낭트 칙령을 폐지했기 때문이다. 프로테스탄트에 대한 박해는 다시 시작되었고 많은 개신교도들이 이웃 나라로 떠났다. 이후 프랑스에서 개신교의 존재가 공식적으로 인정된 것은 프랑스 대혁명 바로 전인 1787년에 이르러서였다.

3. 프랑스인이 애착을 갖고 있는 프랑스 대혁명

1789년의 프랑스 대혁명은 대부분의 프랑스인이 프랑스라는 국가가 탄생한 시점으로 생각하고 있다. 대혁명을 기념하는 공식행사가 행해지는 매년 7월 14일은 기독교인에게 예수가 탄생한 것처럼 프랑스인에게는 프랑스라는 국가가 새로 시작하는 흥분된 날이다. 신과 같은 권리를 갖고 있던 군주와 귀족의 특권에 종말을 고하게 한 대혁명은 프랑스를 민주주의 국가인 동시에 인권의 국가로 만들었다. 많은 사람들이 프랑스 대혁명의 가치를 <공화국 가치>와 혼용하고 있는데, 그 이유는 프랑스가 대혁명 이후 공화국의 형태를 갖게 되었기 때문이다. 또한 프랑스인은 프랑스 대혁명이 전세계를 변화시켰다고 생각하고 있는데, 그 이유는 대혁명을 통해 많은 나라에 자유에 대한 영감을 전달했기 때문이다. 대혁명 200주년을 기념하는 1989년의 화려한 행사는 프랑스의 전세계적인 영향력을 확인하는 기회가 되었다. 텔레비전을 통해 중계된 이 기념 행사 화면은 수천만의 프랑스인은 물론 해외의 많은 사람들도 시청하였다. 이는 프랑스 대혁명이 전세계적으로 상징적인 힘을 갖고 있다는 증거이기도 하다.

1789년의 '인권과 시민권 선언(Déclaration des droits de l'homme et du citoyen)'[21]은 <인간은 법적으로 자유롭고 평등하게 태어난다>(제1조)라고 선포했다. 혁명의 목적은 무엇보다 출생과 관련된 권리의 평등 정신이다. 또한 이 선언은 <모든 주권의 원칙은 기본적으로 국가에 존재한다>(제2조)라고 공포하고 있다. 현재의 정부가 곧 국가라는 인식은 혁명가에 의해 만들어진 정치적인 기본 개념이다. 혁명가들은 법의 정부를 건설하면서 법이 신권의 절대주의를 대체하며 독재로부터 개인을 보호하도록 만들었다. 혁명의 기본 개념 안에서(오늘날 항상 애매한 해석이 존재하고 있기는 하지만) 법은 선출된 의원과 국가의 대표자인 입법자로부터 만들어진다. 결국 정부/국가는 <시민 공동체>로서 개인들의 사회를 통합하고 있는 것이다. 프랑스 헌법은 <공화국은 하나이며 분리되지 않는 것>이라고 명시하고 있다. 모든 지역적인 특성이 제거되고 지역 언어를 금지하며 공동의 언어로서 프랑스어를 의무화시킨 것도 바로 이러한 이유에서이다.

또한 '인권과 시민권 선언'은 <누구라도 자신의 의견에 대해 걱정해서는 안 되며 종교는 법이 만든 공공질서를 흩트려서는 안 된다>(제10조)라고 강조하고 있다. 프랑스 대혁명은 인종이나 종교의 차별 없는 시민 평등을 통해 개신교도에게 선거권 및 피선거권을 제공했으며 고용의 기회도 허용했다. 프랑스 대혁명은 유대인에게도 프랑스 시민의 지위를 부여했

---

[21] 프랑스 대혁명으로 만들어진 인권선언. 자연법 사상의 영향을 받아 자유와 평등 등의 인간의 천부적 권리는 장소와 시간을 초월하여 보편적임을 선언하였다. 국민의회에 의해 1789년 8월 26일에 채택되었다.

지만 유대인이 공동체로서 간주되는 것을 거절했다. 다시 말해서 오늘날의 프랑스는 여전히 <시민>만을 인정하고 있으며 국가가 하나의 민족이나 종교적인 공동체로서 여겨지는 것을 거부하고 있다.

가톨릭은 대혁명과 함께 국가 종교로서의 지위가 중단되었다. 혁명가들이 처음으로 요구한 것은 가톨릭에 대한 통제였으며, 이에 따라 성직자의 재산은 국가에 귀속되었고 종교적인 의무와 명령은 없어졌다. 1790년에 루이 16세에 의해 공포된 '성직자 시민 헌법'은 사제에게 국가에 대한 충성을 서약하는 것을 의무화 하고 있다. 또한 이에 복종하지 않는 사제에게는 엄격한 제제가 뒤따랐다. '성직자 시민 헌법'은 기독교 체제를 뿌리부터 흔든 법이었기 때문에 많은 성직자들이 반대했다. 이후 공포정치(1792~1795)[22]가 근본적인 탈기독교화를 시도했지만 그 기간은 오래가지 않았다. 그러나 이후에도 종교와 정치에 대한 분리 노력은 계속되었는데, 1795년 2월에 교회와 국가의 분리가 선언되었고 1802년에 폐기되었다가 1905년에 '라이시테[23]에 관한 법(loi sur la laïcité)'이 공포되면서 정치와 종교의 철저한 분리가 시작되었다.

1791년의 '르 샤플리에 법(loi Le Chaplier)'[24]은 영주와 노동자 사이의

---

22 프랑스 대혁명 기간 중 1793년 9월 5일부터 1794년 7월 27일까지 실시되었던 독재정치. 국내외로 전쟁에 발이 묶인 혁명정부는 '공포정치'를 실시해 반혁명분자인 귀족·성직자를 엄격하게 다루기로 했다. 이 기간에 로베스피에르가 이끄는 공안위원회가 프랑스 정부에 대해 완전한 독재권을 행사하여 좌파와 우파세력을 모두 제거했다. 공포정치로 약 1,400명이 처형당했으나 테르미도르 9일 반동사건으로 로베스피에르는 몰락했고 공포정치는 막을 내렸다.

23 프랑스어인 라이시테는 사전상 의미로는 <세속화> 또는 <정교분리>로 해석되지만 프랑스만의 특수성을 전달하기에는 무리가 있어 원어인 라이시테를 그대로 표기한다.

24 프랑스 대혁명의 지도자인 르 샤플리에는 1791년 6월 14일 노동자 단체와 고용주 단체 모두를 불법으로 규정한 '르 샤플리에 법'을 국민의회에 제출했다. 이 법은

불평등을 만들어 낼 수 있는 길드[25]를 폐지했다. 이 법은 <국가와 시민의 중간에 위치하는 존재가 없으며 노동의 관계는 개인과 개인 사이의 자유로운 협상에 의해 조정되어야 한다>고 명시했다. 노조의 창설을 금지하고 있었지만 개인의 자유로운 협상을 명시한 '르 샤플리에 법'은 1864년까지 적용되었다. 이 법은 프랑스의 예외적 지위에 있는 사람들, 즉 불안정한 지위에 있는 사람들(노조, 근로자 기관)을 위하고 특수 이익을 보호하고자 하는 법으로 평가되고 있다. 다시 말해서 '르 샤플리에 법'은 프랑스 공화국 전통 안에서 국가만이 개인에게 의무를 부여하여 <일반 이익>을 실현할 수 있는 강력한 프랑스적 통제 경제의 이미지를 잘 보여준 것이다.

오늘날 모두가 프랑스 공화국을 인정하고 있고 공화국의 형태를 당연한 것으로 여기고 있지만 오랫동안 신교도들이 군주제뿐 아니라 가톨릭의 권리를 강하게 반대해왔다는 점을 기억해야 한다. 19세기와 20세기 초에는 서로 다른 정치 파벌인 좌파와 우파가 대립하는 구조를 통해 혁명의 가치가 이어졌다. 세계대전 중 비시(Vichy) 정부[26]가 권력을 갖게 되었

1884년까지 시행되었으나, 노동자들이 고용주들보다 활동의 비밀을 유지하기가 어려웠으므로 실질적으로는 노동자들에게만 영향을 미쳤다. 변호사였던 그는 1789년에 렌의 제3신분(부르주아 또는 중간계급) 대표로 선출되어 삼부회에 참석했다. 자코뱅 클럽의 모태가 되었던 브르통 클럽을 베르사유에서 결성했고, 1789년 8월 국민의회 의장이 되었다. 그러나 1791년 루이 16세가 바렌으로 탈출한 뒤에는 온건개혁파와 손을 잡았다. 자코뱅 클럽에 등을 돌린 그는 투표권을 유산자에게 한정시켜야 한다고 주장하는 푀양 클럽(혁명 때의 입헌군주파)에 합류했다. 1794년 영국을 방문하고 돌아온 후 공포정치 시기에 체포되어 처형당했다.

[25] 중세시대에 상공업자들이 만든 상호 부조적인 동업 조합. 서유럽의 도시에서 발달하여 11세기에서 12세기에는 중세 영주의 권력에 대항하면서 도시의 정치적, 경제적 실권을 쥐었으나 근대산업의 발달과 함께 16세기 이후에 쇠퇴하였다.

[26] 1940년 6월에 프랑스가 독일에 항복한 후, 비시에 세운 친독(親獨)정권. 페탱을

을 때 공화국이라는 좌우명이 파괴되었고 이를 대신하여 <노동, 가족, 조국>이 중심적인 가치가 되었다. 레지스탕스에 의해 프랑스 공화국의 임시정부가 '프랑스안녕위원회(Comité de salut française)'를 창설했을 때 혁명에 관련된 용어들을 선택하는 것이 쉬운 일은 아니었다.

프랑스 대혁명의 원칙은 해방 이후 엄격한 공화국의 영향을 받아 조직된 것이다. 제4공화국과 5공화국은 헌법을 자연적이고 불가침의 권리로 정의한다. 즉 자유(타인을 해치지 않는 한 모든 것을 할 수 있는 능력), 특히 의견과 종교 및 소유의 자유(침해할 수 없는 신성한 권리)와 법과 정의 앞에서 동등한 권력의 분리 원칙을 인정한다. 공화국 헌법은 <공공의 정부와 기관의 조직은 공화국 평등주의에서 기인한 것>이라고 강조하고 있다. 프랑스가 항상 공동체주의를 선언하고 이민자나 여성에 관한 차별(쿼터 시스템)에 대해 반대하고 있는 것도 바로 이러한 원칙을 기조로 하기 때문이다.[27]

한 이탈리아 기자의 글은 프랑스 대혁명이 만들어 낸 프랑스인의 성향을 잘 묘사하고 있다 : "프랑스인의 일상생활이 다른 유럽의 국가와 비교해 볼 때 매우 다르다는 것에 감명을 받았다. 나는 프랑스에 도착해서 사람들의 거만함에 매우 깊은 인상을 받았다. 즉 권리를 갖고 있다는 거만함과 매일 가치를 실현할 수 있는 권리를 갖고 있는 것에 대한 거만함이

수반으로 하는 반동적인 파시스트 독재 정부로, 독일에 예속되어 독일군이 점령하지 않은 자치 지역인 비점령 지대를 다스렸으나 나치 독일의 패망과 더불어 무너졌다.

27 최근의 가장 대표적인 예로는 프랑스 의회가 2011년 1월 13일 향후 6년 내 상장기업 중 직원 500명 이상 또는 매출 5000만 유로(약 740억원) 이상인 대기업들은 의무적으로 임원직의 최소 40%를 여성에게 할당토록 하는 법안을 최종 승인한 것이 있다.

매우 인상 깊었다. 다시 말해서 대중 계층에 있는 사람들도 복잡함이나 어려움이 없이 살고 있으며 자신의 권리를 실현하고 있다는 상황이 매우 인상 깊었다".[28]

4. 과거 식민지에 대한 집착이 강한 프랑스인

프랑스는 60년대까지 상당한 힘을 가진 식민 통치국가였지만 80년대 이후 프랑스에서는 과거 식민지 국가에 대한 문제들이 정치 논쟁의 대상이 되었다. 2001년 국회는 <반인류 범죄>를 처벌하는 '토비라 법(loi Taubira)'을 통과시켰다. 그리고 2005년 2월 23일에 프랑스 영외 지역, 특히 북아프리카에서의 프랑스 정부의 역할을 강조하는 조항을 추가시켰다. 그러나 이 법은 일부 사람들의 비판을 유발시켰으며 프랑스 대통령은 문제가 된 조항에 대한 수정을 요청했다.[29] 이어 2005년 5월에는 조롱의 의미를 지닌 <공화국의 식민지 원주민>이라는 이름의 단체가 출범했다. 이 단체는 식민통치 이후 프랑스에 의해 발생되는 억압과 차별에 대항하였고 식민지 및 이민자의 자녀들을 선동하기 시작하였다. 이후 2005년 10월

---

28 Norberto Bottani, *La France vue d'un face*, 1990에서 인용.

29 프랑스의 '기억 전쟁'에 대해서는 나라 안팎에서 좀 지나치다는 비판이 없지도 않다. 프랑스 의회는 나치가 600만명의 유태인을 학살한 역사적 사실을 부인하는 주장을 하면 범죄로 규정하고(1990년 게이소법) 1915년 오스만 터키의 아르메니아인 학살을 부인하는 것도 범죄로 처벌하며(2001년 1월 29일법) 노예매매와 노예제도를 인정하는 것을 반인류 범죄로 처벌한다(2001년 토비라법). 이러한 분위기에서 2005년 2월 13일 프랑스 의회는 학생들에게 식민지 정책, 특히 북 아프리카 지역 식민지 정책의 <긍정적인 측면>을 가르치도록 교육 프로그램을 작성할 것을 규정한 법(제4조)을 제정했다.

에 흑인 단체의 대표 자문단체인 크랑(CRAN)이 만들어졌는데, 이 단체의 창설 목적은 속박의 역사와 식민주의에 관련된 인식 및 식민 통치 기억의 필요성을 설명하는 데 있었다.

이렇듯 오늘날에도 과거 프랑스 식민통치에 대한 논쟁이 존재하고 있다. 이는 후기식민지 이민자(북아프리카와 중앙아프리카)나 해외 영토 지역 출신자를 많이 보유하고 있는 프랑스 사회에서 여전히 과거 식민지 출신자가 사회, 문화 및 경제적인 반향을 일으키고 있다는 것을 의미한다.

실제로 프랑스 공화주의자들은 인권의 옹호자인 동시에 제국주의자였다. 이들에게 식민지 확장은 여러 논증을 통해 정당화되었다. 다시 말해서 다른 열강들과의 경쟁 속에서 항상 강대국이라는 것을 입증해야만 했다(1870년 독일에 패배한 이후 더욱 더 강화되었다). 산업 대국이 되기 위해서는 상업 시장을 갖고 있어야만 했는데 프랑스 공화주의자들은 이를 <문명 전파의 과업>이라 이름 짓고 식민 통치의 논리를 정당화했다. 이는 프랑스 의무 교육의 선구자 쥘 페리의 <상위의 인종은 하위의 인종에 대한 권리와 의무를 갖고 있다>라는 말에 잘 나타나 있다. 결국 식민통치의 확대는 인간은 평등하다는 인권 선언에 모순되지 않는다고 해석하고 있는데, 이것은 식민지의 사람들을 미개하다고 여겼기 때문이다. 결국 공화국이 <하나이며 분리될 수 없는> 그리고 <공화주의적인 평등>이라는 원칙에도 불구하고 특수한 식민통치의 정당성을 가능하게 한 것은 바로 이와 같은 논리 때문이었다. 당시 인류학자들이 주장한 <아프리카와 아시아인들은 하위의 사람들>이라는 인종에 대한 개념은 식민주의적 사고와 식민 통치 안에 적용된 논리의 중심적인 역할을 했다.

반면 알제리의 경우는 중앙아프리카와 인도차이나의 프랑스 식민지 영토와는 달리 프랑스 공화주의 신화의 모순을 보여주고 있다. 1848년부터 프랑스의 한 지방이었던 알제리에는 인종적 기준에 따른 주민들 사이의

크레미외(1796. 4. 30~1880. 2. 10) 1848년 대혁명과 파리코뮌(1871) 당시에 활약했던 프랑스의 정치가이며 유대인 지도자.

프로방스 지방의 님므에서 변호사로 일하며 두각을 나타낸 그는 파리 항소 법원의 관선 변호사가 되어(1830) 법률에 대한 지식과 달변으로 명성을 높였다. 1842년 앵드레에루아르 주 대표로 하원에 진출해 곧 급진 좌파의 지도자로 떠올랐다. 1848년 혁명에서 중요한 역할을 했으며, 1848~1849년 임시정부의 법무장관을 지냈다. 루이 나폴레옹이 대통령 후보로 나서는데 찬성표를 던졌으나 곧 지지를 철회해 투옥당했다. 석방된 뒤에는 변호사 일을 계속하면서 좌파 정치인으로 활동했다. 1869년 파리의 선거구에서 출마해 다시 하원에 진출했고, 제2제정이 무너지자 국민방위정부(1870~1871)에 참여해 법무장관으로 일했다. 뒤이어 알제 대표 하원의원(1871~1875) 및 상원의원(1875~1880)으로 활동했다. 한편 그는 프랑스 내 유대인 사회의 중요한 지도자였다. 그는 자신의 권위와 정치적 영향력을 이용해 북아프리카 유대인들에 대한 선거권 부여 운동을 후원하는 등 프랑스와 알제리의 유대인들이 정상적인 삶을 누리도록 많은 운동을 지원했다. 큰 영향력을 행사한 '전세계 이스라엘인 연합'을 창설했으며, 1863~1880년에 의장을 지냈다.

정치적, 법률적 불평등이 존재하였다. 1830년대에 만들어 몇 번의 수정을 거쳐 1945년까지 적용된 원주민 통치제도는 현지 토착인을 프랑스에 종속시켰다. 유대인에게는 프랑스 시민권을 부여했지만 1870년의 크레미외(Crémieux) 시행령은 이러한 불평등을 정당화하는 기초가 되었다.

제1차 세계대전 이후 모든 식민지에는 선교사의 자극을 받은 식민지 국가의 엘리트들에 의해 독립운동이 시작되어 제2차 세계대전 이후까지 확대되었다. 당시 영국과 네덜란드는 각각 인도와 인도네시아의 독립을 허용한 반면, 프랑스는 식민 제국을 구하는 방향으로 힘을 쏟았다. 1946년에 프랑스에서는 <식민지>라는 용어가 <영외 지역의 프랑스>라는 표현으로 대체되었고 이는 다시 <프랑스 연합(Union française)>으로 바뀌었다. 또한 프랑스는 이들에게 프랑스 시민의 자격을 부여했지만 많은 불평등이 있었다. 예를 들어 이중 선거제도는 중앙아프리카에서 1956년까지, 알제리에서는 1958년까지 유지되었다.

이후 불가피하게 식민지 해방이 이루어졌다. 대부분의 지역에서는 평화적으로 이루어졌지만 몇몇 지역에서는 오랜 기간 동안 폭력이 동반되었다. 1946년에는 UN의 압력으로 시리아와 레바논의 독립을 받아들여야만 했다. 1956년에는 프랑스 연합의 가입을 거부했던 튀니지와 모로코가 폭력 없이 독립을 했다. 라오스, 캄보디아 그리고 베트남의 독립이 이루어진 해인 1954년에 프랑스는 긴 전쟁(1946~1954)을 치르면서 인도차이나를 잃었다. 많은 프랑스인들은 "인도차이나 전쟁이 프랑스에게는 혹독한 패배를 안겨주었지만 해방전쟁은 필요하지 않다"고 생각했다.

1947년 마다가스카를 제외한 중앙아프리카 식민지의 정치적 독립은 여러 번에 걸쳐 격렬한 폭력 없이 이루어졌다. 1956년 국회를 통과한 '데페르법(loi-cadre Defferre)'[30]은 프랑스 식민통치 국가인 아프리카에서 프랑스가 계속해서 행정 및 통제의 자치권을 행사할 수 있도록 했다. 이후 1958년에 대통령이 된 드골 장군이 식민 국가의 내무부 업무에 대한 부분적인 통치를 예고하는 <프랑스-아프리카 공동체 계획>을 제안했다. 1958년에 독립한 기네를 제외한 대부분의 대상 국가들은 이를 받아들였다. 그러나 이 <프랑스-아프리카 공동체>는 오래 가지 않았

식민 통치 제국, 프랑스 프랑스 식민통치 제국은 두 시기로 구분된다. 첫 번째 식민 제국 시기는 XVII세기와 XVIII세기다. 루이 14세 하에서 절정을 이룬 이 시기의 식민 제국은 아메리카 대륙에 위치한 영토(퀘벡, 루이지아나, 서인도제도 일부분), 아프리카 대륙(현재의 일드레위니옹과 일 모리스, 세네갈과 마다카스카)과 인도의 일부 지역에 위치하고 있었다. 1685년의 '검은 헌법'(Code noir)을 통해 식민지 안 노예들의 신분을 제한했다(결혼, 자녀 소유, 처벌 등등). 1794년에 프랑스 대혁명에 의해 무너진 노예제도는 1802년에 나폴레옹에 의해 다시 만들어졌다. 이 제도는 1848년 제2공화국 하에서 없어졌다. 프랑스는 1814년에 마르티니크, 귀안, 생도미니크, 생피에르, 미크롱, 세네갈 그리고 인도의 여러 지역을 여전히 식민지로 보유하고 있었다.

두 번째 식민 제국의 시기인 19세기는 알제리(1830), 인도차이나(1858~1867), 뉴칼레도니아(1853), 지부티(1888), 마다가스카(1896), 서부 아프리카(1880~1900)를 식민 통치하였다. 튀니지와 모로코는 프랑스 보호령이 되었다(1912). 이 국가들에 대한 정복은 루이 필립과 샤를르 10세 하에서 이루어졌으며 나폴레옹 3세까지 계속되었다. 제1차 세계대전 이전, 프랑스 영외지역의 프랑스 국민은 약 5000만 명 정도였다. 당시 프랑스는 영국 다음으로 세계 제2위의 식민 통치국이 되었다.

---

30 1956년 6월 23일의 프랑스 정부에게 영외지역의 개혁을 허용하는 데페르법은 프랑스 영외지역 담당 장관인 데페르(Defferre)와 마르세이유 시장, 코트 디부아르 대통령과 아비장의 시장이 조약을 맺어 수용되었다. 이 법은 프랑스 영외 지역에서의 투표를 통해 자문을 선출하여 프랑스 정부로부터 방대한 자치권을 부여 받는다.

다. 1960년에는 모든 프랑스-서부 아프리카(AOF)와 프랑스-적도 아프리카(AEF) 지역의 국가들이 전쟁이나 갈등 없이 독립을 얻어냈다. 이때 세네갈, 코트 디부아르, 말리, 다호메(현재의 배냉), 카메룬, 토고, 가봉 등 많은 국가가 탄생했다. 프랑스는 이 국가들을 자신이 지배적인 영향력을 행사하고 있는 하나의 국경 인접 국가로 여겼다. 또한 공조 정치 하에 지원을 하지만 정치적 혼란이 있을 경우를 대비해 군대 주둔은 유지하고 있다. 이 아프리카 국가들은 프랑스 통화인 프랑화를 사용하는 나라로 경제적 교류를 하는 매우 중요한 지역이다. 그리고 대부분의 국가에는 프랑스어가 여전히 공식 언어로 남아있다. 이처럼 정치, 군사, 경제, 문화를 통해 프랑스의 존재가 여전히 중요한 위치를 차지하고 있기 때문에 많은 아프리카인은 <신식민주의>의 형태라고 인식하고 있다.

1946년까지 프랑스는 해외에도 영토가 있었다. 대부분 열대지역에 위치한 이 지역 사람들은 원주민과 흑인 노예 및 프랑스 식민통치자들로 섞여 있었다. 이후 2003년 헌법에 의해 해외 영토가 재편되어 마르티니크(Martinique), 과들루프(Guadeloupe), 귀안(Guyane) 그리고 레위니옹(Réunion)이 계속 지방의 개념(DOM)을 유지하였고, 폴리네시아(Polynésie), 마요트(Mayotte), 왈리와 퓌르튀나(Wallis et Furtuna), 생피에르(Saint-Pierre) 그리고 미클롱(Miquelon)은 더 이상 해외 영토지역이 아닌 해외 영토의 자치단체(TOM)가 되었다.[31] 1998년 이후 뉴칼레도니아는 독립에 가까운 지위를 갖게 되었고 주민들은 칼레도니아 시민권을 얻게 되었다. 그리고 몇몇 지역에서는 프랑스의 <신식민주의>에 대항해 독립 운동을 성공적으로 이루어냈다. 그런데 이 지역에서는 현지 언어가

---

[31] 일반적으로 프랑스인들은 이 두 형태의 해외영토를 통합해서 돔톰(DOM-TOM)이라고 부른다.

있음에도 불구하고 프랑스어를 공식언어로 채택하고 있다. 이들의 경제를 보면 전반적으로 프랑스에 의지하고 있으며 50% 이상의 인구가 도시 지역에 살고 있다.

프랑스의 마지막 식민지 해방은 알제리 독립 전쟁(1954~1962)이다. 알제리는 다른 식민지와는 달리 해방의 과정이 매우 다르게 진행되었다. 그 이유는 알제리는 식민지라기보다는 프랑스의 한 지방으로 간주되었기 때문이다. 과거 식민지에 대한 청산이 프랑스 사회에서 매우 어려운 일이었다는 것을 알제리 전쟁을 통해 알 수 있다. 1954년 프랑스와 미테랑(François Mitterrand) 대통령은 국회에서 "알제리는 곧 프랑스다"라고 발표했으며 1999년까지도 프랑스는 <전쟁>이 있었다는 사실을 인정조차 하지 않았다. 사람들은 이를 <알제리 사태>라고 불렀는데 이 전쟁은 프랑스 군대와 알제리 독립군 사이의 대립뿐 만은 아니었다. 이 전쟁은 프랑스인과 알제리인을 극도로 분리시킨 <시민전쟁>이었다. 알제리 사태는 드골 장군에게 힘을 실어주게 되었고 4공화국의 몰락과 5공화국의 등장을 이끌어냈다. 드골 장군이 독립을 위한 협상에 반대자들을 참여시키기로 했을 때, 프랑스 군대는 프랑스 정부에 대항하여 매우 예외적인 쿠데타를 시도하기도 했다.

전쟁이 끝난 지 40년이 지난 후에도 고문 사건이나 1961년 10월 17일 사건(파리에서 알제리 시위자들이 경찰에 의해 살해된 사건)과 같은 폭력적인 갈등이 계속 진행되고 있다. 독립 당시에 몇 세대를 알제리에서 살던 프랑스인들[32]이 모두 알제리를 떠나 프랑스에 정착했다. 이렇게 송환된 프랑스인은 프랑스 국민으로부터 환영 받지 못했다. 한편 프랑스 군대

[32] 프랑스어로 이들을 '피에 누아르(pied-noir)'라고 한다.

내의 알제리 군인들[33]은 이슬람인임에도 불구하고 프랑스인에게는 물론 알제리인에게도 배신자로 낙인 찍혔다. 결국 프랑스 군대에서 이들을 받아들였지만 생활 조건은 매우 어려웠으며 이들의 자녀에게는 차별이라는 희생을 가져다 주었다.

이민 2세대들은 프랑스 사회에서 엄청난 차별 속에서 살아간다. 그러나 정치 · 역사적 상황은 계속해서 조금씩 발전해 나가고 있다. 2004년 7월 프랑스 정부는 '국립 이민 역사관(Cité de l'histoire de l'immigration)'을 설립한다고 선언했으며, 이에 따라 2007년 10월 10일, 과거 식민지 박물관 자리에 이 박물관이 문을 열게 된 것을 보면 식민지 청산이 조금씩 이루어지고 있음을 알 수 있다.

5. 위인을 숭배하는 프랑스인, 기념행사의 나라 프랑스

프랑스인의 특징 중 하나는 위인을 숭배하며 생활 리듬이 위인을 위한 추모 행사와 아주 밀접하게 연결되어 있다는 것이다. 이런 특징을 설명하기 위해서는 먼저 프랑스인이 <국가>(nation)라는 개념을 어떻게 해석하고 있는지 알아보는 것이 중요하다.

프랑스의 철학자 어네스트 르낭(Ernest Renan)은 국가의 개념을 다음과 같이 정의하고 있다 :

> 국가는 영혼이며 정신의 원칙이다. 이러한 영혼과 정신적 원칙을 구성하는 것은 두 가지가 있다. 하나는 과거에 있으며 다른 하나는 현재에 있다.

---

[33] 아르키(harki)라고 한다.

하나는 기억의 풍부한 유산을 공유하고 있는 것이고, 다른 하나는 현재의 동의, 함께 살고자 하는 욕망, 공동 수용된 유산을 계속해서 가치 실현하는 것 등이다. 선조에 대한 의례는 가장 합법적인 것이다. 선조는 우리의 존재를 만들어 내었다. 영웅, 위인, 영광의 과거는 국가적인 사고를 지탱하고 있는 사회적 자산이다.[34]

프랑스인에게 국가란 공통적인 과거의 뿌리를 공유하고 있는 것을 의미한다. 역사적으로 중요한 날짜와 위인들을 문화적으로 공유한다는 것은 그들에게 시민으로서의(국가의 주인으로서의)지위를 유지시키는 요소이다. 문화부가 1989년부터 여러 추모행사와 다양한 축제의 날을 결정하고 발표하는 '국가 축제 위원회(Haut Comité des célébrations nationales)'를 창설한 데에서도 프랑스의 국가 개념을 여실히 엿볼 수 있다.

위인에 대한 추모 행사는 뤼미에르 시대[35]로 거슬러 올라간다. 이 때는 아카데미 프랑세즈(Académie française)[36]가 국가적 위인에 대한 찬사를 주제로 하는 웅변대회를 개최하던 시기였으며, 이러한 프랑스 위인의 신격화는 프랑스 대혁명을 통해 더욱 확고해진다. 이전과 달라진 점은 프랑스 대혁명을 통해 왕에 대한 의례와 성인(聖人)의 제식이 <비종교, 비정치적인 형태>의 행사로 대체된 것이다.

프랑스의 정체성은 역사 교육과 전설 속의 인물들에 의해 이루어졌고

---

34 Ernest Renan, ''Q'u'est-ce qu'une nation?', 1882년 3월 11일 소르본느의 컨퍼런스 중에서.

35 17세기의 유럽을 뤼미에르 세기로 표현하며 이 시기는 지적 운동과 문화 및 과학이 개화한 세기이다.

36 아카데미 프랑세즈는 프랑스 지식인들의 학술 단체로서 문학상을 수여하고, 프랑스어 사전을 편찬한다. 1643년에 리슐리외 추기경이 설립하여 1635년에 법인으로 인정받았으며, 프랑스 대혁명 동안에만 중단되었을 뿐 현재까지 존속되고 있다.

지금도 만들어지고 있다.[37] 위인에 대한 추모행사는 같은 국가에 속해 있다는 감정을 유발시킨다. 1878년 프랑스의 거장인 볼테르와 루소의 사후 100주년을 호화스러운 행사로 추모했다. 1880년에는 프랑스 대혁명 100주년이 커다란 축제로 거행되었으며 1885년에는 문호 빅토르 위고(Victor Hugo)를 위한 국장을 조직하여 팡테옹(Panthéon)[38]에 안장했다. 당시 수행한 사람들만 해도 10,000명에 이르렀다. 이 때부터 팡테옹은 <위인들을 제식하는 비종교적인 사원>이 되었다. 정치 권력자들은 프랑스의 위인들을 팡테옹으로 옮겼고 국가 차원의 행사를 치렀다. 특히 문화부 장관이었던 앙드레 말로는 1964년 12월 19일에 담화를 통해 "레지스탕스의 대장이었던 장 물랭의 유골이 옮겨질 것이며 이를 통해 어둠의 역사가 종말을 이룰 것이다" 하고 발표했다. 1981년 5월에는 대통령으로 선출된 프랑수아 미테랑이 팡테옹의 지하납골당에 장미를 헌화하는 제스처를 보였는데,

팡테옹의 모습

---

37 예를 들면 샤를르 마르텔은 732년 프랑스 중부 지방인 프아티에에서 아랍인들을 잡아들였고, 생 루이는 참나무 아래 앉아 법을 집행했으며, 잔 다르크는 영국의 침입자들에 항거했던 비종교적인 성인이었으며, 앙리 4세는 일요일에 모든 프랑스인들에게 한 그릇의 닭고기를 먹일 수 있는 것을 원했다 등등.

38 팡테옹은 파리에 있는 건축물로서 입구에 있는 삼각형 부조 아래에 <조국이 위인들에게 사의를 표하다(AUX GRANDS HOMMES LA PATRIE RECONNAISS-ANTE)라는 글자가 써어 있다. 팡테옹은 원래 성(聖) 주네비에브에게 봉헌된 교회였으나, 수많은 변화를 거쳐 현재는 예배 장소와 위인들의 묘지의 역할이 복합되었다.

이는 프랑스 국민에게 정부와 위인과의 관계를 환기시키는 것이었다. 상투적이고 과장된 모습으로 연출된 이 장면은 텔레비전을 통해 생중계되었다.

프랑스에서 위인에 대한 의례는 항상 축제의 분위기로 이루어진다. 이때에는 정치인이나 지식인 혹은 예술가에 대한 영화나 전기를 담은 책들이 넘쳐나고 큰 성공을 거둔다.[39] 20세기에 들어 가장 화려한 행사는 프랑스 대혁명 200주년이었다. 이 기념행사는 파리에서 화려한 공연으로 연출되었으며 대부분의 프랑스 도시들은 <자유의 나무> 심기와 공연 등으로 이 행사에 참여했다.

몇몇 기념행사는 시민들의 일체감을 만들어낼 목적으로 행해지는데, 대표적인 것으로는 두 번의 세계대전 종전을 기념하는 행사가 있다.

또 정치와 이데올로기 전쟁을 쟁점으로 하는 행사도 있다. 예를 들어 프랑스 극우주의자들은 대혁명 200주년 행사를 거부했고 프랑스 좌파들은 5월의 연중행사인 <파리 코뮌의 대학살 추도> 행사를 페르 라 쉐즈 공동묘지에서 그들끼리 치루고 있다. 1961년 10월 17일 사건(알제리 전쟁 중에 프랑스 경찰이 많은 알제리 시위자들을 센느강에 던져버린 사건)은 파리 내 좌파 성향의 지역에서 추모행사를 하고 있지만 정부 차원의 행사는 치러지지 않고 있다.

분명한 것은 프랑스인들이 모든 종류의 기념행사에 대해 항상 당대의 최대 관심사인 것처럼 생각한다는 것이다.

---

[39] 2000년 선거 당시에만 70여 권이 발간되었으며 현재 발간되어 있는 미테랑 대통령에 관한 책은 200권, 드골 대통령에 관한 책은 3000여 권에 이른다.

2. 프랑스인의 일반적인 특성

프랑스 사람들이 데카르트(Descartes)를 국가적인 차원의 철학자로 여기고 있지만, 이 철학자가 네덜란드로 추방되었고 오랫동안 그의 작품들이 가톨릭 교회의 금서 목록에 올라 있었다는 것도 기억해야만 한다. 다시 말해서 데카르트가 국민적 철학자가 된 것은 자신이 살던 시대에 이루어진 것이 아니라 그의 영향을 받은 후대의 개혁가들이 있었기 때문이라는 것이다. 즉 개혁가들은 데카르트적 회의인 <권위에 대한 거부>가 군주제의 권력을 위태롭게 했다고 생각한다. 19세기는 공화주의자들이 데카르트와 그의 이성주의를 찬양한 시기이며, 가톨릭 법은 계속해서 이를 혐오한 시기이다. 데카르트의 첫 번째 철학작품인 『방법 서설』의 출판 300주년 기념행사가 행해진 1937년은 공화국 정신이 집중된 시기였다.

오늘날 많은 프랑스인은 자신이 데카르트의 후손이라고 믿고 있다. 그들은 <데카르트를 원용하는 것은 권위에 호소하는 것이 아니라 고찰과 반론의 자유를 허용하는 것과 동일한 것>이라고 생각한다. 프랑스의 교육 시스템은 바로 이러한 데카르트의 정신을 주입시키고 있다. 이 교육 시스템은 분석적이고 비평적인 정신을 갖고 주제를 설명하고 의견을 만들어내도록 한다. 또한 이것은 논증에 적합한 <잘 만들어진 사고력>을 형성한다. 앵글로색슨족 사람들이 실용주의와 귀납적인 추론의 특징을 보인 것에 반해, 프랑스인은 추상적인 관념과 연역적인 접근을 우선으로 하고 있다. 또한 프랑스인은 논리적이고 이성적인 태도를 갖고 대립적인 의견을 피력하는 경향을 보인다. 이것은 프랑스인이 가지고 있는 기본적인 특성이라고 데카르트가 정의한, 지지하는 것을 무능력으로 여기고 타당한 반대에 마주쳐도 자신의 의견을 변화시키기를 거부하는 특성을 갖고 있기 때문이다.[40]

데카르트(1596. 3. 31~1650. 2. 11) 스콜라 학파의 아리스토텔레스주의를 처음으로 반대한 사람으로서 근대 철학의 아버지로 알려져 있다. 모든 형태의 지식을 방법적으로 의심하고 나서 "나는 생각한다. 그러므로 나는 존재한다"라는 직관이 확실한 지식임을 발견했다. 사유를 본질로 하는 정신과 연장(延長)을 본질로 하는 물질을 구분함으로써 이원론적 체계를 펼쳤다. 데카르트의 형이상학 체계는 본유관념으로부터 이성에 의해 도출된다는 점에서 직관주의적이나, 물리학과 생리학은 감각적 지식에 기초를 두고 있다는 점에서 경험주의적이다.

데카르트의 도덕관은 반기독교적이었다. 데카르트는 칼뱅주의 및 예수회와는 대조적으로 신의 은총이 구원을 받기 위해 반드시 필요한 것은 아니며, 오히려 진리를 발견하고 그에 따라 행동하는 데 최선을 다할 때 비로소 덕이 쌓여 구원을 받을 수 있다고 암시했다. 인간의 이성과 의지가 진리발견을 통해 구원에 이르는 능력을 갖고 있다는 데카르트의 낙관적 견해는, 구원을 오로지 신이 내리는 은총의 선물로만 여긴 예수회 운명예정설 변호론자이자 수학자 블레즈 파스칼의 비관적 견해와는 큰 대조를 이루고 있다. 데카르트에 따르면 자유의지는 인간의 본성에 깃들어 있는 신의 상징이어서 인간은 그것을 어떻게 사용하는가에 따라 칭찬이나 비난을 받을 수 있다. 사람들은 오직 타인의 선(善)을 위해 호의를 갖고 행동할 때만 선하며 이러한 관용이 최고의 덕이다.

데카르트는 정치철학에 관한 글을 쓰지 않았지만, 사물들의 질서에 순종하라는 세네카의 충고를 받아들였다. 그러나 우정을 생애 최고의 거룩한 기쁨으로 여겼기 때문에, 친구를 속이도록 권하는 마키아벨리의 충고는 거부했다. 인간은 홀로 존재할 수 없고 국가·가족 등 사회집단의 일원일 수밖에 없으므로, 자기 자신보다는 집단의 이익을 위해 행동하는 것이 더 바람직하다고 생각했다.

1. 거만하고 투덜거리며 규율이 없는 프랑스인

프랑스인이 외국인으로부터 가장 많이 듣는 말은 건방지고, 거만하며, 불손하다는 것이다. 반면 프랑스인은 자신을 항상 다른 나라 사람들보다 더 지적이며 프랑스가 세계의 중심이라는 생각을 갖고 있다. 일반적으로 외국인은

40 André Glucksmann, *Decartes, C'est la France*, Flammarion, 1987.

자신을 데카르트와 볼테르의 후손이라고 주장하면서 "세계 그 누구와도 비교할 수도 없는 문화적 유산을 갖고 있다"고 생각하는 프랑스인의 우월감을 조롱한다. 이러한 프랑스인의 거만함은 단지 외국 관광객들만 느끼는 것은 아니다. 프랑스의 정치인과 외교관도 국제협상에서 항상 프랑스를 <대국(Grand Nation)>으로 여기고 행동한다. 프랑스의 협상가들은 독단적이기까지 한 드골 장군의 고집을 거울 삼아 항상 강하게 이의를 제기한다. 이에 대한 최근의 예로 2003년에 외무부 장관인 도미니크 빌팽(Dominique de Villepin)이 이라크에서의 미국 정책에 대해 반기를 든 일이 있었다.

그러나 프랑스인은 외국인의 눈에 비친 거만한 모습뿐 아니라 강한 자기비판의 성향을 갖고 있다. 프랑스 사람들의 대화 내용이나 신문 기사에서는 사회의 부정적인 모습과 국가적 쇠퇴에 대한 부분을 강조하는 데서도 알 수 있다. 흔히 프랑스 문화가 비판과 비관론을 갖고 있다고 말한다. 미국인은 먼저 긍정적인 면을 보는 반면 프랑스인은 부정적인 면을 본다고 한다. 프랑스 학교에서는 아주 어린 나이부터 더 잘 할 수 있다는 것을 가르치고 있는데, 이는 절대로 만점을 주지 않는 것에서 알 수 있다. 논술 연습을 통해 다른 사람의 생각에 이의를 제기하도록 교육시킨다.[41] 결국 이러한 프랑스의 교육 시스템은 프랑스 사람들을 자연적으로 회의론자의 성향으로 만들고 철저하게 다른 사람이 말하는 것에 대해 반기를 들게 만든다. 직장 생활과 정치 분야에서도 자발적인 화해보다는 비판을 실천하고 있다. 왜냐하면 프랑스 사람들은 종종 화해를 양심과의 타협이라고

---

[41] 프랑스의 논술은 내용의 정답을 찾는 것이 아니라 자신의 생각을 논리적으로 피력하는 것이다. 이러한 사고는 프랑스인들의 습관적인 표현인 "그렇습니다만...(oui, mais...)"에 잘 나타나 있다.

혼동하기 때문이다. 의견 일치는 아주 높은 평가를 받지 못할 뿐만 아니라, 나태한 타협으로 여긴다. 종종 친구들과 식사 중에도 상대방의 말을 중단시키고 목소리를 높여 다투는 장면을 쉽게 볼 수 있는데, 이는 단순히 자신의 관점을 방어하기 위한 것이기도 하지만 논쟁의 즐거움을 갖기 위한 것이다. 결국 프랑스에서 반박과 풍자를 잘하는 것이 똑똑함으로 여겨지는 반면, 관대하게 인정하는 것은 오히려 어리석음으로 받아들여진다.

그렇기 때문에 프랑스인은 <전문적인 투덜이>로 알려져 있다. 언론인이자 정치가인 앙리 로슈포르(Henri Rochefort)가 "프랑스에는 3600만 개의 불만스런 주제가 존재한다"라는 유명한 말을 했는데, 이것은 프랑스인의 특징을 한마디로 잘 표현한 것이다. 프랑스인은 항상 이웃, 나쁜 날씨, 비싼 물가 등에 불만을 나타내고 있다. 프랑스인에게 정부와 공공기관들은 가장 인기 좋은 불만의 대상 중 하나이다. 뿐만 아니라 주차 금지나 과속에 대한 교통법규 위반의 벌금을 부과하는 경찰(프랑스인들의 두 명 중 한 명은 교통 위반 통지서에 대하여 편지로 이의를 제기한다), 도로를 보수하고 교통정체를 유발하는 시설 공단, 이른 아침에 시끄러운 소리를 내는 청소부, 항상 줄을 서게 만드는 우체국 등 상당히 많다. 프랑스인은 어떠한 상황에서도 불만을 제기하는데 <이의를 제기하지 않으면 아무것도 얻지 못한다>라는 생각이 내재되어 있기 때문이다. 프랑스인에게 <이의 제기> 전문인이라는 이미지가 부과된 것을 집단적인 항의와 시위에 애착을 갖고 있는 프랑스인을 보면 쉽게 알 수 있다. [42]

프랑스에서 협상이 이루어지기 위해서는 우선적으로 사전에 항상 물리적인 힘이나 파업, 혹은 파업 예고, 시위 등이 있어야 한다. 그 예로 2006년

---

[42] Ted Stanger, *Sacré Français. Un Américain nous regarde*, Folio, 2004.

68년 5월 혁명 5월혁명 또는 68년 5월혁명은 프랑스 드골 정부의 실정으로 인한 저항운동과 총파업을 뜻한다. 당시 대부분의 운동가들은 좌익이었으며 이 사건은 교육체계와 고용이라는 측면에서 <구시대>를 뒤바꿀 수 있는 기회로 보았다.

처음에는 파리의 몇몇 대학교와 고등학교의 경찰에 대한 학생 파업으로 시작했다. 드골 정부는 경찰력을 동원해 파업을 진압하려고 했으나 이는 운동의 열기만 점화시키는 것에 지나지 않았으며, 라틴 지구의 경찰과의 가두 전투를 일으켰고, 결국 프랑스 전역의 학생과 파리 전 노동자의 2/3에 해당하는 노동자 파업으로 이어졌다. 드골 정부는 이러한 시위자들에 대항하기 위하여 군사력을 동원했고, 의회를 해산했으며, 1968년 6월 23일에는 다시 총선을 실시했다.

당시의 정부는 붕괴되기 직전이었고, 드골은 독일군 주둔의 비행 기지로 잠시 피하기까지 했으나, 혁명적인 상황은 시작될 때처럼 갑자기 수그러졌다. 좌파 연합인 노동 총연맹(Confédération Générale du Travail)과 프랑스 공산당(Parti Communiste Français, PCF)의 기만으로 인해 노동자들은 복귀했다. 6월에 총선이 이루어지고 나서 드골의 정당은 이전보다 더 힘을 얻게 되었다.

저항자들에게 68년 5월 혁명은 실패였으나, 사회적으로 엄청나게 큰 영향을 미쳤다. 프랑스에서는 종교, 애국주의, 권위에 대한 복종 등에 대한 보수적인 경향이 평등, 성 해방, 인권 등의 진보적으로 바뀌었으며, 이러한 경향이 현재의 프랑스를 주도하고 있다. 물론 이러한 변화가 단 한달 동안에 일어난 것은 아니지만, 68년 5월 혁명은 이러한 가치의 이동의 대명사가 되었다.

'최초고용계약법(CPE)'에 대한 갈등이 있을 때 한 달간 매일 시위가 있었다.[43]

<금지하는 것을 금지한다(Il est interdit d'interdire.)>라는 1968년 5월 혁명의 이 유명한 슬로건은 권위에 대한 항의를 나타낸 것으로 오늘날 프랑스인의 정신적 기초를 이루고 있다. 권위와 규정이 사회 계약에 종속되어 있는 스칸디나비아 국가나 독일과는 반대로 프랑스인은 절대로 이를 당연한 것으로 생각하지 않는다. 프랑스인에게 권위에 대한 종속적인 굴복은 견딜 수 없는 것이며 개인의 자유를 침해하는 것으로 여겨진다. 누구도 법의 엄격한 적용을 수용하지 않으며 법의 엄격한 적용은 마치 형벌로 여긴다. 프랑스인은 직접적 또는 간접적인 방법을 통해 규정을 위반하고 작은 위반을 범하

---

[43] 최초고용계약법은 청년 실업을 해소하기 위해 만 26세 미만의 젊은이를 고용하면 2년 내에 자유롭게 해고할 수 있도록 한 법안으로 2006년 1월부터 발효됐지만, 학생과 노동자들의 반대 시위로 결국 철회되는 운명을 맞았다. CPE에 반대해온 학생과 노동자측은 자신들의 승리를 크게 반기며 자축했고, 시라크 대통령은 이 법을 철회하는 대신 22.2%에 육박하는 청년 실업률을 해소하기 위해 공공부문 일자리프로그램을 마련하고 기업에 학생의 고용을 유도하는 <세금 우대 혜택> 등의 방안을 강구하겠다고 밝혔다.

는 것을 즐거워한다. 지하철 역에서 승객이 티켓 없이 문을 통과하는 것을 제지하는 사람은 거의 없다. 도로에서 운전자들은 전조등으로 경찰이 단속하고 있다는 것과 과속 방지 레이더가 있다는 것을 다른 운전자에게 알려준다. 또한 금연 표시가 있는 곳에서도 금연법인 '에뱅법'(loi Evin)을 위반하는 사람들을 보는 것은 어려운 일이 아니다. 결국 프랑스에서 규정을 지키는 것은 시민정신이 아니라 경찰에 대한 두려움으로 여겨지는 것이다. 많은 나라에서 사기꾼은 공공질서를 어지럽힌다는 이유로 시민들에게 비난 받는다. 그런데 프랑스에서는 규정에 대한 준수가 오히려 잘못된 것으로 여겨지기도 한다. 말하자면 경찰에 사기꾼을 신고하는 것은 <적과의 공조>와 유사한 것으로 여긴다.

결국 프랑스인은 무임승차, 속임수 등의 문화를 공유하고 있다. 그들은 무임승차를 하기도 하고 보행자도 신호를 위반해도 된다고 생각하고 있다. 이렇듯 프랑스인에게 진정한 사기와 영악함 사이의 경계가 항상 명확한 것은 아니다.

2. 프랑스인의 돈에 대한 관념

<돈은 행복을 만들지 않는다>. 이는 모든 프랑스인이 알고 있는 표현이다. 이 문장에 곧바로 덧붙이는 표현이 있는데, 그것은 <그러나 돈은 행복에 기여한다>이다. 여기서 알 수 있듯이 돈과 프랑스인의 관계는 애매모호하다. 그 동안 돈은 문학을 통해 비열하거나 혹은 우스꽝스러운 인간을 만드는 것으로 비쳐졌다. 가톨릭 교회는 "부자가 신들의 왕국으로 들어가는 것보다 낙타가 바늘구멍을 통과하는 것이 더 쉽다"라고 가르쳐왔다. 가톨릭 교회의 돈에 대한 적대적인 시각은 오랜 시간 동안 유태인 은행가

에 대한 부정적인 이미지를 구축했으며, 이는 반유태인주의를 이끌어냈다. 가톨릭의 도덕성은 투기를 비난하고 절약을 미덕으로 여기며, 이를 장려하고 있다. 또한 프랑스인은 어릴 때부터 퐁텐느 우화를 통해 <매미의 불행>과 <개미의 노력>을 배운다.

대혁명 이후 공화국 체제 안에서도 가톨릭의 도덕 관념을 지속적으로 유지했다. 프랑스인은 대형 자본가를 <모든 권력을 갖고 있는 소수>라고 비난하고 있으며 본능적으로 그들에 대한 반감을 갖고 있다. 모든 계층의 프랑스인은 <절약에 대한 집착과 낭비에 대한 혐오>라는 가톨릭 전통을 공유하고 있다.

독일의 사회학자 막스 베버(Max Weber)는 개인의 성공과 부의 축적을 가치화하는 <프로테스탄트의 종교가 독일과 영국에서 자본주의의 발전을 용이하게 하는 요인>이었다고 설명하고 있다. 이 설명에 의하면 프랑스의 산업화가 늦은 것은 어느 정도 가톨릭 문화 때문이라는 것이다. 프랑스인은 투자의 위험이 있다고 여겨지는 사업이나 상업을 크게 중시하지 않는다. 재산을 세습 받은 귀족과 부르주아는 세금으로부터 자신들의 재산을 보호하기 위해 토지와 돌을 구입하는 것을 선호했다. 19세기 말에서 20세기 초에 상당히 많은 프랑스인이 러시아 공채를 구입했는데 이는 프랑스 정부에 의해 100% 안전이 보장되었기 때문이다.[44]

프랑스에서 돈은 오랫동안 금기로 여겨졌다. 다른 사람에게 지갑에 들어있는 돈이 얼마인지, 얼마를 벌고 있는지 물어봐서는 안되었다. 저녁식사 시간에도 이를 주제로 대화하는 것은 큰 실례였다. 그리고 호사스러운 물건(보석, 의류, 고급 자동차 등등)으로 자신의 부유함을 과시하는 것

---

[44] 그러나 러시아 공채를 소유하고 있던 개인들은 러시아 혁명 이후 완전히 파산했다.

은 매우 상스러운 일이었다. 그렇기 때문에 갑자기 부자가 된 졸부를 매우 모욕적인 태도로 다뤘다. 공화국의 평등주의 원칙이 중심이 된 프랑스 사회에서 가장 역설적인 것 중에 하나는 항상 태어나면서부터 부를 타고 난 사람보다 새로운 부자를 불신한다는 것이다. 즉 세습된 부를 자신이 직접 번 금전보다 더 나은 것으로 생각하고 있는 것이다.

또 다른 프랑스인의 패러독스는 좌파가 권력을 갖게 된 80년대에 돈에 대한 이미지가 발전하기 시작했다는 것이다. 경제적인 성공은 부정적인 이미지에서 점점 탈피하게 되고 때로는 본보기가 되었다. <타피[45]의 시기> 사람들은 기업인에 대한 존경심을 말하기 시작했다. 사람들은 위험을 감수하고 고용을 창출한 기업 총수에 대해 경의심을 갖게 되었고, 기업의 이윤이 월급으로 보상된다는 것을 인정하게 되었다. 주식에 대해 관심이 폭발하고 복권에 대한 관심이 급증한 것도 바로 이 시기이다. 이후 주식에 대한 열광은 줄어들었지만 복권에 대한 관심은 사라지지 않고 있다. '프랑세즈 데 쥬(Française des jeux)'[46]에 따르면 프랑스인 3명 중에 2명이 1년에 1회 이상 로또 및 즉석복권을 구매한다고 한다.

현재 프랑스인은 빚을 지더라도 여가를 즐기기 위해 돈을 지출하는 것은 고무적인 것이라고 생각한다. 프랑스인과 돈과의 관계가 변화하고 있는 것이다. 친구에게 얼마를 벌고 있는지, 얼마를 주고 차를 구입했는지 혹은 입고 있는 스웨터가 얼마인지 물어보는 것이 어렵지 않은 일이 되었다. 또한 상점에서 가격을 깎았다고 말하는 것이 더 이상 쑥스러운 일이

---

45 베르나르 타피(Bernard Tapie)는 1943년생으로 기업인, 정치인, 텔레비전 사회자 및 배우로 유명한 프랑스의 스타. 기업인으로는 아디다스를 인수했다가 다시 매각하면서 사회적 반향을 일으켰으며 프로축구팀 마르세이유 구단의 주 시절에는 승부조작 사건으로 구속되기도 했다.

46 로또를 비롯한 각종 복권을 담당하는 회사.

아니다.

이와 동시에 절약을 실천하는 것에 대해 자부심을 갖고 있고 창고 정리, 중고 물품 교환 혹은 인터넷 사이트를 통해 물품을 구입하고 있다. 하지만 과도한 소비에 대한 거부는 종종 소비를 줄이는 것이 지구를 보전하는 것이라는 이데올로기로 나타나기도 한다. 여기에서 <책임 있는 소비자>로 행동하고자 하는 프랑스인의 윤리적인 면모를 엿볼 수 있다. 2002년의 CREDOC(삶의 조건에 대한 연구 및 관찰 연구센터 Centre de recherche pour l'étude et l'observation des conditions de vie) 연구 발표에 의하면 10명 중 4명이 제조기업의 시민정신 참여도가 자신들의 구매에 영향을 미치고 있으며, 두 명 중 한 명이 <윤리적> 기업의 상품에 대해 좀 더 비싸더라도 구매하겠다고 말하고 있다.

한편 프랑스인은 <개미>의 성격을 유지하고 있는데 이는 유럽에서 가장 높은 저축률을 보이고 있기 때문이다(수입의 15%). 프랑스인은 힘든 시기나 노후를 대비하기 위해, 혹은 자녀에게 지원을 하기 위해 돈을 모은다. 일반적으로 자녀들이 인생을 출발하는데 도움을 주기 위해 어느 정도 유산을 상속하기를 원한다. 가능하다면 부모가 자녀에게 아파트나 첫 번째 자동차를 구입할 때 지원해 주고 있는데 이는 생존하는 동안에 증여하는 것을 장려하는 세제와도 상응하는 것이다.

프랑스와 미테랑 대통령은 어느 연설에서 돈을 <타락시키는 돈, 구매하는 돈, 굴복시키는 돈, 피폐화시키고 인간의 의식까지 부패시키는 돈>이라고 발언했다. 최근 수년간 빈번하게 벌어지고 있는 금전 스캔들, 기업의 부패 혹은 공금의 횡령 등은 <불결한> 돈에 대한 프랑스인의 이미지를 더욱 공고하게 만들었다. 2005년 11월 4일 일간지 리베라시옹에 발표된 설문조사에 의하면 많은 프랑스인은 기업활동의 자유와 창업의 자유를 의미하는 자본주의를 불신하고 있다(설문자의 66%). 또한 소수의 사람들이 부를 축척하는 것(45%)을 부정적으로 생각하고 있다. 그리고 사회주의(51%가 긍정적으로 판단)는 자본주의(33%만이 긍정적으로 생각)와 자유주의(38%)에 비하면 좋은 이미지를 갖고 있다.

이런 돈에 대한 사고는 정치적으로 분열된 모습을 만들어 내고 있다. 즉 자본주의가 좌파 성향의 사람들(79%가 부정적으로 인식)보다 우파 성향의 사람들(60%가 긍정적으로 인식)에게 더욱 긍정적으로 받아들여지고 있다. 더욱 놀라운 것은 자본주의가 좌우 성향이 없는 제3의 사람에게 부정적으로 받아들여지고 있으며, 38%의 우파 성향 사람에게도 부정적인 것으로 인식되고 있다. 결국 프랑스 사람들은 시장경제 안에 살고 있고, 이에 잘 적응하고 있지만 반자본주의적 비판의 성향이 매우 강하다는 것을 알 수 있다.

3. 여러 분야에서 동등한 프랑스 여성의 지위

<교육과 직업에 대한 평등, 자녀 교육과 가족 재산 운영의 평등>. 이처럼 프랑스 여성은 실제로 남성의 권리와 완벽하게 동등한 것처럼 보인다. 그렇지만 프랑스 여성은 남녀평등에 이르기 위해서는 아직도 갈 길이 멀다고 생각한다.

'앙시엥 레짐(Ancien Régime)'[47] 시대의 젊은 여성들은 아버지의 권위에 종속되어 있었고 결혼한 여성은 자신의 남편에 종속되어 있었다. 대혁

---

[47] 앙시엥 레짐은 구체제라는 의미로 프랑스 혁명 때 타도의 대상이었던 체제를 일컫는다. 특히 18세기 부르봉 왕가 통치에서 행해진 모든 특권적인 제도를 말하나 일반적으로는 부르주아 혁명 이전의 구체제를 통칭하기도 한다. 때로는 혁명에 의해 탄생한 새로운 체제와 비교해 이전 제도의 낡은 특징을 일컫는다.

나폴레옹 법전(1804) 1804년에 제정해 여러 차례 개정을 거쳐 오늘날까지 이르렀으며 19세기 유럽과 라틴아메리카 거의 모든 나라의 민법전에 중대한 영향을 미쳤다. 나폴레옹 시대에 들어서기 전부터 성문법 제정 요구가 있었고 실질적인 성문법도 있었으나 혁명 전의 법체계는 매우 다양했다. 프랑스 남부에서는 로마법이 쓰였고 파리를 비롯한 북부지방에서는 봉건시대 프랑크족과 게르만족 제도에 바탕을 둔 관습법이 발달했다. 결혼과 가정생활은 거의 예외 없이 로마 가톨릭 교회의 통제 속에서 교회법에 따르고 있었다. 또한 16세기부터는 점점 더 늘어나는 문제들을 왕의 포고령과 칙령 그리고 고등법원에서 내린 판례법에 따라 다스리게 되었다. 지방마다 고유한 관습이 전해 내려오고 있었기 때문에 16, 17세기에 저마다 다른 지방 관습법을 체계화하고 성문화하려는 노력을 기울였으나 국가 전체에 걸쳐 통일된 법을 만들지는 못했다. 법제도를 개혁하면 지금까지 누리던 특권을 빼앗겨야 하므로 기득권을 가진 계급은 성문법을 만들려는 노력을 가로막았다. 혁명이 일어난 뒤 성문법제정은 가능하고도 불가피한 일이 되었다. 영주와 같은 강력한 지배집단이 몰락하고 교회가 누리던 세속권력이 폐지되었으며 각 지방들은 새로운 국민국가의 하부단위로 개편되었다. 이에 따라 나폴레옹 법전은 역사상 처음으로 지난날의모든 편견을 벗어나 <고양된 공동상식>을 내용으로 삼는 순수한 이성적 법률을 만들어야 한다는 전제에서 제정되었다. 법률의 도덕적 정당성은 낡은 관습이나 군주적 온정주의가 아닌 이성의 명령에 대한 복종에 근거했다. 이 법 앞에서는 모든 시민이 평등했다. 장자상속권과 세습귀족제, 계급적 특권들은 폐지되고 민간제도는 교회지배에서 해방되며 신체의 자유, 계약의 자유, 사유재산의 불가침성이 이 법의 기본원리를 이루고 있었다. 이 법전은 프랑스에게 점령되어 있던 벨기에와 룩셈부르크, 서부 독일 일부 지역, 북서부 이탈리아, 제네바, 모나코에서 1804년에 처음 받아들였고 나중에 나폴레옹이 정복한 이탈리아와 네덜란드, 한자동맹권 지역, 서부 독일과 스위스의 나머지 영토 대부분에도 도입되었다. 벨기에와 룩셈부르크, 모나코에서는 아직도 이 법전을 사용하고 있다. 19세기 동안 유럽과 라틴아메리카의 많은 나라들이 스스로 나폴레옹 법전을 채택해 그대로 번역하거나 대폭 수정하여 받아들였다. 볼리비아와 칠레는 법전 형식을 비슷하게 만들어 많은 내용을 빌려왔다. 에콰도르와

명은 여성들에게 몇몇 권리를 부여했는데, 특히 법을 통해 이혼을 허용한 것이 대표적인 권리이다. 그러나 나폴레옹 법전(1804)은 기혼여성의 완전한 법적 무능력을 상기시키면서 대혁명이 제공한 여성에 대한 권리를 서둘러 되돌렸다(재산 관리나 계약서 서명의 금지, 남편의 승인 없는 노동의 금지, 급료 수령의 금지, 허가 없는 해외여행 금지, 남편의 통신 감시 금지, 고등학교 및 대학교 진학 금지, 정치적 권리의 완전한 배제 등등). 이후 1880년부터 제3공화국까지 많은 젊은 여성들이 법적 열등 속에서도 공공 교육기관에서 교육을 받을 수 있게 되었고 1848년에는 여성을 제외한 보편적 선거권이 공포되었다. 그러나 비시(Vichy) 정부는 1940년에 공공기관이나 이를 지원하는 기관에서의 기혼여성의 채용을 금지시켰다.

이후 2차 세계대전 말 무렵부터 나폴레옹 법전이 심각한 문제로 대두되기 시작하였다. 결국 프랑스 여성은 1944년에 선거권을 획득했는데, 프랑스는 여성의 투표권을 허용한 유럽의 마지막 국가들 중 하나였다. 1946년 헌법

서문에 남성과 여성의 동등한 권리의 원칙을 담았다. 그러나 원칙에서 입법까지는 상당한 시간이 걸렸다. 실제로 법적 효력이 본격화된 것은 페미니스트 운동이 활발했던 60년대 말에서 70년대였다. 이 시기에 남편의 승인 없이 일을 할 수 있는 권리와 은행 계좌 보유의 권리(1965), 동등한 노동과 동등한 급여의 원칙(1972) 및 직업의 평등에 대한 법(1983) 등이 만들어졌다.

콜롬비아는 칠레 법전을 본떴으며 우루과이와 아르헨티나에서도 비슷한 법전을 만들었다.

나폴레옹 법전에는 시대에 어울리지 않게 협의이혼까지 언급되며 이혼 절차가 상세하게 적혀있는데 법전 속의 간통과 이혼의 성립이 흥미롭다. 남편은 아내가 간통하면 이혼을 요구할 수 있는데 아내는 남편이 집에서 간통한 경우에만 이혼을 요구할 수 있고, 협의이혼은 결혼한 지 2년이 흘러야 하고 결혼 후 20년이 지나면 불가능하며, 어떤 경우건 부모나 웃어른의 동의를 얻어야 한다는 내용이다. 게다가 나폴레옹은 여성은 후손을 생산하기 위해 남자에게 주어진 존재라는 여성관을 갖고 있어 여성운동가들의 천적이 되었다.

프랑스 사회에서 최근 30년 동안 가장 눈에 띌 만한 사실은 여성의 활동이 상당히 증가했다는 것이다. 25세에서 54세의 여성 중에 80%가 일을 하고 있는데, 40% 밖에 되지 않던 60년대 초와 비교하면 상당한 차이를 보이고 있다.

그러나 많은 여성들이 교육과 고용에 접근했다는 사실만으로 교육과 고용 분야에서 남녀 평등이 이루어졌다고 볼 수는 없다. 고등교육 학위를 소유하고 있는 비율을 보면 남성보다 여성이 훨씬 높지만(학위 없이 학교를 떠나는 비율은 여성이 적다) 과학이나 기술과 같은 분야로의 여성의 접근 비율은 여전히 낮다. 오늘날 여성에게 금지된 직업이 매우 드문데도 불구하고 극단적으로 성별에 국한된 직업들이 존재하고 있다는 사실이 이를 증명하고 있다. 많은 여성이 여전히 비서, 행정, 교육, 건강 중재 직업, 판매, 가정 서비스와 같은 전통적인 여성 분야에서 일을 하고 있다.

프랑스는 다른 산업 국가에 비해 여성의 경제적 권력에 대한 접근이 매우 늦은 편이다. 뿐만 아니라 경력이 쌓이는 30~35세에는 상황이 더욱 나빠진다. 또한 500명 이상의 기업에서 7%만이 홍보와 인사 분야의 지도자급의 직위를 차지하고 있다. 객관적으로 능력이 떨어지는 여성의 경우에는 실업 상태에 있는 남성보다 모든 연령층에 있어 더 열악한 위치에 처해있다. 시간제 계약 고용직의 80%를 여성이 차지하고 있다. 또한 저소득 고용인 중에 80%가 여성인 것으로 나타나고 있다.

정치 분야도 예외는 아니어서 여성의 접근이 다른 나라에 비해 늦었다는 것은 의심의 여지가 없다. 프랑스는 2차 대전 이후 단 한 명의 여자 총리를 배출했다(에디트 크레송, 1991~1992). 2000년에 '남녀 동수법(loi sur la parité)'[48]에 의해 선거인 수를 여성에게 일정한 쿼터 비율을 적용하도록 의무화했는데, 이는 정치분야에 여성이 용이하게 접근하도록 한 것이다. '남녀동수법'은 지역과 지방의 의회에 여성의 수를 증가시킬 수 있는 방법을 모색한 것이었는데, 그 이유는 국회에서의 여성 의원 비율을 보면 하원의원이 12.3%, 상원의원이 16.9%뿐이기 때문이다.

또한 남녀평등이 실현되려면 개인적인 일상에서도 많은 발전이 이루어져야 한다고 주장한다. 그러나 아내는 가사일과 자녀를 돌보는 일(시장보기, 가사일, 빨래, 다리미, 등등)에 남편보다 두 배 정도의 시간을 더 투자한다. 남성이 주당 16시간 30분을 가사일에 할애하는 것에 비해 여성은 주당 평균 33시간을 할애한다.[49]

그럼에도 불구하고 대부분의 자녀들이 부모의 이혼 후 모친과 살고 있다. 혼인신고를 하지 않은 동거 커플을 제외하더라도 부부의 3분의 1이 이혼으로 끝을 내는데, 이혼 요구는 여성이 더 많다. 결국 여성이 이혼을 선택하고 있는데 그 이유는 여성이 일을 하게 되면서 경제적인 독립권을 갖게 되었기 때문이다.

---

48 제II부 1장에서 설명

49 프랑스 국립 통계 및 경제연구소(Institut national de la statistique et des étude économique, INSEE)의 발표에 의하면 이는 10년 전에 비하면 8분이 늘어난 것이다.

3. 프랑스인의 예외적인 특성

프랑스의 1992년 헌법은 <공화국의 언어는 프랑스어>라고 명시하고 있다. 이때부터 프랑스인에게 프랑스어는 의무가 되었다. 시민권을 갖고 있는 프랑스의 모든 사람은 이 언어를 사용해야 한다. 외국인도 프랑스 영토 내의 거주 권리를 얻기 위해서는 <프랑스어를 능숙하게 구사하여 프랑스 사회에 통합하고자 한다>는 것을 증명해야 한다. 프랑스어 사용에 관한 법인 일명 '뚜봉법(loi Toubon, 1994년)'은 텔레비전과 라디오는 물론 근로 시장과 외국인 기업(고용의 공급, 근로계약, 단체협약)에서도 프랑스어 사용을 의무화하고 있다. 이 법은 <프랑스에서 열리는 국제학회에 참가하는 모든 참가자는 프랑스어로 설명할 수 있어야 하고 외국어로 이루어지는 모든 행사에서는 프랑스어 요약본이 첨부되어야 한다>고 규정하고 있다. 한편 정부는 프랑스 문화에 이익이 되고 정치 및 경제적 영향력을 높이는

뚜봉법 1994년 프랑스의 문화부 장관이었던 자크 뚜봉(Jacques Toubon)은 프랑스어를 보호하기 위해 이른바 '뚜봉법'을 제안했다. 그것은 영어의 영향력을 막기 위한 것이 그 주목적이었다. 이 법은 프랑스내의 모든 상품이나 서비스 광고(지면광고, 음성광고, 영상광고…)는 반드시 프랑스어를 사용해야 하고 만일 외국어 광고인 경우에는 프랑스어로 번역한 문장을 병행하여야 한다고 명시하고 있다. 이 법률에 관한 유명한 사건으로는 1997년에 '프랑스어 미래 협회'와, '프랑스어 보호 협회'라는 두 단체가 프랑스 북부지방의 로렌 Georgia Tech 대학을 상대로 뚜봉법을 어겼다는 이유로 소송을 제기한 일이 있다. 이 대학은 인터넷을 통한 학교광고를 영어로만 했다는 이유에서 소송에 휘말리게 되었던 것이다.

프랑스어 사용지역[50]에 대한 지원을 적극적으로 하고 있다.

현재 프랑스어는 세계에서 9번째로 많이 사용되는 언어지만 그 영향력은 계속해서 줄어들고 있다. 프랑스 정부는 국제기구(UN, UNESCO 등) 안에서 프랑스어가 공식어로 유지될 수 있도록 노력하고 있지만 그 기간이 얼마나 될지 알 수 없을 정도로 그 영향력은 줄어들고 있다. 유럽공동체 출범 당시 6개의 프랑스어 사용 국가가 포함되어 있었지만 선동적으로 영향력이 컸던 프랑스어가 유럽연합의 확대와 더불어 비프랑스어권 국가의 영입으로 프랑스어 사용이 후퇴하고 있다.

그러나 프랑스의 모국어에 대한 사랑은 누구도 부인할 수 없다. 이렇듯 세계 어느 나라에서도 찾아볼 수 없을 정도로 프랑스어에 유난히 애착을 보이는 프랑스인만의 특징은 무엇일까?

1. 이해하기 어려운 프랑스의 라이시테(laïcité)

공립학교 내에서의 모든 <과도한 종교적 상징>을 금한다. 2004년에 이와 같은 내용을 골자로 하는 법이 공포되었고 이 법은 프랑스인에게 뜨거운 논쟁을 일으켰다. 또한 해외 언론에서도 스캔들로 해석될 정도의 커다란 파장을 일으켰다. 정치와 종교의 분리라는 의미를 갖고 있는 프랑스어 라이시테(laïcité)는 프랑스만 갖고 있는 특이함은 아니다. 오늘날 모든 민주주의 국가에서는 종교와 정치가 분리되어 있으며 국가의 중립성의 형태가 정교 분리화의 모습으로 나타나고 있다. 그렇지만 다른 국가와 다른

50 세계적으로 프랑스어 사용인구는 1억 7000만 명에 가까운 것으로 추정된다.

점은 프랑스처럼 철저하게 모든 종교적 기준이 되는 상징적인 권력으로부터 종교적 영역을 배제시킨 나라가 없다는 것이다. 무엇보다도 라이시테가 <프랑스 공화주의의 기본이며 프랑스의 정체성을 구성하는 요소 중에서 가장 중요한 것>이라는 것이다.

프랑스에서 라이시테는 학교 문제와 항상 밀접하게 연결되어 있다. 프랑스는 이미 1905년 12월에 '교회와 정부의 분리에 관한 법(이후 1905년법)'을 만들었고, 이를 통해 라이시테라는 개념 적용에 대한 법적 근거를 마련하였으며 이후 몇 번의 논란이 있었지만, 계속 시행하고 있다. 이 법은 <공화국은 의식의 자유를 보장하고 종교의식의 자유로운 실행을 보장한다>(제1조) 라고 명시하고 있으며<공화국은 어떠한 종교의식도 인정하지도, 지원하지도 보조금을 지급하지도 않는다>(제2조)라고 규정하고 있다.

헌법을 통해 라이시테라는 용어가 국가의 원칙으로 명시된 것은 1946년에 이르러서였다. 제5공화국 헌법 제1조는 <공화국은 분리될 수 없고, 정교분리적(laïque)이며 민주적이고 사회적이다. 공화국은 국적, 인종 혹은 종교의 구별 없이 모든 시민의 차별 없는 평등을 보장한다>라고 명시하고 있다. 프랑스는 '1905년법'과 함께 대혁명 당시의 '인권과 시민권 선언(Déclaration des droits de l'homme et du citoyen)' 제10조에서 확인된 권리, 즉 종교를 포함한 모든 사람의 의식에 관한 자유를 보장하고 있기 때문에 국가가 무신론을 장려하는 것은 아니다. 그러나 프랑스의 종교자유 보장의 특징은 사적 영역과 공공 영역을 철저하게 구분하고 있다. 다시 말해서 종교는 사적 영역에 머물러야 하고 중립성은 공공 영역(국가가 세운 장소)에서, 무엇보다 지식과 이성을 전달하는 학교와 같은 장소에서 의무적으로 지켜져야 하는 것이다. 즉 종교는 학교 밖에서 반계몽주의적인 학생을 구별하고 가족의 잘못된 압력으로부터 도움을 주는 역할을 해야 하는 것이다.

콩도르세의 교육철학 콩도르세는 1743년 9월 17일 북프랑스 피카르디의 리브몽에서 출생했다. 파리 나바르대학에서 수학을 전공하였다. 16세 때부터 적분·해석 등의 수학적 업적을 쌓았으며, 26세에 과학아카데미 회원이 되었다. 달랑베르, 볼테르, 튀르고 등과 교류하면서, 『백과전서』 편찬에 협력하여 경제학 항목을 담당했다. 1782년에는 아카데미 프랑세즈에 들어가 볼테르전집 간행사업에 참여했으며 1789년에는 철학부장이 되어 18세기 사상가들의 후계자로 지목되었다. 이후 입법의회·국민 공회의 의원으로도 선출되어 웅대한 문교 조직 계획과 헌법안 등을 제출하였다. 그러나 그의 제안은 지지를 얻지 못하고, 지롱드당의 후원자였기 때문에, 자코뱅당에게 체포되어 옥중에서 음독 자살했다.

콩도르세는 1791년 <공교육의 본질과 목적>, <어린이를 위한 보통교육에 대하여>, <성인을 위한 보통교육에 대하여>, <직업교육에 대하여>, <과학교육에 대하여> 등 공교육에 대한 5편의 논문을 출간했다. 그는 1972년 4월 20일과 21일 공교육위원회의 명의로 된 상세하고 광범위한 교육계획으로 평가되는 <공교육의 일반적 조직에 대한 법령과 보고서>를 작성하여 연설했다. 여기에서 그는 민주주의에 특히 필요한 것이 교육이라고 강조하고 교육을 받지 못한 대중은 권리를 알지 못하며 자신들의 정치적 의무를 수행할 수 없는 사람들이라고 주장했다. 또한 진정한 자유와 정치적 평등을 실현하려면 국가의 교육체계가 강화되어야 한다고 주장했다.

콩도르세는 보고서를 통해 "모든 개개인의 욕구를 충족시키고 복지를 보장하며 권리를 깨달아 의무를 이해하고 수행하도록 할 수단의 마련, 각자에게 자신의 기술을 완성하고 자연으로부터 받은 모든 재능을 활용하고 발전시킬 수 있는 권리를 가지고 사회적 역할을 다할 수 있는 능력 보장, 그리고 시민들 사이에 분배의 평등과 법에 의한 정치적 평등의 실질적인 실현 등이 국민교육의 첫째 목적이 되어야 한다. 국민교육은 국가를 위해 의무가 되어야 한다"라고 주장하고 있으며 진정한 사회적 자유와 정치적 평등을 실현하기 위하여 국민교육이 필요함을 강조하고 교육을 국가가 주도할 것을 요구했다.

여러 가지 복잡한 문제들이 얽혀져 있는 프랑스 학교 문제를 이해하려면 프랑스의 역사를 알아야 한다. 가톨릭 교회는 하나의 신앙과 하나의 임금(une foi, un roi)만이 존재한다는 앙시엥 레짐 하에서 프로테스탄트를 멀리하도록 하는 아이들 교육의 완벽한 통제 수단이었다. 프랑스 대혁명 시기에는 프랑스 철학자 콩도르세(Condorcet)가 제안한 공공기관 개혁 프로젝트가 있었지만 혁명가들은 국가 차원의 학교시스템을 창설하지는 않았다. <인간을 움직이는 것은 공포와 이익이다>라고 인식하면서 종교의 기능을 충분히 이해한 나폴레옹이 가톨릭과 화해한 '콩코르다 종교협약서명(1802)'에서 종교의식의 자유를 인정했다. 하지만 이 당시 프랑스 시민 대부분이 가톨릭을 종교로 갖고 있었기 때문에 가톨릭사상은 프랑스의 국교는 아니었지만 실질적인 프랑스인의 공식 종교라고 할 수 있었다. 당시 정부는 주교를 임명하고 사제의 월급을 지급했으며 공립학교에서의 교육을 통해 가톨릭사상이 전달되었다.

그러나 19세기에 와서 공화주의자와 가톨릭 교회의 대립이 학교를 중심으로 발생했다. 공립학교에서 가톨릭 수도회가 교육

할 수 있도록 허용한 1833년의 '귀조법(loi Guizot)'은 이러한 대립을 심화시켰다. 또한 사립학교가 지방세와 도시나 국가 차원의 보조금을 받을 수 있도록 한 1850년의 '팔룩스(Falloux)법'은 지금도 시행 중인 '드브레법(loi Debré)'의 전신이다. 제2제정 시대의 공립학교 교사는 공화주의 사상가로부터 비난받았다. 그리고 제3공화국은 학교를 포함한 모든 분야에서 가톨릭 교회의 개입을 종식시키려 했다. 왜냐하면 학교가 공화국 시민 교육의 원칙이라고 여겨졌기 때문이다. 결국 1880년에 교육부장관 쥘 페리는 수도회에게 초등학교에서의 종교 교육을 금지시켰다. 그는 의무, 무상 그리고 비종교적인 초등학교를 설립했다. 쥘 페리 장관에 의해 종교 교육이 도덕 및 시민교육으로 대체되었으며, 가톨릭사상은 학교 밖에서만 가르쳤다.[51] 이러한 비종교적인 학교는 공화국의 가치를 공고히 하는 중요한 역할을 했다.

학교 교육을 중심으로 한 종교와 비종교 갈등은 '1905년법' 제정에 이르러 절정

제2제정과 제3공화국 나폴레옹 1세의 조카인 루이 나폴레옹이 1852년 12월에 황제(나폴레옹 3세)로 즉위하여 제2제정 시대(1852~1871)가 시작되었다. 나폴레옹 3세 시대에는 국내적으로 산업혁명이 활발히 진행되고, 문예가 진흥되었으며, 파리의 도시계획 등 많은 발전을 구가하였다. 대외적으로도 전쟁을 통해 러시아의 남하를 저지하고 인도차이나, 중국에 진출했다. 그러나 1870년 보불전쟁에서 비스마르크에게 패하여 퇴위하고 제2제정이 종료되었다.

나폴레옹 3세 몰락 후 왕당파와 공화파의 팽팽한 대립 속에서 1875년까지 과도체제가 유지되다가 1875년 의회우위의 대통령제 공화정이 수립됨으로써 프랑스는 100년에 걸친 단속적인 혁명 끝에 공화제로 정착하여 제3공화국(1870~1940)이 탄생하였다. 그러나 제정파간 타협의 산물로 제정된 제3공화국 헌법은 단일 법체계가 되지 못하고 각 권력기관별로 그 권한을 규정하는 별도의 법률을 제정하고, 또 권력기관간 관계를 규정하는 법률을 따로 제정하고 운영하여 법체계의 통일성 결여와 제정당의 난립으로 불안정한 정국이 지속되었다.

1차 세계대전에서 프랑스는 초기에 수세에 몰리고 독일군이 파리근교까지 진격했으나 대전 후반기에는 프랑스가 대독 연합군의 주축이 되어 전세를 역전시키고 1918년 11월 11일에 대독 휴전협정을 체결하였다. 또한 1차 대전 전후 처리문제를 위한 강화 회의도 프랑스 베르사유에서 개최하는 등 주역을 담당했다. 제2차 세계대전에서는 대전초기에 독일군에 패주하여 본토 내에는 나치점령군의 비시(Vichy) 정권이 페탱(Pétain) 장군의 지휘하에 수립(1940~1944)되었으나, 드골 장군이 수립한 망명정부가 연합국에 의하여 승인됨으로써, 종전 후 프랑스는 전승국의 대오에 가담했다. 1940년 독일군의 프랑스 점령과 비시 정부의 수립으로 제3공화국은 사실상 1940년 종료하였으나, 법적으로는 제3공화국 헌법이 1945년 10월까지 존속했다.

---

[51] 목요일의 휴교(현재는 수요일로 대체됨)는 학생들이 가톨릭 교육에 참석할 수 있도록 한 것이었다.

에 이르렀다. 교황은 이 법을 비난했고, 수십 년 동안 프랑스 가톨릭 신자와 맞서 싸워야 했다. 국가는 콩코르다 종교협약의 무효와 함께 종교부처에 대한 지원을 중단했고, 1905년 이전에 건축된 종교적 건물의 소유자가 되었다. 또한 가톨릭 교회 재산에 대한 면밀한 조사는 폭동으로까지 이어졌다. 정교분리에 대한 철저한 이행을 목적으로 하는 이 법은 종교의식을 비판함으로써 다원주의를 완성하고자 했다. 이에 따라 개신교와 유태교는 마침내 인정되었으나 이슬람은 인정되지 않았다. 그 이유는 당시 프랑스에서 이슬람을 종교로 실천하는 사람들이 매우 적었기 때문이었다. 당시 프랑스의 지방이었던 알제리에 많은 이슬람 교도들이 있었지만 법은 이들을 전혀 인정하지 않았다. 또한 1918년 말에 알자스-로렌 지방이 프랑스 영토가 될 때도 이 법이 적용되지 않았다. 왜냐하면 이 지방은 콩도르다 종교협약의 체제하에 있었기 때문이었다. 이 지역의 가톨릭 사제, 기독교 목사 및 유태교 제사장에게는 프랑스 정부로부터 급료가 지급되었으며 공립학교 안에서는 종교 교육이 이루어졌다.

20세기에도 학교 내에서의 갈등은 끊임없이 계속되었다. 한쪽에는 공화국 정신인 평등이라는 이름 아래 교육의 단일 시스템을 원하던 비종교주의자들이 있었고, 다른 한편에는 사립학교의 발전을 통해 교육 안에서 절대적으로 중요한 위치를 유지하려는 가톨릭 교회가 있었다. 한편 비시 정부는 1940년의 전쟁 패배 책임의 일부는 라이시테를 옹호하는 교사에게 있다고 비난했다. 해방 후에는 비시 정부가 가톨릭 교육을 인정했던 협정이 취소되었다. 1959년의 '드브레법(loi Debré)'은 정부와의 계약에 의해 사립학교에 재정적 지원을 허용했다. 정부는 교육자에게 급여를 지급하였으며 교육자는 국가 교육 프로그램을 따라야 했다.

1981년 정권이 좌파에게 돌아갔을 때 또 다른 논쟁이 시작되었다. 왜냐하면 미테랑 대통령이 <국가 교육을 융합하고 비종교적인 대형 공공서비

스>를 구성하기로 결정했기 때문이다. 1984년 교육부 장관인 알랭 사바리가 발표한 교육 시스템 통합 계획으로부터 사립 교육을 방어하기 위해 수백만 명의 사람들이 파리의 길거리로 뛰쳐나왔다. 결국 이 법안은 철회되었다. 10년 후인 1994년에 권력을 되찾은 우파가 사립 교육으로 지원금 영역을 확대하고자 했을 때 라이시테를 지지하는 사람들과 학교의 공공 기능을 방어하고자 하는 사람들의 대형 시위가 발생하기도 했다.

현재는 라이시테 지지자와 가톨릭 신자 사이의 학교 논쟁은 잠잠해졌으며 '드브레법'도 여전히 시행되고 있다. 정부와 계약을 맺고 있는 가톨릭 학교는 자신의 종교적 성격을 유지하고는 있지만 학교 내에서는 종교 차별 없이 모든 학생을 수용해야 하는 의무를 갖고 있다. 결국 오늘날 프랑스 사립학교는 종교에 의해 운영되는 것이 아니라 라이시테에 의해 관리되고 있다. 95%가 가톨릭 학교인 사립학교는 현재 프랑스 학생의 약 15%를 수용하고 있다. 사립학교에 아이를 보내는 부모들은 모두가 종교적인 이유가 아니라 실용적인 이유, 즉 집 근처에 있는 공립학교의 평판이 좋지 않거나 자녀들이 공립학교에 비해 사립학교에서 더 좋은 계층에 속할 수 있다고 생각하기 때문이다.

최근 몇 년 전부터 학교 문제는 라이시테 원칙과 이슬람의 갈등으로 옮겨졌다. 오래전에 프랑스에 이민 온 사람들이 지하 창고나 차고에서 행해오던 이슬람 의식이 현재 취학 자녀 및 프랑스 국적자의 새로운 가족 종교가 되었기 때문이다. 정치·종교적으로 보면 이전의 비밀스럽고 절제된 이슬람에 비해 훨씬 더 프랑스 사회 내에서 가시적인 종교가 되었고 사회적 요구의 방향으로 발전했다. 1989년에 크레이에서 첫 번째 <이슬람 두건 사건>이 발생했다. 세 명의 어린 이슬람 여학생이 자신이 다니는 중학교 교실에서 두건을 벗으라는 것을 거부했다는 이유로 퇴학당한 사건이었다. 학교에서 이슬람 두건을 착용하는 것은 라이시테에 대한 위반이며 동시에 남성/여성의 평등을 부정하는 것이기 때문이었다. 이런 유형의 사건들은 계속해서 일어났으며 2004년에는 라이시테 현실화에 대한 재고가 위원회에 상정되었다. 이에 '스타지(Stasi) 위원회'가 공공질서와 개인의 자유에 대한 위협을 담고 있는 보고서를 작성했고, 더욱 명시적인 법안을 만들어 질서를 유지해야 한다고 밝혔다. 결국 2004년 3월 15일에 '라이시테' 법이 통과되었다. 이 법은 <공립학교에서 종교적 상징물을 착용하는 것>을 금지한 것인데 여기에는 이슬람 두건은 물론 커다란 기독교 십자가 그리고 유태교 신자의 모자인 키파 등이 포함되었다. 그러나 드러나지 않게 착용하는 것은 허용한다고 명시했다. 종종 '두건에 관한 법(la loi sur le voile)'이라고 불리는 이 법은 프랑스에 있는 이슬람교도들에게 오명을 씌울 위험이 있는 것으로 비쳐졌다. 그러나 이 법이 통과되고 1년이 지난 후에 이러한 형태의 라이시테가 오히려 긍정적으로 받아들여졌다. 왜냐하면 학교에서의 두건 착용은 눈에 띄게 줄어들었고 여학생의 퇴학 사건 및 유사 사건들이 많이 줄어들었기 때문이다.

<교회의 맏딸>이 되고자 했던 프랑스에서 교회와 정부와의 정교분리 원칙인 라이시테는 가톨릭사상의 과도한 힘에 대한 견제 수단으로 사용되었다. 가톨릭 교회가 공화주의적 가치를 받아들이는 데는 약 1세가 걸렸지만 실질적으로 이루어진 것은 바로 지금이라고 할 수 있다. 개신교와 유태교는 라이시테 덕분에 프랑스 사회에 통합될 수 있었다. 한편 2004년 법이 통과된 지 얼마 지나지 않아 이슬람 프랑스 의회(CFCM)의 <이슬람 공동체> 대표자들은 두 명의 프랑스 기자가 인질로 잡혀 있는 이라크로 건너가서 이들의 석방을 요구했다. 이 때 이들이 요구했던 석방 논리는 프랑스 공화주의적 가치와 라이시테의 준수였다.

2005년 12월, '라이시테 법' 탄생 100주년을 기념할 때 몇몇 정치인이 문화적 다양성을 인정하기 위해 이 법의 신중한 수정을 제안했다. 사회

통합의 문제와 마찬가지로 라이시테에 관한 논쟁은 국가로부터 라이시테를 보장하고자 하는 <공화주의적 평등주의자>와 여러 공동체의 <문화적 특수주의가 존중되기를 원하는 사람들> 사이에서 여전히 대립하고 있다.

2. 문화적 예외의 방어자인 프랑스 사람들

<문화적 예외(exception culturelle)>는 국가들 사이의 무역 자유화 협상에서 프랑스인이 주장하는 원칙을 가리키는 용어이다. 이것은 문화 상품은 다른 상품과 같이 시장에 의해 조정되는 하청계약의 상품이 아니라는 것이다. <문화적 예외>를 지키기 위한 전쟁은 80년대부터 시작되었다.

프랑스인은 경제적인 측면에서도 해가 될 뿐만 아니라 문화적 정체성에도 크게 해를 입힐 수 있는 미국의 영화, TV 드라마 및 음반의 공격을 염려하면서 자신들의 문화 생산과 국내 예술가들을 계속해서 지원하고 증진해야 한다고 생각

문화적 예외 1986년 우루과이 라운드 협상에서 미국이 문화 분야를 다른 분야와 마찬가지로 취급할 것을 요구하자 프랑스에서는 이에 대항하기 위하여 <문화적 예외(exception culturelle)>라는 용어를 만들어냈다. 프랑스는 1993년 GATT 협상에서 자유경쟁 시장 체제하에서 문화의 정체성을 확보하기 위하여 이 개념을 내세웠다. 이는 문화는 서비스 자원으로 취급해서는 안 된다는 것으로 미국의 자유경쟁 논리와 정면으로 충돌하였다. 이러한 예외는 국가의 문화적 가치를 유지하기 위한 수단으로 인식되었으며 예외의 원칙에 따라 보호주의적 특징을 지닌다.

프랑스가 문화적 예외를 선택할 수밖에 없었던 이유는 전 세계의 미국화에 대한 반발이라고 할 수 있다. 예전부터 문화의 나라라고 불렸던 프랑스로서는 프랑스의 고유문화에까지 침투하고 있는 미국 문화를 두고 볼 수는 없었을 것이다. 그 중에서도 영화, TV 프로그램 및 여러 시청각 제작물 등에 쿼터제를 적용하면서 자국의 입지를 굳히려 하는 것으로 미루어 미래의 산업에서 시청각 산업이 중요한 자리를 차지하게 될 것이라는 것을 인식한 것이다. 또한 여러 보고서나 자료에서 나타나듯이 문화상품 수출입을 비교하여 볼 때 문화상품의 수출은 더디게 성장하는 반면, 수입은 빠르게 늘어나고 있다는 위기의식의 자각일 수도 있다. 하지만 문화는 예외로 두어야만 하는 타당성을 여러 면에서 찾아볼 수 있다. 문화는 "한 국가를 구현하는 본질로서 경제적인 재산이 아니기 때문에 보호적 대우를 받아야만 하고, 다양한 각국의 문화를 보호, 보전, 장려해야 하기 때문"이며, 무역의 심각한 불균형 속에서는 자유경쟁이 안 되기 때문이다.

종종 방어적인 내용을 함유하고 있으며, 자유로운 문화의 교류를 억제할 우려가 있기 때문에 문화적 예외라는 용어는 부정적인 시각으로 비춰지기도 했다. 또한 문화적 예외라는 개념은 일방적인 특혜를 주는 것으로 오인될 수 있다. 그리고 각국이 요구하는 문화적 예외를 어디까지 인정해야 할 것인지를 판단하는 것은 쉽지 않다. 따라서 이런 보호주의적인 정책을 지양하고 개방과 공존의 정책을 만들기 위해서 <문화적 예외>는 좀 더 긍정적이고 개방적인 용어인 <문화다양성>으로 전환하게 된다.

한다.

프랑스 정부는 국가적 공동 재산으로 여겨지는 문화유산의 보호와 예술 창작 등, 문화 분야에 항상 중심적 역할을 하고 있다. 정부는 여러 가지 형태로 문화 보호 활동에 개입하고 있는데, 그 내용을 보면 규제 활동(예를 들어 1981년의 책 단일 가격에 관한 법), 공공기관에 대한 직접적인 운영(30여 개의 박물관과 국립 극장), 민영 극장과 문화 행사에 대한 지원금 지급, 현대 작가 작품의 구입 등이다. 특히 프랑스 정부의 활동은 시청각분야에서 두드러진다. 1946년에 행정기관의 성격으로 창설된 '국립영화센터(CNC, Centre national de la cinématographique)'[52]는 프랑스 영화 제작을 증진하기 위해 극장 티켓 금액에 세금을 부과하여 수익에 대한 투자금을 할당하고 있다. 또한 80년대부터 텔레비전 방송사에 영화 제작 투자를 의무화했으며 모든 텔레비전과 국영 라디오에 대해서는 프랑스 작품의 방영 쿼터제를 의무적으로 시행하고 있다.

문화적 예외를 위한 방어는 프랑스에서 시작되었지만 세계 단일화의 위험성에 대한 인식은 점점 다른 유럽연합 국가로 번져나갔다. 이에 프랑스의 고유한 용어인 문화적 예외라는 개념은 <문화적 다양성>이라는 용어로 바뀌어 캐나다와 라틴 아메리카의 여러 국가 및 개발도상국들도 이에 동조하고 있다. 문화의 다양성이란, 주요 정치 쟁점이 되고 있는 세계화의 상황 속에서 소수민족의 문화가 살아남는 것을 말한다. 2005년 10월 17일, 미국과 대립하고 있던 프랑스는 캐나다의 적극적인 지원을 받아 유네스코를 중심으로 155개의 국가에게 문화적 표현의 다양성에 대한 협약을 적용시키는데 성공하였다. 이 협약은 <문화적 활동과 산물 및 서비

---

[52] CNC의 의장은 정부 의회에서 선출한다.

스의 특수한 성격>을 인정하도록 하고 WTO의 자유무역에 대한 규정에서 제외시켰다. 이에 따라 각 나라는 공적 지원이나 규제 조치들을 통하여 영화, 예술 혹은 음악 등을 재정적으로 지원할 수 있게 되었다.

또한 문화적 예외는 WTO의 중점적 논쟁인 저작권의 개념에도 적용된다. 프랑스어로 저작권은 <드와 도뙤르(droit d'auteur)>로 표기되는데 이를 한국어로 옮기면 <작가의 권리>라고 할 수 있다. 작가에게 이익을 가져다 주는 이 프랑스식 저작권은 무엇보다도 작품을 경제적 생산물이라고 생각하는 미국과 영국의 카피라이트와는 상당한 차이가 있다. 프랑스 대혁명 시기에 보마르셰(Beaumarchais)에 의해 시작된 프랑스의 개념인 저작권은 문학 작품(책, 희곡, 신문)에 관련된 것, 예술 작품(그림, 조각, 사진, 건축 등)에 관련된 것, 뮤지컬이나 시청각(영화, 텔레비전)에 관련된 것 무엇이건 간에 작품에 대한 창작자의 즐거움을 포함한 모든 권리를 내포하고 있다. 합법적인 보호 특권을 정신적 작품을 창작한 작가에게 부여하는 것이다. 반면 카피라이트는 저작권보다는 사용의 권리에 더 가깝다고 할 수 있다. 카피라이트는 출판사나 발행인(권리 소유자는 발행인), 기업(기업을 위한 작품 판매의 효율성)의 이익에 유리한 것이기 때문에 작품의 전파와 활용이 작가에 대한 존중보다 우선시된다. 2002년에 만들어진 유럽 지침은 카피라이트 시스템을 우선으로 하는 여러 국가에게 프랑스식 저작권과 조정하도록 했다.

2006년 3월 <해적행위와 사용자의 자유라는 논쟁 사이에서의 균형>을 해결하기 위

보마르셰(1732. 1. 24~1799. 5. 18) 프랑스의 작가 보마르셰는 지금도 참신함을 유지하고 있는 2편의 뛰어난 희곡 『세비야의 이발사 (Le Barbier de Séville)』(1775) · 『피가로의 결혼 (Le Mariage de Figaro)』(1784)을 집필했다.

약삭빠른 하인이라는 전형을 보마르셰가 창조한 것은 아니지만(이런 인물 유형은 고대 로마 시대부터 희극에 등장했음), 그의 두 희곡에 주인공으로 등장하는 피가로는 이런 유형을 가장 잘 나타내는 대표적인 인물이 되었다. 보마르셰는 분명 계급의식적인 공감을 가지고 하인의 재치와 교활함을 묘사했다. 『세비야의 이발사』는 이탈리아의 작곡가 로시니가 지은 인기 있는 오페라의 기초가 되었으며, 모차르트의 오페라 『피가로의 결혼』에 영감을 준 2번째 희곡은 귀족의 특권을 공공연히 비난함으로써 1789년 프랑스 혁명이라는 사회적 격변을 어느 정도 예고하고 있었다.

해 프랑스 국회의원들은 정보 사회에서의 저작권과 저작인접권(droit de voisin)[53]에 관한 법률(일명 DADVSI법)을 채택했다. 이전까지 허용되었던 <개인적인 목적으로 사용>하는 디스크의 복사(미국에서는 금지)가 금지된 반면 저작권으로 보호된 작품들을 인터넷을 통해 다운로드하는 행위는 예술가에게 전혀 수익을 가져다주지 않을 위험성이 있다고 보았다.

프랑스는 문화적 예외를 보호하면서 많은 나라에서 취하고 있는 <문화적 다양성>을 위한 전투를 시작했다. 종의 다양성을 보호하기 위한 생물학적 다양성을 방어하는 것과 마찬가지로 문화의 다양성을 보전하여 세계의 획일화를 막자는 것이다.[54] 다시 말해서 문화 상품을 소비하는 프랑스인은 <문화적 예외의 보호자>인 것이다.

3. 프랑스 지식인은 모두 좌파?

최근까지 프랑스에서는 지적 활동에 관련된 직업 종사자(작가, 철학자, 과학자, 예술가, 교육자, 등등)의 상당수가 좌파적 사고를 갖고 있었다. 그렇기 때문에 <좌파 지식인(intellectuels de gauche)>이라는 말을 자주 들을 수 있었다. 이는 다른 나라의 입장에서 볼 때 프랑스적 특이성으로 볼 수 있다. 그러나 70년대 말부터 이러한 현상이 지속적으로 나타나지는 않았다. 지식인은 여러 주제에 대해 보수주의적 위치를 고수해야만 했고,

---

[53] 저작물의 창작자는 아니지만 저작물을 공중에게 전달하는 데 중요한 역할을 하는 실연자, 음반제작자, 방송사업자 등에게 인정한 권리를 말한다.

[54] 카트린느 라 뤼미에르(Catherine Lalumière)의 발언, in Nelly Mauchamp, *Les Français*, Le Cavalier Bleu, 2006, p.112.

더욱이 우파 정치인을 자문하는 단체를 이끌어야만 했기 때문이다.

지식인이라는 용어가 사용되기 전인 18세기부터 볼테르[55], 루소[56], 디드로[57], 콩도르세는 <참여 지식인>의 모습을 보여주었다. 이들은 정치와 교회에 맞서서 견제 세력을 형성한 사람들이다. 이들이 앙시엥 레짐을 몰락시킨 것은 아니지만 프랑스 대혁명은 이 지식인들이 발판을 만들어 놓은 뤼미에르 시대의 철학에서 영향을 많이 받았다. 19세기 초의 학식이 있는 사람들은 반 혁명가인 우파에 맞서 공화국을 지지했다(특히 나폴레옹에 맞선 프랑스 문학의 거장 빅토르 위고는 프랑스 밖으로 추방되었다). 그리고 1898년 '드레퓌스 사건'(한 유태인 장교가 간첩 누명을 쓰고 고발되었던 사건)이 일어났을 때 <지식인>이라는 용어가 탄생했다. 작가인 에밀 졸라(Emile Zola)의 요청에 따라 학자, 연구원, 대학교수, 기자, 예술가 그리고 변호사들이 드레퓌스 사건의 소송을 재검토하도록 서명을 했는데,

---

55 계몽주의 시대를 대표하는 인물이다. 오늘날까지 그의 작품은 소수에 불과하지만, 그는 18세기 유럽의 전제 정치와 종교적 맹신에 저항하고 진보의 이상을 고취한 인물로 아직도 세계적인 명성을 누리고 있다. 고전주의 말기에서 프랑스 혁명기 직전에 걸친 생애를 통하여, 그는 비판 능력과 재치 및 풍자 같은 프랑스 정서 특유의 자질들을 구현한 작품과 활동으로 유럽 문명의 진로에 상당한 영향을 끼쳤다.

56 프랑스의 철학자, 교육학자, 음악가 및 음악평론가. 이성의 시대를 끝맺고 낭만주의를 탄생시킨 사상을 전개했다. 그의 개혁사상은 음악을 비롯한 여러 예술에 혁신을 가져왔고 사람들의 생활방식에 큰 영향을 끼쳤으며 자녀에 대한 부모의 교육방식에도 변화를 일으켰다. 우정과 사랑에서 예의 바른 절도보다는 자유로운 감정표현을 중시했다. 종교를 버린 이들에게는 종교적 감성을 숭배하도록 인도했으며, 누구나 자연의 아름다움에 눈뜨고 자유를 가장 보편적 동경의 대상으로 여길 것을 역설했다.

57 프랑스의 철학자로서 무신론, 유물론에 가까운 입장에서 철학, 문학 따위를 비평하였고 달랑베르와 함께 『백과전서』를 편찬, 출판하였다. 저서에 『자연 해석에 관한 사색』, 『달랑베르와의 대화』 등이 있다.

드레퓌스 사건(Affaire Dreyfus) 1894년 10월 프랑스 참모본부에 근무하던 포병대위 드레퓌스가 독일대사관에 군사정보를 팔았다는 혐의로 체포되어 군법회의에서 종신형 판결을 받았다. 그의 필적이 파리의 독일대사관에서 빼내온 정보 서류의 필적과 유사한 데다 유대인이라는 점이 혐의를 짙게 했다. 그 후 군부에서는 진범이 드레퓌스가 아닌 다른 사람이라는 확증을 얻었는데도 군 수뇌부는 진상 발표를 거부하고 사건을 은폐하려 하였다. 이에 따라 재심을 청구하는 작가 에밀 졸라 등의 자유주의적인 지식인과 재심을 반대하는 군부 우익 국수주의자가 대립하여 공화파 대 반공화파의 정치적 항쟁으로까지 발전하였다. 결국, 1899년 드레퓌스는 대통령 특사로 석방되었고, 1906년에는 최고법원의 판결로 무죄가 확정되었다. 자유주의적 재심파의 승리로 끝난 이 사건은 프랑스 공화정의 기반을 다지고, 좌파세력의 결속을 촉진하는 계기가 되었다.

이 때 이들이 <지식인>이라는 부류로 인정되었다. 결국 지식인이 대중에게 모습을 드러낸 것은 드레퓌스 사건을 통해서이다.

두 차례의 세계 대전을 치르는 사이에 정치는 첨예하게 대립되었다. 1920년대부터 초현실주의자들[58]은 반식민주의에 대한 논쟁을 지지했고, 공산주의 운동을 비난했다. 1930년대에는 많은 지식인들이 단체적으로 '인민 전선(Front populaire)'에 가담했다. 파시즘의 증대, 스페인 내전 그리고 새로운 세계 대전에 대한 두려움과 같은 정치적인 사건들은 다른 생각을 할 여유를 주지 않았다. 몇몇 우파 작가들[59]을 제외하고 대부분의 지식인은 파시즘을 반대하기 위해 결집했다. 대표적인 인물로는 앙드레 지드(André Gide), 로맹 롤랑(Romain Rolland),

---

[58] 대표적인 초현실주의자로는 브르통(Breton), 아라공(Aragon), 엘뤼아르(Eluard) 등이 있다. 초현실주의는 세계대전 중 다다이즘의 직접적인 계승자로서 등장했다. 시인인 앙드레 브르통으로부터 시작되어 1920년대 유럽과 미국에서 널리 유행한 초현실주의는 현실 이상의 것을 추구한다는 뜻을 갖고 있다. 대부분의 초현실주의자들은 깨어있는 이성이 마비되면 우리들 내부에 숨어 있는 유아성과 야만성이 우리를 지배하게 된다는 사실을 밝힌 프로이트에게서 감명을 받았다. 또한 그들을 비이성만이 우리들에게 예술을 줄 수 있다고 믿었다. 그래서 초현실주의는 논리의 영역이 아닌 곳의 숨겨진 진실을 표현하고자 고의적으로 이상하고 비이성적인 것들을 다루었다. 즉 마음 속 깊이 가라앉아 있는 것이 표면으로 떠오를 수 있는 정신상태를 갖기를 원했다.

[59] 모라스(Maurras), 드리외 라 로셸(Drieu La Rochelle), 브라질라슈(Brasillach) 등이 있다. 브라질라슈는 나치주의에 동조했다는 이유로 1945년에 총살형을 당했다.

앙드레 말로(André Malreau)[60] 등이 있다. 가톨릭 신자로 알려진 작가 프랑수아 모리악(François Mauriac)과 조르주 베르나노스(Georges Bernanos)는 스페인 공화국을 위해 교회에 반대하는 위치에 서기도 했다.

전쟁 후에는 전형적인 참여 지식인의 시기가 도래한다. 많은 지식인들이 공산당에 가입하거나 공산당과 같은 노선을 가겠다고 선언했다[61]. 해방 이후 공산당은 레지스탕스 안에서 활동한 것에 자부심을 가졌으며 당시 영웅과 순교자들에 대해서 상당한 자긍심을 갖게 되었다. 공산당이 지식인들을 매료시킨 이유는 이 당이 노동자 계급의 당이었고, 또한 <행복한 미래>라는 희망을 제공하고 있기 때문이다. 공산당이 주장하던 <더 우애 좋은 사회>, <더 평등하며 더 많은 사람들이 접근할 수 있는 문화> 등은 지식인들을 끌어들이는 요인이었다.

이후 냉전시대는 우파와 좌파 사이의 분열을 심화시켰으며 자본주의와 사회주의 중에서 하나만을 선택해야만 했다. 마르크스 사상은 1932년에 창간한 잡지 '에스프리(Esprist)'의 편집장이며 인격주의의 선구자인 엠마뉴엘 무니에(Emmanuel Mounier)를 중심으로 좌파 기독교인이 포함된 지식인들에게 상당한 영향력을 끼쳤다.

50년대 중반까지 공산당은 프랑스 지식인들에게는 필수불가결한 것이었다. 그러나 1956년 소련에서 스탈린의 과오를 밝힌 보고서가 발표되고 헝가리 폭동에 대한 끔찍한 탄압이 일어나면서 지식인과 공산당의 사이가 벌어지기 시작했다. 결정적으로 젊은 지식인과 공산당이 멀어지게 된 것은 1968년 5월의 혁명이었다. 공산당은 학생들의 비판을 받아들이지 않았으며 학생들이 너무 자유분방한 사고를 갖고 있다고 생각했다. 학생

---

60 앙드레 말로는 스페인 전쟁에 전투원으로 참가했다.

61 이 시기에 공산당을 약자로 PC, 혹은 간단하게 <정당>이라고 불렀다.

프랑스의 좌파와 우파 프랑스 국민의회는 1789년 8월 28일 회기 때 두 그룹, 즉 왼쪽 그룹과 오른쪽 그룹으로 나뉘었다. 왕의 거부권을 지지하는 자들은 국회 의장의 오른쪽에 위치했고, 그에 반대하는 사람들은 그 왼쪽에 자리잡게 되었다. 이러한 분리로 당시 유지되었던 기립투표보다 표를 세기가 더 쉽게 되었다. 이미 오래 전부터 그리고 이와 같은 자리의 배치 이전에도 회의장의 좌측 끝과 우측 끝은 서로 대립되는 의견에서 가장 격렬한 의견을 가진 국회의원들이 만나는 장소로 이용되었다. 각각의 그룹은 토론이 더 격렬해짐에 따라 그에 참가하는 의원의 수도 증가하게 되었다.

우파는 세계가 신이나 자연의 의지에 종속되어 있다고 말하며 제공되는 기회는 "자연적(더욱이 계승됨)이며 사람들이 할 수 있는 것은 없으며 이에 따라야 한다"고 확신하고 있다. 프랑스의 우파는 자신보다 신(神), 시간(자유로움), 구원 정부(보나파르티스트)를 더욱 중요시한다.

반면 좌파는 중요한 것이 자연에서 온다는 것은 우파와 차이가 없지만 "조건에 의하여" 형성된다고 말한다. 인간 자신이 운명을 만들 수 있고 사회는 자신의 역사를 결정지울 수 있으며 인문은 자연을 관리할 수 있다는 것이다.

우파는 열정, 영감 혹은 격분에 의해서 결정되는 경향을 갖고 있으며 불간섭(자유방임)이 사용된다. 좌파는 진보를 신봉하는 경향을 갖고 있으며 시민 사회에 대한 신뢰를 갖지 않는다. 좌파는 정치를 도덕과 독립적인 위치에 놓지 않으며 가능한 한 분석을 선호하고 있다. 이러한 전형적인 원칙을 기준으로 하면 <모험>은 좌파이고 <군안>은 우파를 상징하는 단어이다. 즉 좌파는 변화를 이용하고 우파는 질서에 복종한다.

들은 오히려 이전의 공산주의를 완벽하게 비판하는 러시아 10월혁명의 지도자 트로츠키의 사상이나 모택동 사상에 이끌렸다.

70년대 중반에 프랑스 좌파 지식인들에게 대전환의 시기가 도래하게 된다. 1974년에 솔체니친의 작품 『수용소 군도』가 출판되면서 프랑스는 충격에 휩싸였다. 1976년에는 반소련 비판에서 반마르크스 비판으로 전환되는 <새로운 철학>이 등장했다. 1976년에 베르나르 피보(Bernard Pivot)[62]가 진행하는 텔레비전의 유명 프로그램 '아포스트로프(Apostrophe)'에 출연한 프랑스의 철학자 베르나르 앙리 레비(Bernard-Henri Lévy)와 앙드레 글뤽스만(André Glucksmann)은 프랑스의 지식인 모델에서 값비싼 마르크스의 영향력을 단절시켜야 한다고 주장했다. 사르트르(Jean Paul Sartre)와 들뢰즈(Jules Deleuze)로부터 거센 비판을 받았던 이 <새로운 철학자>들은 과거 좌파 철학자들의 영향을 단절하기 위해 노력하였다. 이 여세를 몰아

---

[62] 베르나르 피보는 프랑스의 공영방송 France 2의 '아포스트로프(Apostrophes)'와 '문화의 온상(Bouillon de culture)'을 30년 가까이 진행해 온 사회자 겸 프로듀서이다.

알랭 드 브노이스트(Alain de Benoist)는 <새로운 우파>로 확인된 GRECE(유럽 문명에 대한 탐구 및 연구팀)를 창설했다.

미디어는 좌파 지식인의 쇠퇴를 종종 상기시키곤 하는데, 이것의 큰 이유는 대가들이 사라져 간다는 것이다.[63] 이들 이후에는 이들과 비교될 만한 명성을 지닌 사람들이 나타나지 않았다. 한편 참여의 형태가 극단적으로 변화하기도 했다. 즉 정치 정당과는 차별화된 행동을 보이고 있다(인권, 불법 체류, 인종 차별주의, 사회운동, 등등). 피에르 부르디외(Pierre Bourdieu)[64]는 이러한 새로운 형태의 상징적인 대가이다.

좌파 지식인들이 대중에게 모습을 덜 드러내는 것은 사실이지만 그들이 완전히 사라진 것은 아니다. 라디오나 텔레비전 혹은 잡지의 토론장에 초대되는 사회학자, 철학자 혹은 역사학자들은 정치나 사회 사건에 대한 자신들의 좌파적 시각과 의견을 제시한다. 그러나 분명한 것은 지식인의 태도가 변했다는 것이다. 현대의 지식인은 주제의 전문성만을 설명하고

---

63 1980년에 사르트르와 바르트(Roland Barthes)의 사망, 1984년에 푸코(Michel Foucault)의 사망, 1986년에 시몬 드 보부아르(Simone de Beauvoir)의 사망 등

64 프랑스의 사회학자이자 참여 지식인으로 '부르디외 학파'를 형성하고, 사회학을 <구조와 기능의 차원에서 기술하는 학문>으로 파악하였다. 신자유주의자들을 비판하면서 범세계적인 지식인 연대의 필요성을 주장했다. 대표적인 저서에는 『구별짓기』, 『호모 아카데미쿠스』 등이 있다.

사회구조를 객관적으로 분석하는 관점을 고수하면서, 사회학적 방법론과는 거리가 먼 문화예술 현상에도 관심을 가지고 미학적 인식이 사회적으로 구성되어가는 방식 등에 관한 저서를 잇달아 발표했다. 1970년에는 학교의 독립성과 중립성이 환상에 불과하다는 내용을 다루면서 구조화 행위의 통합을 꾀한 『재생산』을 출간해 사회적으로 큰 반향을 불러일으켰다. 1981년에는 콜레주 드 프랑스의 교수로 취임한 이후 활발한 저술 활동을 하는 틈틈이 현실 참여에도 앞장서 텔레비전에 출연해 언론 기자들을 비판하고, 실업자들을 지지하며, 문명 파괴 반대운동에도 참여하는 등 행동하는 지식인이라는 평가를 받았다. 또 신자유주의자들을 강하게 비판하면서 이들에 저항하기 위해서는 범세계적인 지식인 연대가 필요하다고 주장했다.

EU의 다언어정책 유럽은 다양한 문화와 언어로 이루어진 사회이다. 유럽인들은 역사적 산물인 이러한 다양성을 유럽의 재산이자 힘으로 간주하면서 이를 유지, 발전시킬 수 있는 다양한 방안을 강구하였다. 왜냐하면 유럽통합의 성공여부는 유럽인들이 상호이해와 인내심을 토대로 문화적 이질감을 어떻게 해소하고, <진정한 유럽인>으로서의 정체성을 확립하여 <하나의 유럽>을 이룰 수 있게 되느냐의 문제와 직결되어 있기 때문이다. 특히 마스트리히트조약에서 유럽연합(European Union : EU)이 경제적, 정치적 통합을 주된 목표로 삼고 있는 만큼, 유럽통합과정에서 회원국 국민들 사이에 상호이해의 폭과 교류의 기회를 증대시키고 이를 통해 유럽인으로서의 연대성을 한층 더 강화시켜 나갈 수 있는 정책을 추진한다는 것은 당연하다고 볼 수 있다.

유럽 일각에서 주창되고 있는 <교육으로 유럽을 새롭게>라는 슬로건에서 알 수 있듯이, EU는 유럽인의 인적자원을 개발하고 그들이 유럽인으로서의 일체감을 형성할 수 있도록 하기 위해 교육협력 활성화에 많은 노력을 기울여 왔다. 특히 EU는 유럽의 다양한 언어를 주요 문화유산의 하나로 인식하고, 유럽 차원에서의 다언어정책을 교육협력의 중심축으로 삼았다.

다양한 언어가 사용되고 있는 유럽의 현실을 감안할 때, EU회원국 국민들이 다른 회원국의 언어를 습득하여 상호 간의 의사소통을 용이하게 할 수 있는 능력과 수단을 갖춘다는 것은 회원국 국민들 사이의 상호교류 기회 확대와 '유럽시민'으로서의 자질 향상에 필수적으로 요구되는 사항이다. 이러한 필요성에 따라 EU는 수십 년 전부터 언어교육 부문에 많은 노력을 기울이면서 회원국 국민, 특히 대학생들의 교류를 적극 추진했고 막대한 예산도 투입했던 것은 사실이다. 또한 EU가 유럽 차원에서 시행된 다양한 교육정책들을 크게 두 분야로 나누어, 일반교육에 관한 프로그램들은 소크라테스(Socretes)로, 그리고 직업교육에 관한 프로그램들은 레오나르도 다 빈치(Leonardo da Vinci)로 통합시켜 좀 더 효율적으로 운영하고자 노력하면서 이 두 프로그램 모두에 걸쳐 다언어정책을 추진한 것도 이러한 맥락에서 긍정적인 평가를 받을 수 있다.

있고 대가로서 사회 전반적인 비전을 보여주는 관점을 제시하지 못한다는 비판을 받고 있다.

4. 프랑스인은 유럽에 잘 융화되고 있는가?

1992년부터 프랑스 사람들은 유럽의 시민이라는 자격을 갖게 되었다. 10여 년이 지난 현재 그들은 진정으로 유럽인이 되었다고 느끼고 있을까? 이 문제가 2005년만큼 많이 제기된 적은 없었다. 프랑스인의 대다수가 국민투표를 통해 유럽헌법에 반대를 표명했다(투표자의 54.67%). 유럽연합에 반대를 던진 이 투표 결과를 보고 다른 나라에서는 <소심함과 보수주의의 프랑스인>이라고 비난했다. 그러나 여러 분석과 조사를 보면 프랑스 사람 대다수가 유럽연합에 애착을 갖고 있음을 알 수 있다. 왜냐하면 연합하는 것이 강력한 힘을 만들고 유럽연합 활동이 여러 분야(국방, 환경, 테러 방지, 등등)에서 더욱 효과적이라고 판단하기 때문이다. 또한 강대국인 미국에 맞서 경제적, 정치적인 견제를 하려면 연합이 필요하다고 생각한다.

그러나 프랑스인은 사회문제에 대한 유럽 정책을 불신하고 있다. 프랑스가 주변의 유럽 강대국보다 통합 유럽의 장래를 의심하는 것은 사실이다. 프랑스인은 하나의 유럽과 평화를 꿈꾸고 있지만, 한편으로는 유럽의 정치, 경제, 사회 및 문화 모델이 <대국 프랑스>가 되는 것을 상상하고 있었다. 그래서 90년대부터 프랑스인은 유럽 정치에 대해 상당한 불신을 보였다. 1992년 '마스트리히트 조약'[65]의 비준을 위한 국민투표에서는 투표자의 51.4%로 비준이 겨우 통과했다. 반대표를 던진 사람들은 원칙적으로 국가의 주도권을 유지하는 것을 찬성한 사람들이었다. 2005년에 프랑스 사람들은 유럽헌법 조약에 관심을 갖게 되는데, 유럽헌법 전문은 약 70%의 지지를 얻어 성공했지만 유럽 헌법의 투표 결과는 새로운 분열을 등장시켰다. 사회당과 민주당은 유럽 시장의 자유화를 두고 대립했다. EU의 정책을 경쟁과 고용의 지역화와 같은 위험 요소의 증가로 여겼다. 왜냐하면 다른 서양 국가보다 근로자의 급여가 적은 중앙유럽과 동유럽의 국가들이 유럽확장에 참여했기 때문이다. '서비스의 자유에 관한 지침'(볼크스타인 지침)은 <유럽연합의 동구권 국가들에 대한 확장 타당성> 여부에 관한 조사 기간 동안 <폴란드 배관공>[66]의 영향력을 입증했다.

반면 프랑스 젊은이들이 유럽헌법조약으로 받는 혜택은 매우 다양하다. 25,000명이 에라스무스 장학금과 레오나르도 장학금을 받아 다른 유

---

65 유럽 공동체(EC) 회원국들이 1991년 12월에 네덜란드 마스트리히트에서 체결한 조약. 주요 내용은 유럽중앙은행 설립 및 유럽 단일통화제 실시와 공동 외교안보 정책 및 단일 사회산업정책의 수립 등이다. 이 조약으로 인해 1952년 유럽 석탄철강공동체(ECSC)로 출발한 EC가 창설 40년 만에 하나의 유럽을 만들기 위한 첫걸음을 내디뎠다고 할 수 있다.

66 저가 인건비의 동유럽 노동자를 지칭하는 표현.

럽 국가로 건너가 유학하는 기회를 제공받았다(2004~2005년의 통계). 이들의 약 80%가 유럽 건설에 압도적으로 찬성 투표를 던졌지만 헌법 조약에는 55%가 반대표를 던졌다(39%의 기권 포함).

결론적으로 프랑스에 절대적인 유럽통합 혐오주의자는 아주 적다고 할 수 있지만 극단적인 유럽통합주의자(프랑스가 대형 초국가적인 공동체에 입각하는 것을 원하는 사람들)는 상당히 많다. 유럽에 대한 불안이건 혹은 기대이건 간에 프랑스인 대부분은 유럽 시민으로 여겨지는 것보다 프랑스 시민으로 여겨지는 것에 자부심을 갖고 있는 것으로 보인다.

4. 프랑스인의 강박관념 : 공화주의

1. 자신의 사회 모델에 애착을 갖고 있는 프랑스인

최근 프랑스에서는 <프랑스 사회 모델>에 대한 논쟁이 활발하게 일어나고 있다. 일반적으로 <프랑스 사회 모델>은 대처 부인이 만든 <앵글로색슨 모델>, 즉 고용의 높은 유동성과 낮은 임금 덕분에 실업률이 낮아 경쟁력이 높은 것을 특징으로 하는 사회 모델과 반대되는 것이다. 기업주들은 세계화 속에서 프랑스 경제의 경쟁력이 떨어진다는 이유로 프랑스 사회 모델을 비난하는 반면 노조들은 안정된 고용과 임금을 위한 이 원칙이 보존되기를 원하고 있다. 우파 정부는 사회보장제도를 원천적으로 개혁해야 한다고 설득하고 있다. 이유는 사회보장을 담당하는 기관들이 파산 직전에 있기 때문이다. 어떤 정치인들은 <파괴적인 전략>을 제안하기도 하고, 또 다른 정치인들은 이러한 <프랑스적 예외>를 지키면서 프랑스 모델을 <현대화>해야 한다고 역설하고 있다. 최근에 이루어진 한 설문조사에 따르면 60%의 프랑스인들은 <경제 시스템의 개혁이 필요하지만, 영국 시스템으로 전환될 필요는 없다>고 생각하고 있고, 30%만이 <경제 시스템이 불완전하여 변화되어야 한다>라고 생각하는 것으로 나타났다.[67] 결국 프랑스인들은 자신들의 <사회 모델>에 애착을 갖고 있다는 것을 알 수 있다.

1945년 해방 이후 프랑스 사회 모델의 특징은 경제 및 사회의 규제 주체로서의 정부의 무게, 중요한 공공 서비스, 강하게 규정된 노동권, 높은 사회 보장으로 요약될 수 있다. 일부 전문가는 무상교육, 공공 시스템, 사회 발전 등을 덧붙이기도 한다. '영광의 30년(1945~1975)' 동안 이 모델은 전혀 비판을 받지 않았는데 그 이유는 이 프랑스 사회 모델이 그 역할을 잘 해냈기 때문이다. 프랑스는 이 모델을 통해 강한 산업국가가 될 수 있었으며 임금근로자는 경제 발전을 통해 수입을 보장받았고, 이로 인해 소비와 안락이라는 혜택을 누릴 수 있었다. 또한 활발한 고용은 사회복지제도의 재정을 보장할 수 있었다.

그러나 1974년 이후 석유 파동이 일어나고 이에 따라 프랑스는 장기간의

영광의 30년(1945~1975) 1930년대의 위기와 제2차 세계대전은 프랑스 경제의 생기를 잃게 하였다. 1945년에 기반 시설은 파괴된 채로 있었고, 생산 시설은 구식이 되었고, 재정은 파산 상태에 있었으며, 대외 무역은 전무하였다. 그러나 다른 산업 국가들과 마찬가지로 프랑스는 1945~1974년 사이에 '영광의 30년(Trente Glorieuses)'이라 불리는 긴 성장기를 맞이하였는데, 이 기간은 프랑스가 경제를 재건하고 무역 고립으로부터 벗어나게 하였다.

1945년부터 1958년까지, 프랑스는 재건과 특히 산업 시설의 현대화에 뛰어들었다. 그 때 국가는 경제 계획과 공공 분야의 확대라는 간접적 수단을 통해 매우 중요한 역할을 하였다. 국가는 주요 은행, 탄전, 가스·전기 공급 그리고 르노(Renault)와 같은 기업을 국유화함으로써 일부 산업 분야를 관장하였다. 게다가 프랑스는 마셜 플랜(Plan Marshall)의 일환으로 제공된 미국의 원조의 혜택을 입었다. 당국은 처음에는 운송, 에너지 생산, 중공업을 중시하였다. 1948년부터 생산은 전전의 수준에 이르렀고 노동력에 대한 수요는 완전 고용이 보장될 정도로 높았다. 프랑스는 소비 사회에 진입하였고 높은 인구 성장률은 내수를 유지하였다. 그러나 무역의 관점에서 볼 때 프랑스는 이전의 식민지 제국의 범위 내에 고립되어 있는 편이었다.

1958년에 수출은 단지 국내 총생산의 9%에 불과하였고 이전의 식민지들이 그때까지도 프랑스의 수입의 4분의 1과 수출의 3분의 1 가까이를 차지하였다. 1958년부터 1973년까지는 경제 성장의 속도가 빨라져 연평균 성장률은 5.5%에 달하였는데, 같은 기간 동안 서독은 4.8%, 미국은 3.9%에 그쳤다. 일본만이 더 나은 성장률을 기록하였을 뿐이다. 또한 이 기간 동안 국내 총생산은 불변 가격으로 2배가 되었고 산업 생산은 해마다 5.7%씩 증가하였다. 사기업들은 국가의 뒤를 이어 투자에 나섰고 처음으로 기업 집중의 바람이 불었다. 이 기업들은 낮은 에너지·원료 비용을 이용하였고, 국가 통화의 평가절하는 프랑스의 인플레이션이 다른 많은 경쟁국들보다 높았음에 불구하고 해외 시장에서 그 기업들이 경쟁력을 유지할 수 있게 하였다. 동시에 많은 식민지들이

---

[67] 일간지 르몽드, TNS pour l'association Lire la politique, 2006년 1월 10일.

경제 위기를 맞이하였다. 실업률은 경제활동 인구의 10% 정도(300만 명 이상의 구직신청자)를 계속해서 유지하였는데, 여기에는 많은 장기실업자들도 포함되어 있었다. 이러한 상황은 엄격한 노동권과 사회복지제도라는 프랑스 사회 모델에 대한 수많은 비판을 만들어 내었다. 과도할 정도로 엄격한 노동권은 유연한 노동 시장과 경제 성장에 장애가 되는 것으로 여기게 되었다. 근로자의 임금에 사회복지금이 너무 무겁게 책정되었고, 사회적 불평등과 저소득층 증가를 막지 못하면서 국가 전체 예산 중 사회복지에 너무 많은 예산을 지급하고 있다는 지적이 있었다(2004년 기준 GDP의 30%).

프랑스 노동권은 서양의 다른 국가와 비교할 때, 고용주를 강제적으로 구속하는 특징이 있다. 이러한 프랑스의 노동권은 임금근로자를 법적으로는 상당히 보호하지만 고용 창출을 방해한다는 지적을 받고 있다. 기업들의 경쟁이 점점 심화되고 변화가 많은 시장 경제 안에서 쉽게 해고할 수 없기 때문에 필요한 시기에 임금근로자를 채용하지 못하고 있는 것이다.

국회는 고용의 유연성을 높이기 위해 <새로운 고용 계약>을 창출하는

해방되고 무엇보다도 프랑스가 1951년에 '유럽 석탄 철강 공동체(CECA: Communauté européenne du charbon et de l'acier)'에, 1957년에 '유럽 경제 공동체(CEE: Communauté économique européenne)'에 가입함에 따라 넓은 무역 시장이 열리게 되었다. 1973년에 프랑화를 사용하는 지역의 국가들, 즉 이전의 식민지들은 프랑스의 수입의 3.5%, 수출의 5.1%만을 차지하였다. 반면, 산업국들은 프랑스 해외 무역의 76% 이상을 차지하였고, 유통의 64%는 유럽 경제 공동체의 범위 내에서 이루어졌다. 현대화는 농업과 공업 분야에서 계속되었다. 국가는 교통 시설, 특히 고속도로를 개발하였고, 항공 건설과 핵 관련 산업 분야에서 대규모 산업 프로그램을 지원하였다. 게다가, 파리와 지방간의 경제적 불균형은 산업의 지방 분산과 국토 개발 정책의 실시 덕분에 완화되었다.

'영광의 30년'은 달러의 금으로의 교환 폐지와 특히 1973년 제1차 석유 파동의 결과로 1971년 이후 전개된 통화의 불안정과 더불어 끝이 났다. 1979년에는 2번째로 유가가 급격히 상승하였고 이는 달러의 등귀에 의해 더욱 악화되었다. 프랑스의 에너지 부담액은 1972년 21억 유로(23억 달러)에서 1984년 285억 유로(310억 달러)로 높아졌다. 1985년이 되어서야 배럴당 석유 가격과 달러 시세가 하락하였고 이는 외부적 압박을 경감시켰다. 이 기간 동안 성장률은 감소한 데다 해마다 심한 변동을 보였다. 경쟁력을 개선하기 위해 기업들은 생산성을 증가시키고 사원의 수를 줄였다. 1980년대 말까지 프랑스는 심한 인플레이션에 대처해야 했는데, 그것은 이 나라가 첨단 기술을 놓고 미국·일본과 일상 소비재를 놓고 개발도상국과 이중으로 경쟁해야 하는 상황에서 가격에 부담을 주었다. 섬유, 신발, 완구, 철강, 전자와 같은 산업 분야들은 이 경쟁으로 큰 타격을 받았다. 그 산업들은 대체로 어떤 지방이나 도시의 지배적이거나 때로는 유일한 경제활동이었기 때문에 그 타격은 더욱 더 컸다. 그 결과 실업률 상승과 같은 매우 심각한 사회적 사건들이 야기되었다.

'CNE법'을 2005년 8월에 통과시켰다. 이 법은 나이에 상관없이 별다른 증명서가 없더라도 2년 동안 20명 이하의 신입 채용자를 해고할 수 있도록 하는 법이다. 사람들은 이 'CNE법'에 대해 이의를 제기하지 않았는데 그 이유는 소기업 특히 수공업에 관련된 직업 그리고 학력을 많이 요하지 않는 직업에 국한되었기 때문이다. 이후 국회는 2006년 초에 위의 법과 같은 논리로 학력에 상관없이 26세 이하의 젊은이의 해고를 정당화하는 '최초 고용법(CPE법)'을 만들었다. 이 'CPE법'은 대학생과 고등학생은 물론 모든 근로자의 거대한 반대 시위를 유발시켰는데 그 이유는 정치인들이 노동권의 본질을 전체적으로 개혁하고자 한 것으로 보았기 때문이다. 다시 말해서 이 '최초 고용법'은 프랑스 사회 모델을 근본적으로 바꾸는 것으로 생각했던 것이다. 결국 이 법은 같은 해 4월에 폐지되었다.

2. 정부에 상당한 불만을 갖고 있지만 모든 것을 정부로부터 기대하는 프랑스인

2003년 1월 초, 자크 시락 대통령은 <같이 하는 시민들이 점점 더 잘살지 못하는 구시대>라는 표현을 사용하면서 공공 기능의 강화를 요구했다. 일주일 후 라파랭 총리는 공무원을 <공화국의 투사>로 규정하면서 공무원에 대한 유감을 표시했다. 프랑스 내에는 정부의 공공 서비스에 대한 기능장애, 비효율성, 고비용 등의 많은 비판이 일고 있다. 그러나 프랑스 사람들은 고용, 가난, 교육, 건강, 어려운 상태의 기업, 환경보호 등 여러 분야에서 정부에 대한 기대가 상당하다. 이러한 프랑스인의 정부에 대한 기대는 어디에서 왔을까?

프랑스는 17세기부터 경제 분야에서의 '정부 간섭주의(콜베르주의)'가

시행되었다. 최초의 공기업인 가구 및 직물을 만드는 공장이 만들어진 것도 바로 이 시기이다. 당시의 행정 시스템은 나폴레옹만이 결정권을 행사할 수 있는 전제주의적 모델 위에서 이루어졌다. 프랑스 대혁명은 프랑스 정부에 공화주의와 더불어 영토를 통합하고 공동의 언어와 역사 및 문화를 제공하는 <생산자의 국가>와 <사회의 교육자>라는 역할을 부여하였다.[68] 그리고 헌법에 명시된 <하나의 그리고 분리될 수 없는 공화국>을 강화하기 위해서 강하고 중앙집권화된 정부(자코뱅주의[69])가 필요했다. 이에 따라 정부는 교육가로서 교육 시스템을 조직하고, 방어자로서 기본적인 자유를 방어하며 사회운동가로서 가난한 사람들을 보살피는 역할을 담당했다.

콜베르주의 루이 14세 시대의 정치가인 콜베르(J.B. Colbert)가 재정경제의 요직에 있던 1661~83년 사이에 조직적으로 추진했던 중상주의적 정책체계를 말한다. 콜베르주의는 절대군주제와 상인층(특권상인과 금융업자)의 기득권 유지와 증진을 위한 봉건적 절대주의의 종합정책이었다. 대외적으로는 강력한 보호주의적 전제체제를 견지하면서 영국, 네덜란드의 무역자본에 대하여 국산품의 수출무역을 추진해서 상업패권을 장악하고자 하는 것이었다. 이러한 기본정책에 따라서 농업정책과 재정정책이 마련되고 시행되었다. 먼저 농업에 관해서는 조세경감, 목축보호, 개간·관개 등이 행해졌는데 이것은 저임금정책의 일환으로서 곡물생산의 증대를 꾀한 것이었다. 곡물 중에서도 소맥에 관한 유통규제와 수출무역을 위한 저곡가정책은 콜베르주의의 중요한 항목이다. 그리고 재정정책의 기조는 조세체계의 통일정비, 재정질서의 확립, 납세자의 담세경감 등에 의하여 전체적인 국고수입을 증대하는 데 있었다.

이러한 콜베르주의의 배경에는 상인층(도시귀족)의 경제권익을 보장하는 것, 절대왕정의 재정을 정비·확충하는 것, 분권주의적인 봉건지주의 세력을 억제하여 왕권의 중앙집권을 확립하는 것의 세 가지 점이 있었다. 이 재정정책은 네덜란드전쟁 발발(1672) 때까지 현저한 성과를 거두었으나 도시 부르주아의 권익을 주축으로 한 독점적 규제체제가 농촌을 기반으로 한 자유로운 자본의 성장을 막게 되어 네덜란드 전쟁과 영국의 상업패권 확립으로 인하여 붕괴하였다.

2차 대전 이후 해방 당시의 정부의 역할은 좌파와 우파의 합의로 만들어진 <공화국 협정>을 통해 강화되었다. <공화국 협정>이란 사회적 단결

---

68 Pierre Rosanvallon, *l'Etat en France de 1789 à nos jours*, Seuil, 1993.

69 프랑스 대혁명 이후 온건적인 지롱드파와 대립하여 로베스피에르가 이끌었던 자코뱅파가 과격, 급진적인 혁명으로 이끌어 나가고자 하였고, 이들의 사조를 자코뱅주의라고 한다. 자코뱅파는 루이 16세를 참수하는 등 급진적인 혁명을 수행했지만 지도자인 마라의 죽음, 로베스피에르의 처형 등 반대파에 부딪쳐 사라지게 된다.

과 시민들 사이의 평등 및 연대의식을 보장하는 것으로서, 정부는 수십 년간 경제 및 사회의 균형을 유지하면서 국가의 현대화를 위한 동력의 역할을 해왔다. 또한 공공 서비스와 정부 섭리주의(의료 보험, 퇴직, 실업) 등을 통해 경제적 재분배 시스템을 조직하였다. 1946년에는 정부가 경영자로서의 모습을 보여주었는데 이를 통해 공기업은 시장 논리에만 의존하는 기존의 기업에 비해 더 많은 공공의 의무를 갖게 되었다.

전쟁 이후 정부의 간섭주의는 프랑스만이 가지고 있는 특이성은 아니었다. 많은 나라들이 케인즈 이론에서 영감을 얻어 자연적으로 정부가 통제하는 독점의 개념이 정치 논리(국가의 독립)와 경제 논리(많은 투자를 필요로 하는 인프라 구조)를 통해 정당화되었다. 그러나 프랑스의 특징은 다른 국가들보다 더 오랫동안 경제적 국가주의를 간직하고 있었다는 것이다. 또한 대부분의 프랑스 사람들도 외국과의 경쟁에 있어 다소간의 보호주의가 필요하며 정부 간섭의 효과가 있다고 생각하고 있었다. 이러한 근대 역사적 배경에 따라 콩코드 여객기, 에어 버스, RER(수도권 외곽 철도), TGV(고속철도), 운하 계획, 철강산업 계획 등 대부분의 대형 프로젝트는 정부의 직접적인 개입을 통해 시행되고 있다.

가장 많은 논란의 대상이 되는 것은 고용주로서의 정부다. 정부의 중개인, 즉 공무원들에게 1946년에 공적 기능의 지위가 부여되었으며 현재에도 여전히 유지되고 있다. 공무원은 정치 권력에 복종하지 않고 또한 정권 교체에도 정부 업무의 연속성을 보장하기 위해 경쟁 시험을 치러 채용된다. 이들은 평생 직장이 보장되고 사기업에 비해 유리한 퇴직제도의 혜택을 받고 있다. 동시에 노조 가입과 파업의 권리가 부여되어 오늘날의 공무원은 부유층 부류에 속한다는 풍자와 함께 비판의 대상이 되고 있다. 공기업 직원도 공무원은 아니지만 사기업에 비해 상당한 보장을 받고 있다(고용 보장, 경력상의 특수성으로 인한 혜택, 남녀평등의 기회 제공, 연동 퇴직제, 등등). 공무원과 마찬가지로 이들을 채용할 때도 프랑스 국적으로 제한되며 나이와 도덕성도 중요한 채용기준이 된다. 그러나 이들에게 상당한 권리를 제공하고 있지만 반면 공공 서비스와 관련된 의무가 주어진다. 1999년 대형 태풍의 피해를 입었을 때 EDF(Electricité de France, 프랑스 전기공사)가 일반이익과 공공 서비스라는 이름 아래 직원과 퇴직자들을 토목 작업에 투입한 사례를 보면 이들의 사회에 대한 서비스 의무가 어느 정도인지 알 수 있다.

70년대 이후 정부의 역할과 공공 서비스를 대상으로 많은 비판이 일기 시작했다. 자유로운 정치 성향을 갖고 있는 사람들은 정부가 개인의 자유를 훼손한다고 비난하였고, 민간 경영에 비해 공공 경영이 덜 효과적이라고 비판했다. 또한 의무 징수가 너무 무겁다고 주장하였다. 이러한 주장이 힘을 얻는 듯 했으나 1974년의 석유 파동은 모든 상황을 뒤집었다. 정부는 국가 에너지 공급을 보장하는 기관으로서 정치적으로 매우 강한 존재로 되돌아왔다. 특히 좌파가 권력을 잡았던 1981년에 프랑수아 미테랑 대통령은 기존의 <정부 전체>를 불신하면서 혼합 경제 사회로서 <새로운 사회>를 제안했다.

통합 유럽의 건설과 함께 경제 분야에서 국가의 역할에 대한 논쟁은 여전히 뜨겁다. 경쟁력을 증진하기 위한 서비스 개방 정책들은 프랑스에 이미 있던 정부의 공공 서비스 유지 원칙과 대립되는 것이기 때문이다. 여러 기관들의 여론 조사에서 나타나고 있듯이 프랑스 사람들은 항상 공공 서비스에 강한 집착을 보이고 있다. 대부분의 프랑스인은 공기업의 민영화에 반대하고 있으며 공공 서비스 과업을 관리하는 데서도 시장보다는 정부를 더 신뢰하고 있다.

그렇다면 공공 서비스의 기능을 어떻게 발전시키고 비용을 절감하면서 사용자와의 관계를 발전시킬 것인가? 20년 전부터 정부는 이러한 현대화의 필요성을 주장하기 시작했다. 이에 따라 근접지역의 행정을 용이하게 하기 위해 정부의 기관들이 지역자치단체로 분권화하고 있다. 정부는 계속 공무원의 자리를 줄이고 있으며 상황에 따라 퇴직시키고 있다. 2001년에 채택된 재정법에 관련된 법률인 '롤프(LOLF)법'은 이러한 행정 조직의 재정 관리를 개선하는 것을 목적으로 하고 있다.

오늘날 프랑스인은 공공 서비스에 대해 일반 사용자로서가 아니라 까다로운 고객처럼 행동하고 있다. 프랑스인은 모든 것이 최소한의 비용으로 이루어지기를 기대하고 있는데, 이는 세금을 적게 내고자 하기 때문이며 정부가 정기적으로 발표하는 국가의 채무 액수를 두려워하는 것으로 분석하고 있다. 많은 사람들은 일자리가 부족한 상황에서 공공 기능이 고용을 창출한다고 생각하고 있으며, 특히 노동 시장에서 어려움을 겪는 사람일수록 이러한 사고는 더욱 강하다. 그렇기 때문에 82%의 프랑스인은 자녀들이 공무원이 되는 것을 적극 추천한다고 대답한다.[70]

3. 프랑스 통합 모델의 실패 : 방리유(banlieue)

1981년에 맹귀에트 지역의 베니시외에서 도시 폭력이 일어났다. 1990년 10월에는 리옹시의 외곽 보장블랭, 1991년 5월에는 발푸레 지역의 망트라졸리에서 유사 사건들이 일어났다. 2005년 가을에는 위와 같은 종류의 폭력 사고가 파리 외곽인 클리시 수부아에서 일어나 파리 외곽 전 지역은 물론 200개 이상의 지방 도시로 퍼져나갔다. 2주 동안 젊은이들(대부분이 16세에서 18세 사이의 소년들)과 경찰 사이에 야간 충돌이 있었으며

---

[70] 일간지 르몽드, IPSOS/ La Gazette des communes, 2006년 3월.

미디어는 매일 아침 차량과 공공 및 민간 건물의 방화, 많은 젊은이들의 체포, 부상자 등의 여러 장면들을 보여주었다.

이 사건들은 수많은 이민자 젊은이들이 살고 있는 방리유(banlieue)[71]에서 일어났기 때문에 사회와 언론의 관심이 더욱 컸다. 프랑스와 해외 미디어는 이 폭동을 프랑스 통합 모델 실패의 징후로 소개했다. 과거 프랑스의 외국인 통합 정책은 성공했지만 오늘날의 이민자 통합 정책은 위기에 있다는 것이다. 오늘날 <통합 모델의 위기>는 기본적으로 북아프리카와 중앙아프리카의 옛 프랑스 식민지에서 이주해 온 이민자들에게 집중된다. 특히 이전의 모델과 비교해서 새로운 것은 이민 2세대와 3세대를 포함하고 있다는 것이다. 영광의 30년(1945~1975) 동안 급성장하고 있던 프랑스 경제가 많은 저학력 인력을 필요로 했을 때 정부는 예전 식민지에서 온 노동자의 이민을 장려했다. 일반적으로 이들은 남자 혼자 사는 사람들이었고 부인과 자녀들은 휴가나 퇴직 후에 결합할 수 있었다. 석유 파동이 일어났던 1974년 이후의 경제 쇠퇴는 노동자의 합법적인 이민을 중단시켰다. 그러나 '가족 재결합 제도(regroupement familial)'를 통하여 이민자 가족의 이주를 허용했다. 이에 따라 아프리카 출신의 이민 노동자는 더 이상 프랑스를 거쳐 가는 사람들이 아니라 정착해서 가족과 사는 사람들이 되었다.

프랑스 이민자의 자녀와 손자들은 프랑스 영토 내에서 태어난 프랑스인이다. 그러나 이들은 프랑스 국적을 갖고 있기는 하지만 항상 외국에서 이민 온 젊은이들로 취급되었다. 물론 공화국 평등주의 원칙에 위배되는

---

[71] 도시 외곽을 의미하는 프랑스어로 대부분의 아프리카 출신 이민자들이 대도시 외곽 지역에 살기 때문에 방리유는 지리적 용어라기보다는 사회적인 의미, 즉 아프리카 이민자와 아랍인 등의 의미를 담고 있다.

것이지만 사람들은 민족의 출신지(마그레브와 아프리카인, 혹은 아랍, 흑인, 그리고 혼혈), 종교(종종 이슬람), 특히 테러와 같은 이미지들을 그들과 결부시켰다. 이민 2~3세대들은 프랑스 문화와 그들 부모의 문화라는 두 개의 문화를 갖고 있는 것으로 비춰졌는데, 이는 프랑스 사회로 통합하기 위한 동화주의를 거부하는 것으로 보였다. 첫 번째 방리유 폭동이 있은 후 1990년에 '통합위원회(Haut Conseil à l'intégration)'가 창설되었다. 이 위원회는 모든 사람이 자신의 특수성을 유지하면서 동등한 권리와 의무에 접근할 수 있도록 하는 목적으로, 사회 분열주의적 사고에 대한 경고를 위해 만들어졌다.

프랑스가 혼합된 민족이며 다문화국가라는 것을 모르는 사람은 없다. 다문화 사회의 프랑스를 통합하기 위해 1981년에는 마르세유에서 파리까지의 '뵈르(Beurs)[72]의 행진', 1984년에는 'SOS 라씨즘(SOS racisme)'이 시작되었다. 뵈르 행진의 구호는 <프랑스는 작은 오토바이 같다. 앞으로 전진하기 위해서는 혼합해야 한다>, SOS 라씨즘(SOS racisme)의 구호는 <내 친구를 건들지 마라(Touche pas à mon pote)>였으며 두 슬로건 모두 상당한 성공을 거두었다. 1988년 월드컵 축구대회에서 프랑스가 우승한 후 정치인과 미디어는 <블랙, 블랑, 뵈르(black, blanc, beur)>[73]의 프랑스에 찬사를 보냈다. 이와 같이 승리에 도취한 순간에는 프랑스 통합 모델이 찬양되고 있는 것처럼 보인다.

그러나 분명한 것은 현실에서 프랑스 사회와 이민자 젊은이들 사이에

---

[72] 북아프리카와 중앙아프리카 출신의 이민자 후세대를 일컫는 뵈르(Beurs)는 프랑스어의 구어로 아랍(arabes)을 발음상 음절을 거꾸로 연결하여 뵈르(beurs)라고 한다.

[73] Black은 흑인, blanc(블랑)은 흰색이란 뜻으로 백인을 의미하며 beur는 아프리카 출신의 이민자들을 의미한다.

분쟁이 존재한다는 것이다. 이민자들이 프랑스 사회에서 배제되고 있다는 생각을 갖고 있기 때문이다. 이민자의 사회 진출을 보면 정치 분야로의 진출은 매우 적으며 미디어 분야에서도 이민자 출신의 기자가 없다. 영화에서도 종종 마약밀매인이나 거지와 같은 역할에 이들을 대입시킨다. 더욱이 이민자는 지역적 차별로 인해 매우 힘들어 하는데, 그들이 사는 곳이 방리유라고 하는 노동자 시테(cité)[74]로 낙인찍혔기 때문이다. 이 지역의 높은 실업률 때문에, 이민자의 이름과 얼굴 그리고 주소지와 관련하여 상당한 고용 차별이 존재하고 있다. 오랫동안 노동 시장에서의 인종 차별이 은폐되었는데 그 이유는 법이 프랑스 공화국 정신인 평등주의라는 이름 아래 인종과 민족의 출신지를 알 수 있는 자료의 수집을 금지시켰기 때문이다. 그러나 연구소의 조사 결과를 보면 마그레브, 사하라 지역의 아프리카 및 동남 아시아의 젊은이들이 채용에서 감점을 받고 있는 것으로 나타났다. 이들의 실업률은 학력이 낮은 경우에는 말할 것도 없고 전문 자격증이나 높은 학위를 갖고 있더라도 취업의 높은 벽에 부딪치고 있는 것으로 나타났다. 결국 이민자 자녀들은 높은 학력을 갖고 있다 하더라도 직업을 갖는 것이 매우 어려우며 여기에는 차별이라는 요인이 크게 작용하고 있는 것이다.

2005년 가을에 발생한 방리유 폭동은 프랑스 통합 모델의 보편적 원칙(모든 시민들은 평등하다)과 소수민족이 겪고 있는 어려움 사이의 간격을 심화시켰다. 차별에 대한 논쟁은 정부의 매우 중요한 과제가 되었고 정치인, 사회학자, 기자들이 제시하는 방법론은 상당한 차이를 보이고 있다. 일부는 미국과 같이 인종에 따른 <긍정적인 차별> 조치를 시행해야 한다

---

[74] 시테(cité)는 사전적인 의미로 도시와 같은 의미지만 일반적으로 대도시 외곽의 이민자들이 모여 사는 곳을 시테라고 한다.

고 주장하고 있으며, 어떤 이들은 라이시테와 모든 형태의 공동체를 거부하는 프랑스적 공화국 모델을 유지해야 한다고 주장하고 있다. 전문가들은 기회에 평등하게 접근하기 위해서 현재 실행하고 있는 평등 원칙을 개선해야 한다고 생각하지만 민족이 아닌 영토와 사회라는 기준을 바탕으로 해야 한다고 주장하기도 한다. 프랑스에는 많은 사람들이 겉으로 드러내지는 않지만 긍정적인 차별을 인정하는 경향을 보이고 있다. 최근 몇 년 전부터 시행하여 성공한 파리소재의 정치학교의 예가 이를 잘 보여주고 있는데, 사회 차별에 민감한 학생들(기본적으로 이민자 젊은이들을 말한다)이 일반 시험이나 서류 전형을 치르지 않고 정치학교에 입학할 수 있게 한 것이다. 또한 경찰학교는 사회환경과 주거지를 중심으로 학생들을 입학시키는 특별 전형을 만들었다. 또한 2004년 10월에 기업 대표 모임인 몽테뉴 연구소가 발표한 '다양성 헌장'은 다양한 문화를 갖고 있는 사람들을 채용하도록 자극하고 있는데 2005년 말에는 서명한 기업이 231개에 이르렀다.

전통적인 구별주의 국가들(미국, 영국, 캐나다)이 프랑스의 보편주의 원칙을 참조하는 반면 프랑스는 차츰 '긍정적 차별주의(discrimination positive)' 조치를 적용하고 있다. 결국 여러 국가들의 통합 정책은 점점 비슷해지는 경향을 보이고 있다.

II

프랑스 사회는 어떤 모습일까?

1. 여성으로 산다는 것

가장 기본적인 사회구조를 잘 설명할 수 있는 것 중 하나는 성(性)에 따른 사회분석이라고 할 수 있다. 남성과 여성의 역할이라는 정반대의 두 가지 극점을 통해 사회가 갖고 있는 구조를 설명할 수 있다. 1950년대의 프랑스 젊은 여성의 진학률 증가와 1960~70년대 이후의 여성 임금노동자의 증가는 가족이나 생활방식 그리고 소비 사회 안에서 남녀 역할의 동등한 지위를 가져다주었다. 이러한 변화된 사회는 이전의 사회와는 상당한 차이를 보인다.

그러나 현실에서 남성과 여성 사이의 평등은 매우 멀다고 말하는 사람이 많다. 특히 이러한 불평등은 직업의 영역에서 매우 두드러지게 나타난다. 정규직의 경우, 여성은 남성보다 평균 20% 정도의 적은 임금을 받는다. 한편으로는 여성의 지위가 개선되고는 있지만, 다른 한편으로는 남성과의 차별이 유지되고 있는 대립현상이 강화되고 있다. 또한 가정 내에서 대부분의 여성은 가사일을 담당하고 있다. 결과적으로 보면 직장과 집안에서 노동을 하고 있는 것이다. 만일 남성이 가정에서 그들의 강력한 권위를 상실했다면 상황은 많이 달라졌을 것이다.

프랑스에서 부엌이란 여성만의 전용 공간이라는 고정관념이 강한 장소이다. 특히 나이가 지긋한 세대의 남자 중에는 거의 부엌 출입을 하지 않은 사람들이 많을 정도이다. 결국 프랑스도 여성의 지위가 처음부터 남자와 동등했던 것은 아니었다. 우리나라에서 여성의 지위를 억압했던 것이 유교주의라면 서양에서는 가톨릭이 같은 역할을 해왔다고 할 수 있다.

프랑스 여성에게 처음으로 참정권이 부여된 것은 1945년이었다. 미국이 1920년, 영국이 1928년인 것과 비교하면 매우 늦은 편이다. 지금으로부터 50여 년 전인 1965년만 해도 프랑스에서 결혼한 여자는 미성년자로 간주되어 남편의 동의 없이는 본인의 은행 계좌도 가질 수 없었고, 남편의 동의 없이는 직업 활동도 불가능했다. 대다수의 여성은 집안에서 육아와 가사 활동에 전념하고 있었으며 간혹 자유영업을 하는 남편을 도와 같이 일을 하더라도 월급 없이 일하는 형태였다. 결혼과 출산이 이어지고 피임을 불법으로 정한 상태에서 해마다 출산의 부담을 가져야 했던 여성은 불법으로 임신중절을 하는 과정에서 목숨을 잃는 경우도 있었다. 이러한 상황에서 피임을 합법화한 '뇌비르트(Neuwirth)법'이 발표된 것은 1967년에 이르러서였다.

이렇듯 여성의 지위가 상상을 초월할 정도로 열악했던 프랑스에서 1968년 5월에 일어난 68혁명은 프랑스 여성의 지위가 바뀌는 커다란 전환점이 되었다. 68혁명은 모든 형태의 권력을 부정하고 기존의 사회질서에 강력하게 항거했던 대학생들의 반항으로 시작되었다가 노동자층에까지 확대된 혁명으로서, 이 혁명 과정에서 여성들은 자신들의 열악한 상황을 몸소 깨닫게 되었다. 68혁명의 열기는 몇 달 만에 막을 내렸지만 한 발짝 내닫기 시작한 여성운동은 멈추지 않았다. 1970년에 '여성해방운동(Mouvement de libération des Femmes, MLF)'이 형성되면서 페미니스트들이 생겨났고 법적으로 남녀동등을 요구했다. <내 몸은 내게 소속되어

있다>라고 하는 새로운 형태의 사고방식이 형성됨으로써 유산의 권리를 주장하는가 하면 처음으로 남편의 폭력에 대항하는 움직임을 보이기도 했다. 이러한 페미니스트들의 지속적인 활동이 없었더라면 1975년의 임신중절 허용, 간통죄 소멸, 상호 합의에 의한 이혼 성립 등은 불가능했을 것이다. 이 시기에 시몬느 보부아르의 『제2의 성』이 다시 많은 여성에게 읽혀지게 되고 여성의 의식의 변화처럼 옷차림도 변화하기 시작하였다. 미니스커트와 바지가 폭넓게 등장하게 된 것도 이 시기이다.

68혁명의 불꽃이 사그라진 지 50여년이 흐른 지금, 프랑스 여성들은 당시의 여성들보다 훨씬 자유롭다. 이들은 남성 지배적인 사회가 수세기에 걸쳐 억압했던 여성의 구속으로부터 자유로워졌고, 사랑과 출산이 구분되는 환경에서 원하는 경우에만 아이를 낳을 수 있게 되었다. 아이를 낳으면 16개월간의 출산휴가를 받고, 남자 없이 혼자서 아이를 낳아 자기 성을 물려주면서 아이를 양육할 수 있는 자유가 있는가 하면, 남편과 이혼할 경우 대부분의 여성이 자식의 양육권을 얻을 수 있다.

그렇다면 프랑스의 여성은 진정으로 해방되고, 남성과 평등한 지위를 갖고 있는 것일까? 직업 세계에 많은 여성이 진출하고 있고, 변화된 법적 지위 속에서 남성과 동등한 권리를 갖고 있는 여성이 왜 아직도 부엌에서 빠져 나오지 못하고 있는 것일까?

프랑스 여성 해방의 역사적 지표

1945년
- <여성의 월급>이라는 개념이 사라졌다. <동등한 노동, 동등한 월급>이 프랑스의 법안에 포함되었으며 이후 여러 법들을 통하여 이 원칙이 확인되었다. 특히 1972년, 1983년 및 2005년에 법을 통하여 확인되었다.
- 4월 29일 : 지방 선거에서 최초로 여성의 투표가 이루어졌다.
- 법을 통하여 의무적인 출산 휴가를 창설하고 8주간의 휴가를 지급했다 (출산 전 2주 및 출산 후 6주). 이 휴가 기간에는 월급의 50%까지 지급되며, 공무원은 100%가 지급된다.

1946년
- 남성과 여성 사이의 평등 원칙이 헌법의 서문에 명시된다.

1949년
- 시몬느 보부아르는 자신의 저서인 『제2의 성』(*Le Deuxième Sexe*)을 통해 여성의 자치권을 변호한다. 이 책은 페미니스트적 철학의 장을 여는 계기가 된다.

1965년
- 여성은 남편의 허락이 없더라고 일자리를 가질 수 있으며 자유롭게 자신의 재산을 소유할 수 있게 되었다(부부 재산 체제의 개혁).

1966년
- 법이 임산부를 해고하는 것을 금지하고 출산 후 12주 동안은 해고할 수 없도록 명시하고 있다.

1967년
- 12월 28일 : 뇌비르트(Neuwirth) 법에 의하여 피임이 허용된다.

1970년
- 법이 "부부의 도덕적 방향과 가족의 금전을 함께 보장한다"라고 규정한다 : 이를 통하여 <가장>의 개념이 소멸되고 <가장의 권한>이 <부모의 권한>으로 대체된다.
- 출산 휴가가 사회보장제도에 의하여 보장되고 세전 월급의 90%까지 지급된다.

1971년
- 잡지 <누벨 옵제르바테르(Nouvel Observateur)>는 343명의 여성이 낙태를 경험했다는 것을 확인하는 서명을 담은 『343 선언』을 출판하고 이러한 현실을 고려하여 낙태

의 허용을 요구한다. 여성들이 종종 낙후된 조건에서 안전하지 못한 낙태를 하는 현실을 반영하도록 요구. 결국 <343 선언>은 자유로운 낙태를 요구하고 있는 것이다.

- 고등 교육 기관에서는 여학생이 남학생의 수를 능가했다.

1974년

- 의료보험을 통하여 피임약에 대한 보험혜택이 시작되었다. 미성년자는 무료로 피임약을 얻을 수 있게 되었다.

1975년, UN이 정한 세계 여성의 해

- 1월 17일 : 자발적인 임신 중절을 허용하는 베일(Veil) 법이 공포되었다.
- 법을 통하여 특히 취업 분야에서의 성에 대한 차별을 처벌하고 임산부의 고용에 대한 접근을 보장한다.
- 상호 협의 이혼이 창설되었다.

1980년

- 출산휴가 기간 중에 전체 월급을 지급하고 이와 함께 출산휴가가 최소 16주까지 확대된다 (출산 전 6주 및 출산 후 10주). 셋째 자녀부터는 출산휴가가 24주가 된다.

1982년

- 의료보험을 통한 자발적인 임신 중절에 대한 보험 혜택이 시작된다.

1983년

- 여성에 대한 모든 형태의 차별 철폐 조항이 승인된다.

1992년

- 7월 22일법을 통하여 부부 폭력이 처벌의 대상이 된다. 가정 폭력의 처벌 대상이 남편이나 혹은 동거남인 경우에 형벌은 가중처벌된다.

2000년

- 비상 피임에 관한 법 : 약국에서 낙태 의약품이 자유롭게 판매되고 미성년자에게는 무료로 보급된다.

2006년

- 강제 결혼 방지를 위하여 여성의 합법적인 결혼 연령을 18세로 정하는 법이 만장일치로 통과한다 (이전에는 15세).

1950년대 이후 여성의 지위는 공공 분야(노동, 정치 등등)는 물론 민간 분야(가정 안에서의 역할, 피임 등)에서도 계속해서 변화하고 있다. 그러나 2006년에 '인구 통계 연구소(Institut National d'Etudes Démographiques, INED)'가 실시한 가사노동의 시간 분배에 대한 설문 조사에 의하면 여전히 가사일의 80%는 여성이 담당하고 있다. 여성은 50년 전에 비해 가사일에 투자하는 시간이 줄어들어 하루에 두 시간 반의 가사노동을 하고 있는데, 이것은 가전제품과 기술의 발달로 인한 것이지 남성이 이 시간을 투자해주었기 때문이 아닌 것으로 분석되고 있다. 또한 가사노동을 평등하게 분배하기 위해서는 남성이 일주일에 8시간 30분의 시간을 투자해야 한다고 분석한다. 반면 가사노동을 평등하게 분담한 부부는 전체 부부 중 단 15%에 해당되는데, 이들의 학력을 보면 대체적으로 높고, 가정 내 수입의 반도 여성이 담당하고 있다고 한다. 이것은 학력이 높고 수입이 많은 여성일수록 가사노동 시간의 평등을 여실히 보여주고 있는 것이다. 결론적으로 공적인 분야에서는 남성과 여성의 평등이 실현되고 있지만 사적인 분야에서는 항상 평등한 것은 아니라는 것을 알 수 있다.

1. 수세기 동안 이어져 온 남성지배

남성은 아주 오랫동안 모든 권력을 갖고 있었다. 국가, 가족, 일터 등의 모든 분야에서 남성이 지배하고 있었다. 어느 분야에서도 여성은 보이지 않았는데 이러한 부당함은 어디에서 왔을까? 성서에 나타난 최초의 커플 아담과 이브를 보더라도 이러한 불합리함은 잘 나타나 있다. 성경의 창세기는 <태초에 신이 첫 번째 인간을 만들었으며 그의 이름은 아담>이라 명명했다. 그리고 신이 그의 동반자를 만들어냈는데 아담의 몸에서 추출된 이브였다. 이렇게 남성의 몸으로부터 빠져 나온 여성은 수세기 동안 자연스럽게 남성의 피지배적인 지위가 되었다. 또한 죄악과 사탄의 이미지가 여성에게 덧붙여졌다. 왜냐하면 금지된 과일인 사과를 먹고 이 과일을 아담에게 준 것이 바로 이브였기 때문이다.

남성과 여성의 역할에 대해 가톨릭을 비롯한 많은 종교의 텍스트는 같은 관점으로 바라보고 있다. "여성은 가정에 머물며 자녀를 갖기 위해 만들어졌으며 무엇을 요구하거나 상상 및 창조할 만한 능력을 갖추고 있지 않다. 반면 남성은 이성적이고 가족을 양육할 능력을 갖고 있으며 모든 상황에 잘 적응하고 있다. 결국 남성에게는 절대자의 지위가 부여된다. 이렇기 때문에 신의 말을 전달할 능력을 갖고 있는 사람은 남성뿐이다"라는 것이다.

권력의 가장 높은 단계에 접근한 네페르티티나 클레오파트라와 같은 여성을 인정한 이집트를 제외하고는 대부분의 고대 사회는 남성우월주의가 지배했다. 즉 여성은 남성의 감독하에 있었다. 로마제국에서는 '파테르 파밀리아스(pater familias: 라틴어로서 '가장' 혹은 '가부'라는 뜻)'가 가정을 지배하고 있었고 모든 권력은 남성이 갖고 있었다. 딸은 아버지나 남자 형제에 종속되었고 결혼 후에는 남편의 통제하에 있었다. 이러한 시스템은 현재에도 세계 여러 나라에서 진행 중이다.

프랑수아 1세, 앙리 4세, 루이 15세, 루이 14세... 프랑스에서는 왕과 결혼해야만 여왕이 될 수 있었는데 이것은 어디에서 연유한 것일까? 프랑크 왕국의 첫 번째 왕인 클로비스는 땅과 왕권을 딸에게 상속하는 것을 금지하는 법을 만들었다. 이 법은 영국을 포함한 몇몇 나라를 제외한 유럽 전역으로 퍼졌다. 그리고 수세기 동안 젊은 남자들은 전쟁터로 떠나야 했다. 1차 세계대전 때 900만 명의 사망자가 발생했는데 이 중 90%가 남성이었다. 오늘날에는 70%의 전쟁 희생자가 시민이며 여기에 80%의 여성과 어린이가 포함되어 있다. 프랑스에서는 <가장>이라는 개념이 1970년에 사라졌지만 부계 가족의 성이 여성과 자녀들에게 승계되는 것을 보면 여전히 이러한 가부장의 상징이 남아있다는 것을 알 수 있다.[1]

2. 프랑스 대혁명? 여성은 제외!

<여성들이여 깨어나라…당신들의 권리를 인정하라.> 이는 1790년에 혁명가인 올랭프 드 구즈(Olympe de Gouges)가 선언한 말이다. 처음으로 프랑스에 페미니스트들이 나타난 시기이다. 페미니스트들은 혁명가들을 지지하면서 시위를 했고 자신들의 주장을 공식적으로 표출했다. 그러나 결과는 좋지 않았다.

17세기부터 모든 여자들은 태어나면서 교육의 권리를 갖게 되었다. 그러나 이는 의무로서만 여겨졌을 뿐 여성에게 자유에 대한 사고를 제공하지는 않았다. 또한 귀족들은 베르사유 궁에서 유명한 작가들을 대상으로 하는 살롱을 열었다. 이들은 과학, 법률, 교육에 대한 토론을 조직했으나 성의 평등에 관한 주제에 대해서는 매우 보수적인 담론이 지배했다. "여성은 남성에게 양보하기 위해 만들어졌다. 모든 교육은 남성과 비교하여 이루어져야 한다"라고 말하고 있다. 또한 "여성에게 상냥하고 부드러운 삶을 갖도록 해야 한다"라고 말하고 있다(『에밀』 중에서).

굶주린 어린이들을 위해 빵을 요구했던 1789년 10월 5일의 베르사유 행진을 시작한 것은 바로 여성들이었다. 여성들은 모든 사람들에게 동등한 평등과 자유를 요구했으며 이와 함께 남녀차별과 여성 교육 권리의

[1] 프랑스에서는 2005년 1월 1일 이후 자녀가 어머니의 성을 따를 수 있게 되었다.

차별법에 대한 취소 및 자유로운 직업 활동을 요구했으며 여성 공화국 단체를 창설했다. 콩도르세 백작과 같은 몇몇 남성들은 이를 지지했으나 로베스피에르, 당통, 마라와 같은 주요 혁명가들은 이에 대해 냉담한 태도를 취했다.

1789년 8월 26일의 '인간과 시민의 권리 선언' 제1조에서 <인간은(homme) 권리에서 자유롭고 평등하게 태어나고 살아간다>라고 선언하고 있다. 프랑스어에서 인간을 의미하는 옴므(homme)는 남성을 의미하는 단어이기도 하다. 여성 방어에 적극적으로 참여한 여성 작가인 올랭프 드 구즈는 1797년에 기존의 '인간과 시민 권리 선언'을 복제한 '팜므(여성(femme))와 시민의 권리 선언'을 만들어 반격했다. 그러나 1793년 이 여성작가는 참수형을 당했다. 여성은 재산 상속의 권리와 협의 이혼의 권리를 획득했으나 많은 여성 단체들이 금지되었고 모든 여성들이 주방으로 돌아가게 되었다.

결정적으로 여성의 지위가 다시 원점으로 돌아가게 된 것은 나폴레옹의 등장부터라고 할 수 있다. 1804년에 여성 혐오(?)의 대표자라고 할 수 있는 나폴레

프랑스혁명 인권선언에서 빠진 여성의 인권을 주창한 드 구즈 1789년 8월, 프랑스 대혁명 와중에 발표된 '인간과 시민의 권리 선언'은 보편적 인권과 국민 주권을 사회의 기초로 삼음으로써 근대 정치의 장을 열었다. 하지만 이 선언에서 말하는 인간과 시민이라는 추상적 표현은 능동적 시민과 수동적 시민의 구분으로 구체화되었고, 그 결과 무산자와 여성은 배제되고 오직 (유산자) 남성만이 권리의 주체로 상정됐다.

이에 대해 극작가인 올랭프 드 구즈는 프랑스 최초의 헌법이 제정되는 1791년, '여성과 여성 시민의 권리 선언'을 통해 남성에게 부여된 모든 권리와 자유가 여성에게도 적용되어야 한다고 말함으로써 혁명과 정치에 적극적으로 개입한다. 몇몇 희곡으로 파리에서 어느 정도 이름을 날리던 드 구즈는 대혁명기에 여러 팸플릿을 통해 여성의 권리를 옹호하는 데 나선다. 여기서 드 구즈는 상상력이라는 수단을 사용하여 자신도 <인간(남성)과 (남성)시민>의 권리를 가지고 있음을 주장한다. 자신은 <양서 동물>이며 <여성도 아니고 남성도 아니다>라고 말함으로써 여성도 시민권을 가질 수 있으며, 더 나아가 새로운 시민성을 창출할 수 있는 가능성을 열어 보인다. 다시 말해 능동적인 상상력을 행사해 그는 스스로를 자율적인 주체로 구성했던 것이다.

'인간과 시민의 권리 선언'을 다시 서술하는 방식으로 씌어진 '여성과 여성 시민의 권리 선언'에서 우선 드 구즈는 인간(남성)으로만 한정되어 있는 주체에 여성을 부가함으로써 '인간과 시민의 권리 선언'을 보충한다. 예를 들어, 제10조는 이렇게 말한다. "여성은 교수대에 올라갈 권리를 가지고 있다. 마찬가지로 여성은 연단에 올라갈 권리를 가져야만 한다." 하지만 그녀의 개입은 보충에만 그치는 것이 아니었다. 여성은 남성과 마찬가지로 자연적으로 모든 권리를 가져야 할 뿐만 아니라, 그렇게 함으로써 인간관계 및 시민권에 대한 새로운 규정으로 나아갈 수 있었다. 발언의 자유를 여성의 가장 고귀한 권리라고 말하는 제11조는 여성 시민이 어떠한 침해도 받지 않고, "나는 당신의 아이의 어머니다"라고 자유롭게 말할 수 있어야 한다고 주장한다.

옹은 전세계 많은 국가에 법의 모델로 통하는 법전을 제정했다. 나폴레옹 법전은 아주 분명하게 여성의 하위적인 지위를 명시했다. 이 법전은 <법적 권리가 없는 사람은 미성년자, 결혼한 여성, 범법자 그리고 정신적으로 나약한 사람들이다. 아내는 남편에 복종해야 한다>라고 정의하고 있다. 이를 통해 여성은 남편의 허락 없이는 아무것도 할 수 없게 되었다. 즉 직업 활동과 돈을 소유할 수 없으며 이혼이 금지되었다.

또한 1848년에 시민의 투표권이 21살 이상에게 주어졌지만 여전히 여성에게는 주어지지 않았다. 그러나 여성은 열악한 조건에서도 노동을 통해 국가의 경제 발전에 기여했다. 이렇듯 사회적으로 활용되었던 여성은 투표권을 요구하게 되었고 사회 불평등을 표출하는 사회운동에 동참하게 되는 계기를 마련하였다. 여성들은 1871년의 파리코뮌과 같은 여러 정치적 논쟁에 참여하게 되었다. 혁명적 페미니스트이자 사회주의자인 루이즈 미셸(Louise Michel)은 뉴칼레도니아로 강제 추방되었으며, 200명의 방화 여성(pétroleuse)들이 성에 대한 예의를 더럽혔다는 명목으로 총살형에 처해지기도 하였다.

제3공화국 시기인 1881년에 쥘 페리는 6세에서 12세 사이의 어린이에게 무상과 의무 교육인 세속적인 학교, 즉 종교 교육이 없는 학교를 만들었다. 당시 학교는 남녀 공학은 아니었지만 상당한 발전을 이루었다. 1919년 여학생들은 대학 입학 자격시험인 바깔로레아를 치를 수 있는 권리를 획득했다. 1938년부터는 남편의 승낙 없이도 여성이 대학에 등록할 수 있게 되었다. 1861년 리옹에 사는 37세의 쥘리 도비에(Julie Daubié)는 프랑스에서 최초로 바깔로레아를 취득한 여성이 되었다. 당시에는 학위 증명서에 교육부의 서명이 첨부되기 위해 나폴

쥘리 도비에

레옹 3세의 부인인 위제니가 개입해야만 했다.

3. 평등을 위한 전진

인류 역사의 비극인 제1차 세계대전은 한편으로는 여성의 지위가 상승하는 계기가 된다. 이때부터 그 누구도 여성 해방을 멈출 수 없었으며 자유화가 진행되기 시작했다. 전쟁 중에 군인들이 참호에서 전투를 하고 있는 동안 여성들은 작물을 수확하고 전차를 운전했다. 전쟁이 끝난 후에 남성들이 자신들의 자리로 돌아오고 여성들이 다시 엄마의 역할로 되돌아 오기까지 군수품의 납품을 담당하고 군모와 포탄을 만들었던 것은 바로 여성들이었다.

제일 먼저 여성에게 권리를 부여해야 한다고 생각한 사람들은 미국인이었다. 1888년에 미국인은 국제 여성위원회를 창설했다. 1906년에는 최초로 핀란드 여성이 투표권을 획득했고 이후 1913년에는 노르웨이 여성, 1918년에는 러시아와 독일 여성, 1920년에는 미국 여성 그리고 1930년에는 스페인 여성이 투표권을 획득했다. 프랑스에서는 기자이자 작가였던 루이즈 웨스(Luoise Weiss)가 1935년 파리의 몽마르트르에서 시의회 선거에 출마하여 여성의 투표권을 주장하는 공보를 인쇄하였다. 이 사건은 커다란 반향을 일으켰다.

제2차 세계 대전 중에는 많은 여성이 유태인들을 숨겨주었으며 무기를 이송했다. 레지스탕스 역사 속에도 여러 명의 여성이 존재한다. 자유화 운동의 뤼시 오브락(Lucie Aubrac)과 공산당 레지스탕스 지도자인 다니엘 카사노바(Danièle Casanova)가 대표적인 여성 레지스탕스다. 1943년에는 국립 레지스탕스 위원회가 여성의 투표권 승인 운동에 참여했다. 이어

보부아르의 제2의 성 『제2의 성』은 페미니즘 역사에서 가장 중요한 저서다. 역사 속 여성의 모습을 통해 보부아르는 <여성>이라는 존재가 남성과 동등한 성이 아닌 <제2의 성(性)>이라고 주장했다. 정상적인 하나의 성이 아니라 무엇인가 결핍된 비주류의 성이었다는 것이다. 보부아르가 이 책을 쓴 1949년 무렵까지 <여성은 불완전한 남성>이라는 토마스 아퀴나스의 낡은 주장이 그대로 받아들여지고 있었다. 보부아르가 몸담았던 학계도 예외가 아니었다. 보부아르는 이 책을 통해 "여자는 태어나는 것이 아니라 여자로 만들어진다"는 불후의 명언을 던지며 남성 중심사회에 경종을 울렸다.

보부아르는 1908년 파리의 몰락한 상류층 가정에서 태어났다. 가톨릭 학교를 거쳐 소르본느 대학을 졸업하고 철학교수 자격시험에 차석이자 최연소로 합격한다. 이때 수석을 한 사람이 바로 사르트르다. 성적은 보부아르가 더 좋았지만 여성 차별로 차석이 됐다는 설이 유력하다. 사실 보부아르는 운동가라기보다 프랑스 최고 권위의 콩쿠르상을 받을 정도로 인정받은 소설가였다. 『제2의 성』도 처음에는 자전소설 정도로 기획된 것이었으나 창작 초기 인문서로 방향을 튼 것이다.

『제2의 성』에서 보부아르는 "남성이 여성에게 '신비함'이라는 거짓된 아우라를 주입시켜 여성을 사회적 '타자'로 만들었다"고 선언했다. "여성은 남성에 따라서 정의되고 구분되지만 남성은 여성에 따라서 정의되고 구분되지 않는다. 남성은 주체이며 절대자이다. 하지만 여성은 타인이다. 남성의 변두리에 살고 있는 여성은 세계의 보편적인 모습을 파악하지 못한다." 보부아르의 지적은 현대 페미니즘의 바이블이 됐다. 『제2의 성』이 엄청난 반향을 일으키자 프랑스 정부는 서둘러 '여성의 날'을 제정했다. 『제2의 성』 이후부터 지식인들이 남성과 여성을 계급적 시각이 아닌 <차이의 시각>으로 보는 습관을 갖기 시작했다고 해도 과언이 아니다. 보부아르는 책의 후반부를 이렇게 끝맺는다. "이 주어진 현실 세계를 자유가 지배하도록 하는 것이 인간에게 주어진 임무다. 이 숭고한 진리를 쟁취하기 위해서는 무엇보다 먼저 남녀가 분명한 우애를 확립하는 것이 필요하다."

1944년 4월 21일에 여성의 투표권이 부여되었다. 당시 프랑스는 여성이 시민의 지위를 부여 받지 못했던 유일한 유럽 국가였다. 이어 1947년에 프랑스 정부는 최초로 여성 장관을 임명했다.

1949년에 시몬느 드 보부아르(Simone de Beauvoir)가 『제2의 성』을 발간했을 때 엄청난 혼란이 일어났다. 그녀는 자신의 책에서 여성을 엄마의 역할과 집에서의 천사 역할로 한정시키면서 여성 해방을 막고 있는 가부장적인 남성적인 권력을 고발하였다. 이 작가는 "사람은 여성을 탄생시키는 것이 아니라 만드는 것이다"라고 주장했다. 이 책은 자유를 획득하고자 하는 많은 여성들의 의식을 깨우고 자극했다.

1960~1970년대는 길거리 시위대의 저항이 많이 있던 시기였다. 이 중에서 가장 많이 알려진 것은 'MLF(Mouvement pour la libération des femmes, 여성 해방 운동)'였다. 이들의 요구는 남성이 지배하고 있는 모든 분야를 겨냥하고 있었지만, 특히 자녀 선택의 권리와 자녀 수의 결정권을 요구했다. 또한 피임과 낙태에 대한 권리를 요구했다. 1960년에 페미니스트 단체는 가족계획을 하기 위한 피임약을 여성에게 제공하

는 '프랑스 운동(Mouvement français)'을 창설했다. 결국 1967년에 국회 의원인 뤼시앙 뇌비르트(Lucien Neuwirth)는 피임을 합법화했다. 이어 '낙태와 피임의 자유를 위한 운동(MLAC, Mouvement pour la liberté de l'avortement et de la contraception)'은 해외 탐방을 조직했다. 왜냐하면 당시 영국이나 스위스 같은 몇몇 국가에서는 낙태가 허용되었기 때문이다.

1971년에는 누벨 옵제르바테르(Nouvel Observateur) 잡지가 불법적으로 낙태를 했다고 선언한 343명의 목록을 발표했다. 이들 중에는 젊은 변호사인 지젤 알리미(Gisèle Halimi)가 있었다. 1972년에 그녀는 강간을 당한 소녀의 낙태 혐의를 변호했다. 이 소송은 여론을 민감하게 자극했다. 1975년에는 의료부 장관인 시몬 베일(Simone Veil) 덕분에 낙태가 허용될 수 있었다. 현재 220,000명의 여성들이 매년 낙태를 하고 있으며 가임 여성의 98%가 피임을 하고 있는 것으로 알려지고 있다.

자신의 신체를 자유롭게 다룰 수 있는 것 역시 여성을 존중하는 행위 중 중요한 부분이다. 1980년대의 페미니스트들은 직장 내에서의 포르노그래프, 매춘, 강간, 성추행의 실상을 드러내었다. 이러한 새로운 전쟁은 1980년의 강간 처벌법과 1992년의 성추행 처벌법을 이끌어냈다. 오늘날 많은 페미니스트 운동은 사람들을 결집시키고 있다. 대표적인 예로는 2003년에 파델라 아마라가 빈민 지역에서 어린 소녀들을 대상으로 한 폭행에 저항하기 위해 창설한 '비굴함도 없고 굴복하지도 않는다(Ni putes, ni soumises)'와 일상 속의 성차별주의자에 대해 저항하기 위해 만든 '감시 암컷 개들(Chiennes de garde)'이라는 동호회가 있다.

4. 불평등의 구원자 빠리테(parité), 그러나 현실은?

프랑스의 빠리테 법(남녀동수추천법) 프랑스는 획기적으로 여성의 정치적 대표성을 높일 수 있는 방안으로 동수법이라는 할당제를 택하였다. 그것은 프랑스 여성정치의 낙후에 대한 처방이었다. 1999년 12월 수상에 의해 발의되어 의회에 제출되어서 2000년 6월 통과된 이 법안은 '선거직에서의 남녀간의 평등한 접근을 이루기 위한 법'으로 이름 붙여진 선거법의 일부조항을 개정하는 법이다. 사실 프랑스에서 할당이 이루어진 것이 이번이 처음은 아니다. 1982년 사회당 정부에서 비례대표에 후보명부의 25%를 여성에게 할당하는 법안을 제출하였으나 헌법위원회에서 위헌판정을 내려 기각되었다. 이로서 프랑스 여성은 선거법의 개정이전에 상위법인 헌법의 개정이 필요하다는데 동의하였다.

우선 1999년 헌법이 개정되었다. 헌법의 3조와 4조가 개정되어 <법은 선출직 공무원과 선출직 의원직에 여성과 남성이 동등하게 진출하도록 한다>와 <정당과 정치집단은 법이 정한 조건하에서 이 원칙을 현실화하도록 노력해야 한다>로 규정하여 하위법인 선거법 혹은 다른 법들이 여성의 공직 진출을 유리하게 하는 할당 등을 규정할 때 논란이 생기지 않도록 하였다.

헌법이 통과되면서 이미 할당을 규정하는 법의 제정은 기정사실화되어 있었고 이 헌법의 개정이 별다른 심각한 반대를 겪지 않았기 때문에 새로운 법 제정도 큰 논란 없이 1999년 12월 총리의 이름으로 제안된 빠리테 법안은 의회에서의 독회와 상원에서의 독회, 상하양원의 동수위원회를 거치면서 몇 차례의 수정을 거쳐 2000년 6월 21일 하원에서의 투표로 최종적으로 확정되었다.

남녀동수추천법인 '빠리테 법'이 공포되기 전인 1999년에 프랑스 국회에서 여성이 차지한 비율은 6% 뿐이었다. 이러한 심각한 사실에 대하여 프랑스 페미니스트들은 남녀 동수를 의미하는 빠리테(parité)라는 의견을 내놓았다. 페미니스트들은 현실에서 권리의 평등이 충분히 이루어지지 못하고 있고, 남성·여성 모두 정치 권력에 접근하는 기회가 같아야 한다고 주장하였다. 또한 이것이 민주주의를 실현하는 것이라고 주장했다.

빠리테는 두 사람간의 권리가 평등하다는 것을 의미한다. 즉 남성이건 여성이건 간에 기본적인 자유가 동등하게 보장되어야 한다는 것이다. 남성 여성 차별 없이 사회생활에 참여해야 하고 이러한 권리의 평등을 위해 빠리테라는 사고를 공유해야 한다는 것이다. 이것은 남성과 여성이 책임권, 특히 정치 권력을 실행하는 자리를 동등하게 나눠가져야 한다는 것을 의미한다.

프랑스는 2000년 6월에 '빠리테에 관한 법'이 제정되어 세계 최초로 남녀동수추천을 법으로 규정한 나라이다. 이것은 국회 안에서 프랑스 남성과 여성의 평등을 보장하는 것을 목적으로 선거 후보자의 남성과 여성의 동등한 수를 의무화한다는 것이다.

이 법의 내용은 여성이 기업의 책임자, 장관 혹은 국가 원수가 될 수 있도록 보장하고 있다. 그러나 이는 전투와 유사한 과정을 거쳐야 가능한 것이다. 남성은 자신의 자리를 내주기 꺼려하고 있으며 여성과 권력을 공유하는 것을 싫어한다. 국회에 입성한 여성이나 대기업의 행정자문인 여성이 극히 소수라는 것이 이를 잘 증명하고 있다.

수세기 동안 전세계적으로 남성은 강한 성으로 간주되었다. 남성은 높은 지위를 행사할 수 있는 직업에 종사하고 가족이 필요로 하는 것을 공급하는 역할을 하고 있다. 또한 자신의 부인과 자녀에게 권위를 행사한다. 여성은 <연약한 성>이라는 이미지로 가정에 머물러야 한다. 결혼만이 여성에게 사회적인 지위를 갖게 해주는데, 이 또한 사회적 관점으로 보면 자녀를 생산하기 위한 존재로 보는 것이다. 미혼으로 남아있거나 결혼하지 않고 아이를 낳는 것은 규범에 벗어나는 것이다.

이러한 성에 대한 관념을 뒤바꾸는 역사가 시작된 것은 그리 오래되지 않았다. 왜냐하면 60년 정도밖에 안되었기 때문이다. 1945년에 UN 헌장 서문에 성의 평등이 제시되었다. 이듬해 UN은 성의 평등을 담당하는 '여성 조건 위원회(Commission de la condition de la femme)'를 창설했다. 1946년에 프랑스 헌법은 <모든 분야에서 남성과 동등한 권리를 여성에게 보장하는 법>이라고 선언했다. 이때부터 모든 사람들의 권리에 대한 평등이 인정되었다. 프랑스 여성은 다른 사람과 마찬가지로 일반적인 존재가 되었다. 그러나 법과는 달리 현실세계에서는 여성 지위의 변화가 매우 느리게 진행되고 있다.

5. 프랑스 광고의 성차별주의

장난감 광고의 카탈로그를 보더라도 상품을 판매하려고 얼마나 성차별주의의 관습을 사용하고 있는지 충분히 알 수 있다. 남자 아이의 장난감으로는 리모컨으로 조종하는 자동차나 우주선 레고 등이 있고, 여자 아이의 장난감은 분홍색 인형이나 공주 드레스와 화장도구 등이 있다. 장난감을 제작하는 사람들은 여자 아이의 놀이 세계를 집안일과 아기 키우기 그리고 남자 아이의 놀이 세계는 전쟁과 모험 및 기계 다루는 일로 국한시키고 있다. 이러한 장남간의 구분은 여전히 사회에 존재하고 있는 성차별을 반영하고 있다. 이를 통해 여자와 남자 아이들에게 전형적으로 정해진 물건들이 있다는 것을 어린 시절부터 믿게 만들고 있다. 미디어 역시 어린 시청자를 끌어들이려고 이러한 성차별의 기술을 사용하고 있다. 텔레비전에서는 애니메이션 그리고 인터넷에서는 게임을 통해 남자 아이에게는 전쟁과 전략 게임을, 여자 아이에게는 동물과 집, 친구 등의 주제를 제공하고 있다. 많은 출판사들은 성의 차원에서 매우 차별화된 전집을 출판하고 있다. 마치 여자 아이들은 쥘 베른(Jules Verne)[2]에는 전혀 관심이 없는 것처럼, 연애소설은 여자 아이들을 위해 출판하고, 모험을 주제로 한 소설은 남자 아이들을 위해 출판하고 있다.

광고는 도처에 존재하고 있다. 여성의 신체가 제품과 전혀 관계 없는데

---

[2] 쥘 베른(1828.2.28~1905.3.24)은 프랑스의 과학 소설작가이며 'SF의 아버지', '공상 과학소설의 선구자'로 불린다. 그는 1828년에 프랑스 낭트에서 태어나 법률을 공부했으나, 나중에는 알렉상드르 뒤마를 만나 글쓰기에 대한 조언을 받으며 문학의 길을 걷게 되었다. 작가이자 출판인인 피에르 쥘 에첼의 도움으로 책을 출간하고 대성공을 이루게 되었다. 생애 동안 80여 편의 과학 소설과 모험 소설을 출판했다.

도 불구하고 성의 대상으로서 새로운 모델의 자동차나 핸드폰을 판매하기 위해 사용되고 있다. 광고에서 여성은 자녀를 돌보고, 요리를 하고, 빨래나 미용 그리고 다이어트하는 모습으로 등장하고 있다.

반면 수세기 동안 남자에게 주입된 교육은 씩씩함의 모델을 바탕으로 이루어졌다. 남자는 강하고 용감해야 하며 감상은 장롱 속에 넣어 두어야 한다는 것이다. 그리고 스포츠 활동은 남자의 의무적인 과정 중에 하나가 되었다. 왜냐하면 힘, 용기, 단체 정신 등의 <남성적>이라고 하는 모든 미덕을 가져다 주기 때문이다. 남자들은 다른 사람들과 접촉할 수 있는 단체 스포츠를 선택하도록 강요당하고 있다. 학사학위 소지자 중 3분의 2가 스포츠 단체에 가입하고 있는 것으로 나타나고 있는데, 이것은 스포츠를 좋아하지 않는 남성은 불행 속에서 살게 된다는 것을 의미한다. 왜냐하면 스포츠를 좋아하지 않는 남성은 연약한 여자처럼 취급되거나 허약한 사람으로 취급되기 때문이다. 또한 좀 더 여성적인 활동, 즉 무용이나 스케이트와 같은 것을 하는 남성도 이와 같이 여겨진다. 또한 너무 다정하거나 잘 우는 어린 남자 아이는 여자 아이 같은 성격을 가졌다는 이유로 부모에게 걱정을 끼치게 된다. 반대로 자신의 감정을 표현하는데 있어 두려움이 없는 여자 아이들은 남자 아이들과 어려서부터 같이 놀지 못하는 상황이 벌어진다. 그렇기 때문에 남자 아이들도 과묵한 경향을 보이며 여자 아이와는 다른 표현 방법을 취한다.

그러나 오늘날 이러한 성에 대한 고착화를 유발하는 교육은 변하고 있다. 여권신장 덕분에 어머니를 자신의 아들은 <마초>로 키우지 않아도 되고 아들에게 방을 정리하거나 식탁을 치우는 일 등의 일상생활에서의 일을 분담하게 한다. 아직 완벽하게 자발적으로 수용된 것은 아니지만 많은 아버지들도 아들에게 다정다감하게 감정을 표현하도록 교육받고 있다. 젊고 예쁘고 미용 제품을 사용하는 세대로 자신의 피부와 패션에 매우 민감한 남성을 지칭하는 메트로섹슈얼(metrosexual)이 새로운 세대로 등장했다. 이들은 여성과 동성애자들의 유행을 받아들이는데 주저하지 않는다. 영국에서 탄생한 메트로섹슈얼은 유럽의 모든 도시들을 강타하고 있다.

그렇다면 여성은 어떠한가? 똑똑하고 옷을 잘 입고 동시에 머리 손질을 잘 한 어린 소녀의 이미지는 행복한 소녀로 표현된다. 어린 시절부터 여자아이들은 여성적이고 예쁘장하며 자신의 모습을 잘 다듬고 더러운 옷을 입어서는 안 된다는 것을 배운다. 미디어는 여성 고유의 특성이라며 이를 이용한다. 텔레비전 스튜디오에는 톱모델과 바비 인형 같은 스타들이 즐비하게 등장하고 사람들의 머릿속에 이들과 닮아야 한다는 욕망을 불러일으키게 한다.

날씬함의 강박관념은 오늘날 정상적인 몸매를 가진 청소년들이 더욱 날씬해지도록 자극하고 있다. 이러한 외양과 신체는 허기증이나 거식증이 걸릴 수 있는 위험을 유발하고 많은 청소년기의 여성들에게 종종 치명적인 불행을 초래하기도 한다.

오늘날에는 몸매를 가꾸는 것이 의무처럼 되어있고 이것이 마치 인생의 행복과 성공에 있어 충분조건이 된 것처럼 보인다. 남자는 유머와 지적능력 그리고 자신의 재능을 키우는데 왜 여성은 이러한 능력을 키우지 않는 것일까?

동화나 소설 혹은 교과서 안에 여성들은 드물게 등장하거나 부차적인 역할을 담당한다. 문학작품 속에서 남자 영웅은 여성에 비해 3~4배 많이 등장한다. 여성이 등장한다 하더라도 역할은 엄마, 가정부, 간호원 혹은 유치원이나 초등학교 교사 정도다. 역사책을 보면 잔 다르크와 퀴리 부인 이외에 다른 여성의 흔적은 보기 힘들다. 전문가들은 이러한 여성 영웅의 부재가 많은 어린 소녀들에게 영향을 미치고 있다고 분석한다. 어린 소녀들에게 사회에서 진정한 역할을 할 수 없다고 믿게 만든다는 것이다. 이와 반대로 소년들은 크리스토프 콜롬브, 파스테르 혹은 샤를르마뉴 등 누구를 인생 모델로 선택할 것인가가 유일한 고민거리이다.

6. 학교에서의 남과 여

2차대전이 끝난 후 많은 국가들은 학교와 학교 교육에 열정적인 관심을 쏟았고 국민들의 교육에 대한 요구 또한 만만치 않았다. 1950년대에는 여자의 취학률이 증가했고 1960년대 말부터 여성의 취업률이 증가했다. 여성의 교육 수준이 점차적으로 남성의 교육 수준으로 올라왔지만 책임자나 최고의 직위를 말하는 <엑셀랑스(Excellence)>는 여전히 여성을 기피하고 있다. 프랑스는 1960년대에 남녀공학 학교가 생긴 이래로 남녀가 동등한 조건 아래에서 자유롭게 원하는 것을 선택할 수 있는 환경을 만들었다. 1971년부터 대입자격시험에 합격한 남녀 비율을 보면 여학생이 남학생을 넘어섰다. 왜냐하면 학교에서 여학생이 더 공부를 잘하기 때문이다. 여학생은 남학생보다 낙제의 비율이 낮고 대학입학 자격시험인 바깔로레아에서 더 높은 합격 비율을 보이고 점수도 더욱 높게 나타난다.

고등학교 입학시험인 브르베(brevet)에서 여학생의 합격 비율(82%)은 남학생보다 높게 나타난다(79%).[3] 18살이 된 학생들 중 글을 읽는 데 어려움을 겪는 여학생의 비율은 8.7%로, 남학생의 비율이 14.8%라는 것에 비하면 상당히 낮은 비율이다. 대학입학자격시험인 바깔로레아에서는

---

[3] Fabienne Rosenwald, “Les filles et les garçons dans le système éducatif”, *Note d’information*, n°06~06, 교육부, 2006 2월.

1950년대 초 이후에 태어난 세대부터 여학생이 남학생의 수준을 넘어서고 있다. 2008년 기준으로 바깔로레아를 통과한 여학생의 비율은 69.4%로 남학생의 비율이 57.8%인 것과 비교하면 상당히 높다.

이런 면으로 볼 때 여성의 학력 우위는 사회적인 현상이다. 그러나 여학생은 학업의 기간이 더 오래 걸리고, 일반적으로 문학이나 기초 학문 분야를 선택하고 있다. 이 분야는 급여가 적고 실업의 비율이 높은 편이다. 교육부는 <여학생은 수입이나 혹은 학교 및 경제적으로 보상이 취약한 전공을 많이 선택하고 있다>라고 보고하고 있다. 2007년의 조사 결과에 따르면, 여고생의 44%가 S(과학) 분야를 선택한 반면 L(문학) 분야는 84%였다.

대학과 함께 이원체제를 이루고 있으며, 대부분의 프랑스 엘리트들을 양성하고 있는 그랑제콜(Grandes Ecoles)의 준비반(일반적으로 '프레빠'라고 함, 이후 프레빠라고 함)에 있는 여학생 수는 총 학생 수의 42%이다. 그랑제콜 입학을 목표로 하고 있는 여학생들 대부분은 에콜 노르말 쉬페리외(Ecole normal supérieure, ENS)와 교수자격시험을 치르고자 하는 문학 분야를 선택한다. 문학 프레빠 학생의 4분의 3은 여학생으로 구성되어 있다. 과학 분야의 프레빠는 이와 정반대인데, 특히 수학 프레빠는 단지 4분의 1만이 여학생이다.

또한 대학에서는 신입생의 과반수 이상(58%)이 여학생이다. 언어학과 문학을 전공하는 학생의 4분의 3 이상이 여학생이며, 법학과 정치학의 61%, 생물학의 56% 그리고 경제와 경영학의 48%가 여학생이다. 반면 산업 분야(물리, 전기공학 등등)의 기술전문대학(IUT)의 여학생 비율은 총 학생의 20% 미만이다. 이러한 현상이 지속되는 것을 어떻게 설명할 수 있을까? 교육부는 사회 신분, 부모의 학력 혹은 학교 성적에 상관없이 S(과학) 분야나 프레빠로 진로를 정하는 여학생들이 점점 줄어들고 있다고 분석하고 있다.

반면 학교에서 같은 과목의 성적 결과를 보면 여학생의 성적이 훨씬 떨어진다. 그리고 일부 교사와 부모들은 여학생들에게 과학 분야에 지원을 하는 것을 적극 추천하지 않는 경우도 많다. 이는 미래 직업 선택과 관련하여 현실을 고려하고 있기 때문이다. 즉 여성은 육아를 담당할 시간이 필요하고 따라서 시간을 많이 필요로 하는 직업군에 속한다는 것이 현실적으로 어렵기 때문이다. 결국 여성은 직업과 가정이라는 두 가지 책임에 직면하고 있고 그래서 여성은 남성과 함께 경쟁 모델 안으로 들어간다는 것이 쉽지 않다는 걸 알고 있다. 그렇지만 이러한 남성적 경쟁 모델의 직업은 급여가 많기는 하지만 육아 및 다른 사회적 활동에 제약을 주고 있다.

7. 고용은 남녀에게 평등한가?

노동의 세계는 하나의 성으로 통합되는 모습을 보인다. 남자는 발명과 제작 및 수리를 좋아하고 여자는 무언가를 돌보거나 가르치고 다른 사람들을 관리하며 커뮤니케이션 하는 것을 선호한다는 통상적인 사고는 몇 년 전부터 소멸되고 있다. 최근 25년간 고등교육 기관에서 학위를 받은 사람의 수는 네 배정도 증가했다. 여성이 상업고등교육학교, 법학전문학교, 정치학교, 국립사법학교, 약대 및 의대에서 졸업생의 자리를 많이 차지하고 있다. 30년 동안 박사학위 소지 여성은 10배가 증가했는데 가장 최근에는 광고 분야와 컴퓨터 분야에서도 여성화가 두드러지게 나타나고 있다.

비행기 조종사는 소방관 다음으로 남자 아이들이 선호하는 직업이다.

1975년에 에어 프랑스에서 여성이 최초로 조종사가 되었다. 30년이 지난 지금 이 항공사의 총 조종사 4100명 중 231명이 여성이며, 여기에는 41명의 기장이 포함되어 있다. 클도디 애니에레(Claudie Haigneré)는 1996년에 프랑스 최초로 우주에 간 여성이다. 산업 분야에서도 여성의 수가 증가하고 있다. 건축 분야를 보면 미장, 목수, 석공에서 여성이 점점 늘어나고 있다.

1997년에는 프랑스 최초로 국립과학연구소의 원장으로 임명했다. 1992년 이후 연구직의 여성은 두 배 정도 증가했다.

한편 1992년에 조산원 학교에서 남성에게 입학의 문을 개방했다. 보조간호원 분야 역시 남성이 점차 진출하고 있는데 이것은 남성이 여성직업 분야로 진출하고 있음을 의미한다. 교사를 보면 초등학교 교사의 3분의 1이 남성인데 반해 교장을 보면 여성이 교장인 경우보다 남성이 교장인 학교가 5배나 높다. 이것은 현실에 존재하고 있는 불평등을 반영하고 있는 것이다.

최근 40년간 여성 경제활동 인구는 두 배로 증가했다. 오늘날 남성과 거의 같은 수의 여성들이 직업을 갖고 일을 하고 있다. 비록 자녀가 있다고 하더라도 일을 그만 두지는 않는다. 이처럼 여성들이 자유롭게 일을 하고 있지만 남편의 허락 없이 일을 할 수 있게 된 것은 1965년 이후부터이다. 1972년에 법은 남성과 여성의 보수에 대한 평등 원칙을 제시하였다. 즉, 직무의 평등과 급여의 평등을 제시했다. 또 다른 법은 직장 내에서의 모든 성차별을 금지시켰다. 그러나 현실에서는 이러한 성에 있어서의 평등 원칙이 항상 적용되는 것은 아니다.

프랑스에서는 점점 더 많은 여성들이 임금근로자의 일자리를 차지하고 있다. 그러나 이러한 현상은 새로운 것이 아니다. 이미 많은 여성들이 20세기 초부터 활동하고 있기 때문이다. 20세기의 프랑스 여성 노동의 역사는 기복이 심한 것이 특징이다. 20세기 초반에 이미 두 명중 한 명에 가까운 여성이 직업인구로서 활동하였으며 여성이 점점 더 많은 일자리를 차지하게 되었다. 1900년에는 최초의 여성 변호사인 잔 쇼뱅(Jean Chauvin)이 탄생하였다. 그러나 19세기 말에 일어난 2차 산업혁명에서 필요한 것은 산업 분야의 일자리였다. 1906년 프랑스의 560만 명의 노동자 중에서(총 2000만 명의 경제 활동 인구 중) 200만 명이 여성노동자였다. 최근에는 농촌에서도 280만 명의 여성이 경제활동을 하고 있는 것으로 나타나는데, 이것은 농촌 가정과 농업을 통해 급여를 받는 여성을 포함한 수치이다. 따라서 공식적인 통계로 볼 때, 총 700만 명 이상의 여성들이 활동하고 있는 것으로 나타나고 있다.

소상인으로부터 농작까지 <경제활동 인구>에 등록되지 않는 여성의 대부분은 급여도 없이 상당히 많은 시간의 노동을 하고 있다. 이 분야에서는 여전히 가사노동과 공인된 경제 활동 사이의 경계를 구별하기 힘들다. 결과적으로 여성은 일을 하고는 있지만 경제적 독립성을 획득하지 못한 경우가 많음을 알 수 있다. 우리는 프랑스에서 결혼한 여성이 자신의 급여를 마음대로 소유할 수 있는 것이 1907년이 되어서야 가능했다는 것을 상기해야 한다.

20세기 중엽 이전의 여성의 경제활동 비율은 조금씩 감소했다. 일반적으로 이러한 감소는 농업 분야의 고용이 쇠퇴했다는 사실에서 기인한다. 도시로의 대이동은 산업과 서비스 분야의 인력을 제공했지만 기본적으로 이것은 남성에게 국한된 것이었다. 한편 '영광의 30년(Trente Glorieuse)'[4] 동안은 고용 활성화의 힘을 얻어 여성의 경제활동 비율이 안정적인 상태

---

[4] 세계대전 이후 프랑스에서 1945년부터 1975년까지 경제적으로 급성장한 시기를 영광의 30년이라고 일컫는다.

를 보였다. 구매 능력의 급성장과 안정적인 사회보장제도의 시행은 부부들에게 한 명의 급여만으로도 충분히 살 수 있는 상황을 만들어냈다.

그러나 1960년대에 들어 상황은 바뀌기 시작했다. 점점 여성의 학력이 높아지면서 노동 시장에서 여성의 능력이 높이 평가되었다. 노동이 생계 수단을 넘어 자신의 자치권을 획득하는 수단이 된 것이다. 이는 1966년에 남편의 승인 없이 부인의 노동을 금지시킨 낡은 법 조항이 삭제되면서 이루어졌다. 현재에도 여성의 노동에 대한 접근은 계속해서 증가하고 있다. 1996년과 2007년 사이에 여성의 노동 비율을 보면 60%에서 65%로 증가했다. 하지만 남성과 여성의 노동 비율이 동등하다고 말하기에는 거리가 먼데, 이것은 남성의 노동 비율이 74.5%에 이르기 때문이다.

한편 여성 노동을 연구하는 사회학은 급속히 발전하고 있지만 무보수 고용상태에 있는 여성에 대한 연구는 아직 미미한 편이다. 이에 대한 연구를 진행하고 있는 도미니크 매종(Dominique Maison)은 "필연적으로 가정에 머물러야 하는 노동 가능 연령대의 여성을 소외된 부류로 분류하고 있다. 이러한 주변적인 영역에 속해있는 여성의 경험 및 동기에 대한 사회학적 분석이 이루어지지 않고 있다"고 말하고 있다.[5]

대부분이 가정주부인 이 여성들은 노동이 중심이 된 사회 안에 통합되지 못하고 있다. 이들은 남성이 노동의 중심이 되고 여성이 집안일을 도맡아 하던 시기인 1950년대와 1960년대의 과거 프랑스 모델에서 크게 변하지 않고 있다. 그러나 비경제활동 인구가 자신의 시간을 한가롭게 보내는 것은 아니다. 이 여성들 역시 전문적 직업의 범주는 아니지만 활동적인 생활을 하고 있다. 또한 이들이 시간을 자유롭게 활용하는 비율은 사회

---

[5] Dominique Maison, "Femmes au foyer, Expériences socials", *Dossier d'étude*, n°92, CNAF, Paris, mai 2007.

부류와 자녀의 수 그리고 배우자의 수입 차이에 따라서 달라진다(사회 계층, 학위 등등). 학력이 높은 여성이 무엇보다 외부의 활동에 투자를 하게 되는 것은 당연한 것이다.

여성에게 불안정하거나 불합리한 고용이 발생한 것은 우연한 것이 아니다. 남성과 여성의 실업률 차이는 1980년대 말부터 확실하게 줄어들었다. 2009년에는 1% 차이를 보였는데(7%와 8%) 이것은 1992년에 여성 실업률이 11%이고 남성 실업률이 7%인 것에 비하면 큰 변화가 있다는 것을 알 수 있다. 실업에 있어 이러한 상대적인 동등함은 여성의 학력 신장에서 기인하고 있을 뿐만 아니라 특히 대형 유통(캐셔, 판매원)이나 개인 서비스(유치원 보조교사, 가사 도우미)와 같은 3차 산업의 고용이 급속도로 증가했기 때문이고 2008년 중반의 산업과 건축업에 대한 타격이 무엇보다 젊은 남성에게 영향을 미쳤기 때문이다.

실업률은 노동 시장의 어려움을 대변하고 있다. 파트타임 근로자들 중에서 더 일을 하고자 하는 사람들의 비율은 여성보다 남성에서 더 많이 나타나고 있다(31%대 27%). 그러나 전체 파트타임 근로자 중 20%만이 남성이다. 결국 어려움에 처해 있는 파트타임 근로자 110만 명 중에서 890,000명이 여성이다. 또한 300만 명의 비정규직 근로자(단기, 계약직 등등)의 남녀 비율은 동등하고 계약직 중에는 여성이 많지만 단기 근로자들 중에는 남성이 더 많은 것으로 나타나고 있다.

급여를 보면 50년 동안 여성은 남성의 급여에 비해 뒤처진 부분을 상당히 만회했다. 1950년에 여성 정규직의 평균 급여가 남성의 3분의 2 정도를 받았으며, 오늘날에는 80% 이상을 받고 있다. 이러한 변화는 1972년에서 1993년 사이에 20년간 두드러지게 나타났다.

그러나 남성과 여성 사이의 급여 차이는 존재한다. 남성과 여성의 급여 차이에 관한 수치를 집계한 2006년의 연구를 보면[6], 총 노동 시간을 비교해 볼 때 여성이 남성보다 27% 덜 받는 것으로 나타났다. 그리고 정규직만을 고려해 본다면 남녀의 급여 차이는 19%인 것으로 나타났으며 같은 학력과 경력 및 전공일 경우 여성은 여전히 남성보다 평균 10%를 덜 받고 있다. 결국 가족의 상황, 보유하고 있는 학위 및 경력 등을 고려한 남성과 여성 사이의 급여 차이는 6% 내지 7%의 차이가 있다고 볼 수 있다.

전체적인 노동 시간으로 비교해 보면 남성과 여성의 차별이 1990년 중반 이후부터 전체적으로 변하지 않은 것으로 나타난다. 그러나 놀랄 만한 사실은 같은 시기의 남성과 비교해 볼 때 여성의 교육 수준이 현격하게 높아졌다는 사실이다. 결국 <엄격한 의미에서 보면, 기본적인 문제점은 구조적 요소에서 급여의 차별이 발생하고 있다>는 것이다.[7]

8. 권력과 정치에서의 여성

1991년 에디트 크레송(Edith Cresson)이 최초로 프랑스 정부의 여성 총리가 되었다. 이후 2007년에 처음으로 사회당의 여성 후보 세골렌 루아얄(Ségolène Royal)이 대통령 선거의 2차 투표에 진출했다. 크레송 내각이 출범한 후 7명의 여성이 정부로부터 임명되었다. 그러나 국회에서 여성의 비율은 18.5% 정도밖에 안되고 상원의 경우는 더 심각하다. 이 비율은

---

[6] Lara Muller, "Les écarts de salaires entre hommes et femmes. Des disparités persistantes", *Premières Informations*, n°44.5, 고용부, 2008년 10월.

[7] Dominique Meurs & Sophie Ponthieux, "L'écart des salaires entre les femmes et les hommes peut-il encore baisser?", *Economie et Statistique*, n°398~399, INSEE, 2006.

전통적으로 민주주의가 발달하지 못한 르완다나 아프카니스탄보다 더 낮은 것이다. 정치 분야에서의 남녀 수를 비교했을 때 프랑스는 유럽 국가 중 15위에 해당하며 전 세계 189개국 중에서는 58위이다. 독일이나 스페인의 경우 국회의원의 3분의 1이 여성이며 스웨덴과 핀란드, 노르웨이는 2분의 1이 여성 국회의원이다.

현재 프랑스는 권력의 여성화가 진행 중이다. 많은 나라에서 여성 대통령이 탄생하고 부룬디나 코스타리카를 포함한 20여개의 나라에서는 여성 국회의원이 30%에 이른다. 점차적으로 여성들이 권력에 편입하는 비율이 상승하고 있다. 프랑스는 시의회와 지역 의회의 47.5%가 여성 의원이다.

여성 고용은 여성이 할 수 있는 분야(캐셔 혹은 가사 도우미 등등) 에서 활발하게 이루어지고 있으며, 또 이 분야에 집중되어 있다. 여성이 고위직이 되는 비율은 느리게 진행되고 있기는 하지만 꾸준히 증가하고 있다. 1990년에는 간부직 여성이 7.2%였으며 (남성은 11.3%) 2006년에는 11.6%로 증가했다(남성은 17.3%). 그러나 규모가 있는 기업에서 여성 간부가 결정할 수 있는 권한은 남성 간부와 비교했을 때 한계가 있다. 즉 여성들은 <유리천장>[8]에 부딪치게 되는 것이다. 남성은 여성에게 몇몇 자리를 내주는 것에 동의하지만 권력의 열쇠를 부여하

에디트 크레송 에디트 크레송은 미테랑 정부시절에 입각한 여성정치운동가로서 1991년 5월 당시 미테랑 대통령에 의해 프랑스 첫 여성 수상으로 지명된 후 이듬해 4월 집권 사회당의 지방선거 참패의 책임을 지고 323일 만에 수상직을 사임했다. 그의 수상 재직은 이후 프랑스 여성 정치운동의 기폭제를 마련하는 계기가 돼 93년부터 본격적으로 하원에서 남녀 동수의 의원을 선출하자는 여권운동이 전개됐고, 이것이 유럽의회 선거를 위한 정당명부에 남녀 동수가 포함되는 결실로까지 이어졌다.

정치적 능력과 도덕성에 의해 수상으로 발탁됐던 크레송은 새 내각 출범 당시 기존 5명의 여성 각료 수를 7명까지 늘리는 여권 정치 행보를 시작했다. 그의 초기 지지율은 73%로 역사상 가장 인기 있는 수상으로 기록되기도 했지만, 약한 정치적 기반, 직설적 화법으로 인한 남성중심의 정치판과 언론의 맹렬한 공격 등으로 이후 지지율이 급속히 하락했다. 이때의 체험으로 크레송은 후배 여성정치인들에게 언론을 효과적으로 다루는 기술을 강조하곤 한다.

크레송은 비록 수상으로선 성공하지 못했지만, 정치적 이력은 그 누구보다 화려하다. 65년 정치심의위원으로 활동하면서 미테랑을 처음 만나 74년 미테랑과 한 팀을 이뤄 대통령 선거를 치르고 결국 81년 미테랑을 프랑스 제5공화국의 4대 대통령에 당선시켰다. 미테랑 정부에서 전통적으로 남성 영역으로 간주되던 농업부장관직에 여성으로선 처음으로 파격적으로 임명됐던 크레송은 새로운 농업진흥정책을 지속적으로 확대해나가면서 평균 농가 소득을 16%나 증대시키는 성과를 올렸다.

는 것에는 동의하지 않는다. 특히 여성에게는 커뮤니케이션 분야와 인사 및 교육과 훈련 등 여성에게 적합하다 할 수 있는 분야의 일만 맡기고 있다. 교직과 과학분야의 직업에는 여성이 반 이상을 차지하고 있지만, 엔지니어와 기술분야에서의 간부 비율을 보면 단지 16%만을 구성하고 있을 뿐이다. 이는 매우 자연스러운 것으로 생각할 수도 있지만 기업 전략에 영향을 미치는 자리에 있는 여성이 매우 드물다는 것도 상기해야 한다.

이처럼 서열상 높은 위치에 있는 여성은 극히 드물다. 또한 공기업 근로자 중 58%가 여성이지만 상위직 7,800개 중에서 여성은 12%에 불과하다.[9] 또한 최상위 고위직 공무원의 504개 자리 중에서 단지 60개만이 여성으로 채워져 있다. 이 중에는 중앙 행정 책임자(총 185개 중)가 26명, 여성 도지사(총 109)가 6명, 행정가(총 31)가 7명 그리고 여 대사(총 179명)가 21명이다.

1999년 7월 8일 헌법 제3조에는 <법은 선거 대리인과 투표에 있어 남성과 여성의 권리가 동등하도록 보장해야 한다>고 명시되어 있고 제4조에는 <정치 정당과 단체는 법에 의해 결정된 조건 안에서 이러한 원칙의 시행에 공헌해야 한다>라고 되어 있다. 한편 일명 '빠리테 법'이라고 명명된 2000년 6월 6일법은 정당별 투표 후보자들의 반을 여성으로 구성해야 한다는 것을 의무화하고 있다(3,500명 이상의 주민을 보유하고 있는 코뮌과 지역선거 및 4명 이상의 상원의원이 선출된 도의 상원의원 선거).[10] 국회의원의 경우 여성 후보가 48% 이하인 정당은 재정적인 처벌을 받게 된다.

---

[8] 여성의 고위직 진출을 가로 막는 사내 장벽.

[9] 2003년 자료. 경제 사회 위원회(CES, Conseil économique et social), "La place des femmes dans les lieux de décision", *n°6 보고서*, 2007년 2월.

[10] 편의상 프랑스의 행정구역인 데 빠르뜨망(département)과 레지옹(région)은 각각 도와 지역으로 표기하며 소도시에 해당하는 commune은 코뮌으로 표기한다.

그러나 2009년의 상황은 정치 분야에서 여성의 지위가 상승했음에도 불구하고 의회내의 남녀 동수는 여전히 먼 것처럼 보인다. 주민이 100,000명 이상인 40개의 도시 중에서 여성 의원이 의장인 도시는 단 한 도시만 있을 뿐이다. 지방의회에서는 47.6%의 여성이 활동하고 있는데(1998년에 27.5%) 지역의 단체장은 단 한 명만 있을 뿐이다. 남녀 동수 원칙이 적용되지 않는 면 단위의 선거에는 13.1%만이 여성 후보인 것으로 집계되고 있다.

2007년 국회의원 선거 당시 선출된 여성의원의 비율은 18.5%에 이르렀다. 이 비율은 2002년의 12.5%과 비교하면 분명히 증가한 것이다. 그러나 정치 정당은 남녀 동수 원칙의 법을 이행하는 중추적인 역할을 하지 못하고 있다. 정치 정당의 의원 후보를 보면 41.6%가 여성 후보 지원자들로 구성되어 있는데 이것은 2002년에 비해 약간 상승한 정도이다(38.9%). 좌파인 사회당은 45.5%가 여성 후보 지원자로 구성되어 있고 우파연합 정당인 UMP당은 26%만이 여성 후보이다. 국회의원의 수를 보면 사회당의 여성 국회의원은 28%이고

프랑스의 대표 정당, 사회당(PS)과 대중운동연합(UMP) 프랑스의 정당은 크게 좌파와 우파로 구분된다. 대중적인 지지도를 유지하고 있는 대표적인 좌파 정당은 사회당, 우파 정당은 대중운동연합이며 이들에게는 집권 유무에 따라 최대의 야당과 여당의 역할이 교차하고 있다.

1969년에 창당된 온건 좌파에 해당하는 사회당의 약진은 미테랑이 공산주의 및 마르크시즘과 차별화하면서 비롯되었다. 미테랑은 1972년부터 1981년까지 프랑스 사회주의를 부활시키는 데 크게 기여했다. 1971년에 당원 수가 10만 명에 미달하였으나, 1980년에 20여 만 명에 이르게 되었다. 이러한 당세의 강화는 1981년의 대통령 선거에서 미테랑의 집권을 가능케 했다. 주요이념은 사회주의, 유럽주의이며 주요 지지기반은 신흥지식층, 사무원, 교원, 중산 근로자이다.

반면 드골파에 의해 창당된 공화국연합(RPR), 자유주의와 유럽주의를 표방하며 중산층을 지지기반으로 하는 프랑스민주연합(UDF) 및 미국식 자유시장경제체제를 옹호하는 자유민주(DL) 등 우파 3당은 2002년 1차 투표 직후 정당연합체인 '대통령연합'을 구성해 후보단일화를 이루어 선거 결과 압승하였고 총선이 끝난 뒤 2002년 11월 당명을 '대중운동연합(UMP)으로 바꿔 공식 창당했다. UMP는 압도적 다수를 형성하고 있으며 프랑스 정계를 주도하고 있다.

당시 프랑스 정계는 극우에서 극좌까지 20개 내외의 정당들이 난립하고 있었기 때문에 오래 전부터 집권을 위한 중도우파 정당 단일화론이 제기되어 왔다. 중도우파 단일화론은 지난 1988년 에드아르 발라뒤르 전총리가 처음 공식화한 후 1997년 소집된 조기총선에서 우파가 좌파인 사회당에 패배한 후 본격화됐다.

UMP의 출범으로 프랑스에 거대 우파정당이 출범함으로써 미국, 영국 등에 비해 다당제 특성이 강한 프랑스 정계가 좌우파의 양당 정당제로 개편되었다고 할 수 있다. 최대 야당인 사회당 내부에서도 UMP의 출범에 자극 받아 좌파 정당 단일화 주장이 제기되고 있으나 녹색당, 공산당 등의 반발로 아직까지 구체적인 논의로 이어지지 않고 있다.

UMP당은 14%가 여성 의원으로 구성되어 있어 정치적으로 여성이 열악한 상황에 있다는 것을 알 수 있다.

9. 일상생활에서 남녀는 평등한가?

오늘날은 인터넷으로 시장을 볼 수 있게 되었고 음식을 익히는 것도 기계의 힘으로 가능해졌으며 빨래도 건조기로 말릴 수 있게 되었다. 이처럼 가전제품과 기술의 발달은 모든 가사 활동을 쉽게 할 수 있도록 했으나 남성은 이를 기피하고 있다.

하루에 4시간 30분. 이는 프랑스 여성이 매일 가사일에 할애하는 평균 시간이다. 반면 남성은 절반이 안 된다. 그렇다면 남성은 무엇을 할까? 가끔씩 시장 보기, 손님이 올 때 요리하기, 특히 집수리와 정원 가꾸기 등을 한다. 여성은 빨래와 요리 및 청소에 3시간 40분을 할애하고 있다. 직장을 마치고 집에 돌아와서 가사일을 맡고 있는 여성은 결국 직장과 가사라는 이중의 노동을 하고 있다.

이렇듯 수세기 동안 여성은 집의 주인이었다. 많은 여성이 여전히 가정을 돌보고 가족의 생활과 집을 관리하는 것이라고 생각하고 있다. 역할에 대한 전통적인 구분이 매우 잘 정착한 것이라고 할 수 있다. 정치분야에서의 남녀 동수 원칙이 세워졌다고 하더라도 이 원칙이 여성에게 호의적인 상황을 제공하고 여성 차별의 장애물을 제거했다고 말할 수는 없다. 그리고 사회 전반에 걸쳐 남녀평등에 영향을 미쳤다고 생각할 수도 없다.

그러나 이러한 형태의 개혁은 당장 눈앞에서 어떤 변화를 일으키지는 않지만 시간이 경과하면 좋은 성과를 낼 수 있다는 기대를 줄 수는 있다. 성의 불평등이 거의 없는 국가들(북유럽 국가들)의 예를 통해 알 수 있듯이 노동 분야에서도 여성 지위의 발전은 세대를 거쳐 매우 느리게 진행되고 있다.

개인의 사적인 생활에서 남성과 여성의 평등을 파악하는 것은 직업 세계 안에서 남녀평등을 파악하는 것에 비하면 상당히 어려운 작업이다. 왜냐하면 사랑, 신뢰 혹은 무관심 등의 추상적인 요소들은 통계적인 도식으로 분석되기 어렵기 때문이다. 그렇지만 상징, 신앙, 개인사, 문화 및 기타 요소들이 남녀 행동에 상당한 영향을 미치는 것은 사실이다.

여성은 <이중 노동시간>이라는 표현처럼 가사 분담에 있어 끊임없는 노동의 증대를 감내하고 있다. 1950년대와 1960년대에는 가전 기기(식기세척기, 냉장고, 진공청소기 등등)가 가정 내에 구비되면서 여성의 가사노동 시간을 감소시켰다. 그러나 최근 수십 년 동안 기계는 많이 발전하지 않았고 세탁, 요리, 설거지 등에서 이전보다 약간의 시간이 줄어들었을 뿐 많은 변화를 이끌어 내지는 못했다. 1983년과 1999년 사이에 부부가 순수하게 가사노동에 할애된(여가의 의미를 나타내는 집수리와 정원 수리는 제외) 시간이 6분 정도밖에 줄지 않았다는 보고를 통해서도 알 수 있다.

1999년 프랑스 국립경제통계조사청(INSEE)의 발표에 의하면, 남성이 가사일을 하기 시작한 것은 겨우 10여 년 전부터이며 남성이 실제로 행하고 있는 가사 일은 시장을 보는 일 뿐이다.[11] 여성은 일반적으로 가사노동에서 힘을 많이 필요로 하지 않는 일을 담당하고 있고 남성은 힘든 일을

[11] 남성은 시장 보는 일에 시간을 할애하고 있다. 남성은 매일 평균 9분 이상을 투자하고 있으며 여성 역시 9분 이상 할애하고 있다. 1986년에는 남성이 매일 18분을 투자하고 여성은 27분을 할애하고 있는데 1999년에는 각각 28분과 37분으로 변했다. 그런데 갑작스럽게 비율이 바뀌었다. 시장을 보는 부부에 의하여 할애된 시간의 60%는 여성에 의하여 이루어진다. 이는 시장과 정육점 및 대형 마켓에서의 시장보기에서 이루어진다. 남성은 집수리와 스포츠 혹은 여가 생활에 더 많은 시간에 투자하는 것으로 나타나고 있다.

담당하고 있다. 남성이 종종 요리를 하기는 하지만 이것은 사람들을 초대했을 때 뿐이다.

임금 노동자의 평균 노동 시간을 보면 여성은 주 30시간 41분이며 남성은 37시간 20분이다. 이러한 시간의 차이는 파트타임의 계약이 여성에게 집중되어 있다는 사실에서 기인한다(80% 이상). 그러나 가사 업무를 보면 여성은 21시간 28분을 할애하고 있으며 남성은 단지 7시간 56분을 할애하고 있다.

가정 생활과 직업 생활 사이의 조화가 어렵다는 사실은 인구통계연구소(Institut National d'Etudes Démographiques, INED)의 방대한 연구 결과를 통해서도 알 수 있는데[12], 이 자료를 보면 여성은 어린 자녀의 육아와 거의 모든 가사일을 도맡아서 하거나 기본적인 역할을 하고 있으며 남성이 실제로 가정에 할애하고 있는 부부는 13%에 불과하다고 한다. 그리고 남녀 모두가 동시에 가사노동을 하고 있는 부부는 단 7%뿐이다. 한편 맞벌이를 하는 경우와 간부직과 고위직에 있는 경우에는 가사노동의 분담이 상대적으로 평등한 경향을 보이고 있다. 특히 여성이 일을 하지 않거나 수입의 차이가 많은 경우에 더욱 불균형하게 나타난다.[13] 결국 많은 요소들이 이러한 성에 대한 고정관념 안에서 작용하고 있기 때문에 가사노동이 성의 서열화 내지는 차별의 고착화 형태를 보이고 있음을 알 수 있다.

또한 사적인 분야에서도 남녀 행동의 변화를 유발시키는 것에는 한계가 있어 보인다. 예를 들어 1950년대 이후 기술의 발전(세탁기, 식기세척

---

[12] 이 연구는 약 10,000명의 급여생활자와 2,700개의 기업을 대상으로 한 <가족과 노동>이란 이름으로 이루어졌으며 이를 통해 여성이 어떠한 지위와 상황에 처해 있는지를 상세하게 알 수 있다.

[13] Denise Bauer, "Entre maison, enfant(s), et travail : les diverses formes d'arrangement dans les couples", *Etudes et Résultats*, n°570, DREES, 2007년 4월.

기의 발명 등)은 여성의 가사노동 시간의 절약과 가사노동의 남녀 분담에 있어 가장 효과적인 해결책인 것처럼 보였다. 그리고 현재는 재택근무의 형태를 통해 여성의 가사노동의 부담이 줄어들 것으로 예상하고 있다. 그러나 여전히 여기에는 자금과 또 다른 수단을 필요로 한다. 현실적으로 월수입이 3,000유로 이하인 부부 중에 3% 미만의 부부만이 가사도우미의 혜택을 받고 있다. 또한 가사도우미 혜택 가정의 절반 이상이 5,000유로를 넘는 수입을 올리는 가족이다. 이러한 가족은 전체 인구의 10%에만 해당된다.[14] 따라서 상위 계층에서만 남성-여성의 가사노동이 균형을 이룬다는 것을 알 수 있다.

10. "고착화된 사고를 어떻게 바꿀 수 있을까"에 대한 고민

프랑스의 사회학자 피에르 부르디외(Pierre Bourdieu)가 『남성 지배(La domination masculine)』[15]라는 책에서 분석한 성에 대한 고찰은 프랑스 사람의 사고 방식에 강력한 영향력을 주었다. 그에 의하면 가족, 학교, 사회성, 총체적인 메커니즘, 상징적인 것들과 같은 요소들이 여성을 자연스럽게 하위 위치로 밀어 넣는다는 것이다. 어릴 때부터 소녀와 소년의 위치는 차별화된다. 학교에서의 놀이나 부모들이 아이들과 함께 하는 행동을 통해 많은 메커니즘이 소녀들에게 정형화된 이미지를 전달하고 있다. 소녀들은 무엇보다 온순하고, 꼼꼼하며 감수성이 예민해야 한다.[16] 반

---

[14] Denise Bauer, 앞의 책.

[15] Pierre Bourdieu, *La domination masculine*, Points, 2002.

[16] Christian Baudelot, Roger Establet, *Quoi de neuf chez les filles? Entre stéréotypes et libertés*, Nathan, coll. <L'enfance en question>, Paris, 2007.

부르디외의 『남성지배(La domination masculine)』
부르디외가 이 책에서 다루고 있는 것은 남성지배의 상징적 폭력에 관한 것이다. 부르디외는 남성 지배의 이데올로기적 표현인 성차별주의가 상징적인 수준에서 어떻게 작동하는지를 흥미롭게 분석한다. 남성지배는 상징적 수준에서 강력하게 작동하는데, 이런 상황은 서구 사회에서 제도적, 경제적인 수준에서 상당한 수준의 남녀평등이 이루어진 것처럼 보이는 지금도 여전하다. 여성은 여전히 '여성이 할 만한' 일들, 예를 들어 가정에서의 육아와 가사, 보조적 노동의 연장선에서 인식되는 간호, 교육, 비서 등의 일을 주로 수행한다.

특히 상징들이 작동하는 방식, 다시 말해서 상징이 관습적이라서 거의 자연적인 것처럼 지각되는 상황을 분석하고 있다. 남성=지배=곧음은 자연적으로 남쪽, 여름으로 상징되고 여성=피지배=자연=뒤틀림은 북쪽, 겨울 등으로 상징된다. 이러한 자연적 비유는 각각의 성(性)에 대입하게 됨으로써 스스로 증명한다. 이러한 상징은 다시 남녀의 신체의 각 부분에 차별적인 의미를 부여한다.

이 책에서 분석한 지중해 카빌의 베르베르족에게 나타나는 차별적인 성적 상징들은 독특하기는 하지만 실상은 그 대부분이 비슷한 형태로 서구 문화 속에서도 반복되고 있다.

남성권력은 여성을 주변적인 장소로 밀쳐내고, 남성만이 공적 활동을 독점할 수 있도록 한다. 그러나 이 속에서 남성은 또한 자신들의 <남성다움>을 증명하기 위해 투쟁하여야 한다. 결국 남성적 특권은 남성에게도 하나의 함정이다.

면 소년들은 자신들이 강하다는 것을 드러내며 어른의 말을 듣지 않는 것도 허용된다. 이러한 이미지는 영화에 등장하는 인물을 통해서도 볼 수 있으며 어린이를 위한 문학작품에서도 볼 수 있다. 어린이들은 성별로 구분된 여러 이미지를 보면서 성장하고 있는데, 이러한 이미지에는 다양한 등급이 존재하고 있다. 이렇듯 인간의 사회 안에서의 대립은 생물학적인 차이가 아니라 사회적 구별을 통해 이루어진다.

직업 세계에서도 이러한 남성 지배는 두드러진다. 일자리 부족에 따라 남성은 여전히 자신의 영역을 양보하지 않으려는 경향이 있으며 경쟁은 날로 심화되고 지배적인 위치는 더 강화되고 있다.

여성은 노조 등으로 대변되는 결집의 형태를 보이지 못했다. 또한 1999년 헌법을 통해 남녀 동수 원칙을 도입했지만, 이것이 남녀평등을 이룩하지는 못했다. 젊은 여성들은 평등은 후천적으로 얻어진 가치이며 세대를 거치면서 균형이 이루어질 것이라고 기대하고 있다. 그러나 평등은 영원한 작업이며 반대로 남성의 지배력 안에서 이루어지고 있음을 알아야 한다.

어쨌든 가족, 여성 역할에 대한 개념, 남편에 대한 충정, 가장에 대한 복종과 같은 전통적인 규범의 약화는 느리기는 하지만 정치적으로 실현되고 있다. 또한 여성의 교육은 평등화의 강력한 엔진과 같은 역할을 하고 있다.

2. 이방인으로 산다는 것

1. 프랑스의 이방인은 어떻게 살고 있을까?

2002년에 영국의 한 차관이 "프랑스에 500만 명의 이슬람교도들이 살고 있다는 사실에 매우 놀랐다. 우리나라에서는 국가대표 축구팀에 흑인이 있다는 것을 좋아하지 않는다"[17]라고 말한 적이 있다. 프랑스의 경우는 어떠한가? 프랑스에서는 경제가 발전하는 상황에서는 외국인들이 환영받고 있지만 경제활동이 지연되거나 늦춰지는 경우에는 외국인들에게 문을 닫고 그들의 거주권리도 더욱 엄격히 다룬다. 물론 상황에 따라 변한다. 그러나 이러한 변화를 통해 사회가 근본적으로 바뀌고 있다고 말할 수는 없다. 1998년 월드컵 축구 우승 이후 다문화주의를 추종하는 프랑스가 인종차별주의의 나라가 아니라는 것을 보여주었다. 여러 외국인 단체들은 사회 통합은 필요하며, 사회는 이들 외국인들을 통합하기 위해 이들을 수용하고 지원해야 한다고 주장했다. 결국 프랑스에서 <통합(intégrat-

---

[17] 영국의 외무부 차관 데니스 맥셰인(Denis McShane)의 2002년 4월 20일자 르몽드지와의 인터뷰에서.

ion)>이란 외국인이나 이민자에 대하여 출신지의 문화를 포기하지 않는 동시에 프랑스의 문화를 거부하지 않도록 하는 것이다.

그러나 이민자와 외국인은 종종 사회적 어려움을 감춘 채 살아가고 있다. 이주의 비용이 감소하지 않음에도 불구하고 거주의 권리는 어려워졌다. 전체 인구의 8%를 구성하고 있는 프랑스 이민자들은 조금씩 늘어나고 있지만 해외 출신의 소수민족들은 밑바닥 생활을 하고 있으며, 특히 실업과 낮은 급여, 질이 떨어지는 노동 조건에 처해 있다. 특히 프랑스에서 출생한 외국 출신의 젊은 세대들은 이민자도 아니고 외국인도 아닌 세대임에도 불구하고 통합의 어려움에 처해있으며 프랑스 사람과 같은 혜택을 받지 못하고 있다.

다른 나라로 이민을 간다는 것은 사회적 · 문화적인 단절을 수반하는 것으로 신중한 선택이다. 이민자의 대다수는 다른 나라에 정착하면서 그곳의 풍습에 적응하게 된다. 프랑스의 경우 이민자 중 80% 이상이 5년 이상 프랑스에 살고 있으며 4분의 3 정도는 10년 이상 살고 있다. 외국인의 정착은 계속 이어지고 있으며 소수의 사람들만이 노후를 위해 자신들의 나라로 돌아간다. 그렇기 때문에 프랑스를 이민자의 천국이라고 한다.

프랑스에는 490만 명의 이민자와 350만 명의 외국인이 살고 있는데, 이것은 전체 프랑스 인구 중 상당 부분을 차지하는 수치이다. 프랑스 이민자는 프랑스 국적을 취득하지 않은 채 외국에서 태어난 외국인도 포함하고 있는데, 이 중 약 40%에 가까운 이민자는 프랑스 국적을 획득한 프랑스인으로 구성되어 있다. 또한 프랑스 내에서 출생한 외국인의 아이들은 문화적으로 프랑스인이 될 수 있음에도 불구하고 출생부터 외국인으로 취급되고 있다.

다음 쪽의 도표는 프랑스의 경제 통계청인 INSEE에서 발표한 수치로 이 통계에 대한 해석은 다양하다. 왜냐하면 정치적인 활용에 따라 그 해석

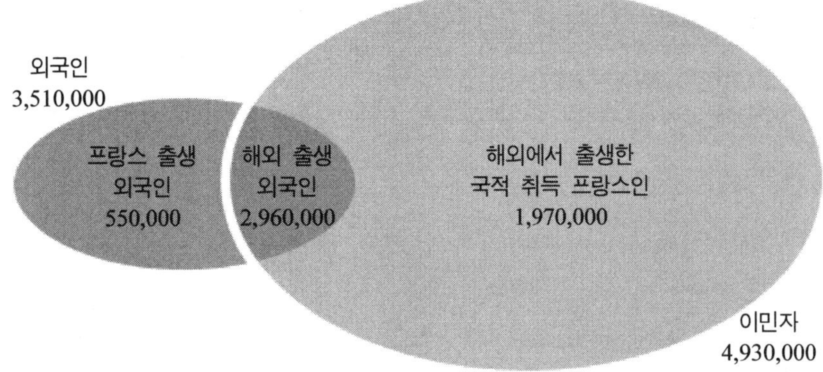

출처 : INSEE, 2004년과 2005년 연간 인구조사

이 바뀌기 때문이다. 결국 외국인의 수는 공식적으로 발표된 것보다 그 이상 더 중요한 의미를 내포하고 있다. 종종 과장된 해석은 사회적인 우려를 불러일으키기도 한다.

프랑스 이민자의 출신지가 많이 변하고 있다. 스페인, 이탈리아 그리고 포르투갈은 프랑스 이민자의 출신 국가이기는 하지만 더 이상 지배적인 이민자 출신국가는 아니다. 프랑스 이민자 중 4분의 1은 유럽 국가 출신이지만 또 다른 4분의 1은 알제리나 모로코 출신들이다. 1962년에 이민자의 80%를 차지하던 유럽국가 출신자들이 1999년에는 44% 이상을 넘지 않고 있다. 1980년대 이후에는 아프리카는 물론 유럽과 아시아, 그리고 터키로부터 이주해 오고 있다.

또한 이민자의 구조도 변하고 있다. 1920년대 말에는 여성보다 남성이 1.5배 더 많은 것으로 집계되었는데, 이와 반대로 1970년대 중반에 노동이민이 중단된 이후 여성이 월등히 많아졌다. 또한 15세 미만은 2% 정도로 나이가 아주 어리거나 아주 많은 이민자는 많지 않다. 다시 말해서 이민자가 프랑스에서 발생하는 것이 아니라 <가족재결합>[18] 하에 해외에

프랑스 정부의 집시 추방 유럽에서 집시 박해가 본격화된 것은 근대 이후다. 우생학이 유행하던 20세기 초반에 서유럽 각국은 인종보호를 명분으로 집시들의 이동을 차단했다. 스위스에서는 1930년부터 정부가 집시 아이들을 부모로부터 떼어내 집단 수용했다. 유전적으로 거짓말을 하고 도둑질을 하는 집시들을 어려서부터 교육시킨다는 명분에서였다. 집시여성들을 대상으로 불임수술을 시행하기도 했다. 이런 조치들은 1972년이 되어서야 중단되었다.

나치 독일에서의 상황은 가장 심각했다. 집시들은 인종적 순수성을 해친다는 이유로 집단수용소에서 살해되었다. 나치에 의해 죽은 집시는 20만 명에 달한다. 2차 대전이 끝날 때까지 유럽 전역에서 집시들은 말 그대로 학살당했다. 최근 유럽에서는 집시들의 범법행위가 외국인 혐오증을 부채질하고 있다. 2008년 5월, 나폴리에서 한 집시 소녀가 17개월 된 아기를 유괴하려던 사건이 있었다. 현장에서 동네 주민들에게 잡힌 이 소녀는 집단 린치를 당했다. 이후 십여일 간 나폴리 시민들이 집시 거주촌을 공격하고 불을 지르는 사태가 이어졌다. 당시 공권력은 주민들의 보복행위를 방조했다. 이후 주민들의 폭력과 경찰의 단속으로 많은 집시들이 이태리를 떠나게 되었다.

프랑스에서는 2010년 5월에 사르코지 대통령이 치안을 강화하겠다고 발표한 이후 1500여 명의 집시들이 퇴거당하거나 아예 국외로 추방됐다. 제네바에서 열린 UN 인종차별철폐위원회는 프랑스 정부의 조치가 심각한 인종차별 행위라고 비판했다. 프랑스의 많은 인권 단체들도 정부를 규탄하고 있다.

거주하는 가족들이 프랑스에서 결합하는 형태를 보이고 있는 것이다. 이민자의 일부는 자신의 노후를 위해 모국으로 떠나고 있으며 이들 이민자의 수명은 매우 짧은 것으로 나타난다(특히 이들의 열악한 노동 조건에 의해서). 따라서 이민자 중에서 노인의 수가 매우 적다. INSEE의 발표에 의하면 이탈리아 출신 이민자의 반 이상이 65세 이상인데 비해 사하라 이남의 아프리카 이민자 중 65세 이상은 4% 정도로 집계되고 있다.[19]

한편 프랑스 사회에서는 집시도 외국 출신 인구로 중요한 위치를 차지하고 있다. 이들을 <여행객>이라고 부르는 것은 잘못된 것이다. 이들은 다양한 출신지의 사람들로 구성되어 있는데 대표적으로 지탄(Gitane), 마누치(Manouche), 예니치(Yéniche) 등이 있으며 프랑스인들은 종종 이들을 찌간(tsigane)이라고 부른다. 이들은 공동체 집단을 이루지 않은 정착민이다. 또한 이들 모두가 이민자이거나 외국인은 아니다. 어떤 이들은 몇 세대를 거쳐 프랑스에서 살고 있는 사람들이기 때문에 프랑스 사회

---

18 '가족재결합제도(regroupement familial)'는 이민 노동자가 장기체류 허가를 받을 경우 가족을 프랑스로 초청하여 정착할 수 있도록 하는 제도다.

19 Louis Maurin, *Déchiffrer la société française*, La Découverte, 2009, p.79.

학자가 정의한 <내부의 외국인>[20]이라고 표현하는 것이 더 정확할 수도 있다.

집시는 프랑스에 약 40만 명 정도 되는데 이들은 매우 어려운 여건 속에서 살고 있다(오염된 장소, 전기와 용수가 없는 장소 등등). 이들의 평균 수명은 50세에서 60세 사이이며, 많은 사람들이 기피하는 분야의 경제활동을 하고 있다. 또한 불법 분야의 경제활동을 하기도 한다. 한 사회학자는 <찌간 그룹은 사회가 자유롭게 놔두고 있는 틈새에 있다>[21]라고 설명하기도 한다.

2. 이민자는 어떻게 살고 있는가?

프랑스에서 경제활동을 하고 있는 이민자는 2005년 기준으로 230만 명에 이른다. 경제활동 이민자의 3분의 2가 급여 생활자와 노동자로 구성되어 있는데, 이는 프랑스 전체 경제활동 인구의 평균이 53%인 것과 비교하면 상당히 높은 것이다. 이민자들은 많은 사람들이 기피하는 직종에 근무하고 있으며 특히 건설과 자동차 정비 혹은 청소와 같이 열악한 조건의 노동 분야에서 근무하고 있다. 14%의 이민자는 비정규직이나 단기 계약직으로 근무하고 있는데, 이것은 9%인 비이민자에 비하면 큰 차이이다.

따라서 이민자의 생활 수준은 평균 이하이다. 이들의 수입은 비이민자의 3분의 1 이하인 것으로 집계되지만 세금을 낸 이후와 사회 보장금을

---

20 Christophe Robert, *Eternels Etrangers de l'intérieur*, Desclée de Brouwer, Paris, 2007.

21 앞의 책.

수령한 후의 금액을 비교하면 비이민자와의 차이가 약 20%가 난다. 구체적으로 살펴보면 정규직의 경우 이민자는 비이민자에 비해 약 10% 정도 낮은 임금을 받고 있으며 비정규직의 경우에는 20% 정도 낮은 임금을 받고 있다. 이민자의 평균 임금은 생활보호 대상자의 지원금을 겨우 넘을 정도이며 이민자가 아닌 여성의 평균 임금보다 22% 정도 낮다. 빈곤층의 비율을 보면 비이민자 중 빈곤층이 5.1%인데 비해 이민자 중 18%가 빈곤층이다. 이 빈곤층의 비율은 특히 마그레브 출신에서는 27%까지 늘어났다.

교육의 상황을 보면, 이민자 중에서 미취학 인구의 비율은 48%로서 23%인 전체 비이민자와 비교하면 2배 이상 높다. 프랑스의 전체적인 교육 수준이 높아짐과 동시에 이민자의 교육수준 또한 높아지고 있다. 1982년에서 2004년 사이에 고등 교육의 학위를 취득한 30~49세 사이의 이민자 비율은 6%에서 24%로 증가했다.

한편 대부분의 이민자 부모들은 아이들을 지원하는 능력이 부족하다고 말한다. 중학교 학생의 학력 평가 결과를 보면 이민자 자녀가 국내 평균보다 10% 낮다. 이러한 격차는 대학입시 자격시험인 바깔로레아를 통과한 학생의 비율에서도 비슷하게 나타나고 있는데, 프랑스 학생의 합격 비율이 63.7%인 것에 비해 외국 출신의 학생은 46.9% 정도이다.

이러한 차이는 어디서 오는 것일까? 학교에서 외국 출신 학생들은 학습에 있어 많은 장애를 갖고 있다. 교육부에 따르면 학교에서의 학업부진이 지속되는 것은 부모의 사회직업적 부류와 밀접한 관계가 있다고 한다. 2001년에 외국 출신 중학생 중 71%가 노동자이거나 직업이 없는 부모의 자녀인 것으로 나타났는데, 이는 프랑스 가정의 중학생 39%와 비교하면 큰 차이이다. 그렇기 때문에 외국 출신 자녀들은 자신을 불합리한 상황의 피해자로 생각하고 있으며 학교 진로에 있어서도 프랑스 학생에 비해 더 비관적이다.

또한 비슷한 수입이 있더라도 이민자와 비이민자의 삶의 방식에도 차이가 있다. 이민자는 집을 소유하고 있는 비율이 적고 주로 공동 주택에 살고 있거나 평수가 적은 주거에서 살고 있다. 소규모 주택들이 모여 있는 대도시 주변의 지역과 방리유의 시테[22]는 새로운 이민자들로 채워지고 있다. 이곳에는 같은 출신지 사람들이 모여서 주거하는 집단공동체 현상을 만들어 낸다.

3. 통합은 어디에서 오는가?

샤를르 아즈나부르(Charles Aznavour)[23]에서 다니 분(Dany Boon)[24]까지 그리고 니콜라 사르코지(Nicolas Sarkozy)[25]에서 지네딘 지단(Zinédine Zidane)[26]까지, 프랑스의 유명인 중 일부는 이민자 출신이다. 2003년 자크 시락 대통령은 라이시테에 관한 연설을 통해 <외국인을 수용하는 것은 공화국 역사를 구성하는 것의 일부>라고 선언했다. 또한 그는 "모든 사람은 우리나라를 구성하고 있고 더 강하고 더 순조롭게 만드는데 공헌하고 있으며 유럽과 전세계에서 프랑스의 영향력을 증대시키고 있다"[27]고 강조

---

[22] 방리유(banlieue)는 도시외곽을 의미하는 단어이고 시테(cité)는 도시를 정의하는 단어로 사용된다.

[23] 아르메니아 출신의 유명 가수 겸 배우.

[24] 알제리 출신의 배우 겸 연출가.

[25] 헝가리 출신의 프랑스 대통령.

[26] 알제리 출신의 프랑스 축구 국가대표 선수.

[27] 2003년 12월 17일 파리 엘리제 궁에서의 담화 중에서, in Louis Maurin, *Déchiffrer la société française*, La Découverte, 2009.

했다.

역사적으로 보면 프랑스는 13세기부터 외국인을 수용하는 나라였다. 폴란드, 이탈리아, 스페인, 포르투갈, 알제리, 모로코 등에서 온 이주민들을 수용하고 있다. 1999년에는 부모나 조부모가 이민자 출신인 인구가 1400만 명으로 집계되었는데, 이는 전체 인구의 4분의 1에 해당된다. 그렇기 때문에 <프랑스 출신>이라는 것이 커다란 의미가 있지는 않다.

프랑스 이민의 역사는 19세기 말, 특히 이탈리아 사람들에 대한 배척과 1930년대의 폭력 사건들로 이루어져 있다. 프랑스인과 이민자 사이의 문화적 거리는 좁혀지지 않고 있다. 즉 이민자는 더럽고 슬프며 누더기를 걸친 사람이라는 생각을 가지고 있다. 이러한 사고는 1896년 라 파트리(La Patrie)라는 신문에서 이탈리아인을 다룬 기사를 통해 시작되었다.[28] 최근에 프랑스로 이주해 오는 아시아인과 특히 아프리카인에 대해서도 같은 담론이 형성되고 있다. 이민자에 대한 사회 통합 과정은 느리게 진행되고 있고 종종 충돌을 동반하고 있다.

또한 프랑스의 국제 결혼 비율이 증가하고 있다. 1960년대에 5%이던 국제 결혼이 2000년대에 와서는 14% 가깝게 증가했다. 이러한 변화는 과거의 서류 획득을 목적으로 하는 불안정한 위장 결혼[29]과는 달리 외국인들이 정당하게 법적 권리를 획득하는 방향으로 전환되었다.

이민자가 프랑스 사회에 통합하는 정도는 출신지에 따라 다르다. 중앙아프리카 출신과 모로코 및 알제리 사람들은 일상 생활에서 여러 가지 어려움을 감내하며 살고 있다. 왜냐하면 프랑스 사회에서 아랍인 출신의 이름을 갖고 살아가는 이들은 여러 가지 어려움에 직면하기 때문이다.

---

28 Ezzedine Mestiri, *L'Immigration*, La Découverte, Paris, 1990에서 인용

29 프랑스어로 '백색 결혼(mariages blancs)'이라고 한다.

이와 함께 노동 시장의 악화는 외국인 노동자의 생활을 더욱 불안정하게 만들고 있다.

프랑스 라이시테의 재확인 프랑스 국회는 2004년 3월에 공립학교 내 종교 상징물 착용을 금지하는 법안을 통과시켰다. 그러나 이는 전혀 놀랄 일이 아니다. 하원의 절대 다수의 지지를 얻어 통과된 이 법안의 결과에 대해 당시의 총리인 라파랭 총리는 만족을 표시했다. 이 법안은 프랑스의 라이시테를 실천할 수 있는 공화국 정신을 강화할 수 있다는 기대와 종교계의 논란이 존재하는 가운데 일부 국가에서도 우려를 나타냈다.

그리고 일부 젊은 세대에서 종교적 정체성에 관한 문제가 발생하고 있다. 미디어를 통해 위기의식이 고조되고 있는 이 현상은 해결하기 가장 어려운 현실적인 문제가 되고 있다. 공화국인 프랑스는 학교에서 이슬람 두건을 착용하는 것을 금지했다. 이러한 조치는 교육 시스템의 차원에서 - 즉 민족이나 종교적 특수성은 사적 범주 내에서는 수용되지만 공적 영역에서는 인정되지 않는 것 - 문제를 해결하고 있지만 문화적 차이에 대한 인식의 문제는 해결하지 못하고 있다.

4. 차별에서 사회적 불평등까지

많은 이민자는 자신들을 차별의 피해자라고 생각한다. 여기서 말하는 차별은 국적의 문제가 아니라 피부색과 억양 혹은 가족의 성(姓)과 같은 <가시적>인 요소들이다. 서인도제도는 물론 세네갈 사람까지 피부색이 검은 국가 출신은 이와 같은 곤경에 처해 있다. 프랑스 노동 시장에서 많은 이민 가족 출신의 젊은이들이 그들의 출신지 때문에 차별받고 있다.

1999년에 프랑스 국내 실업률이 11.8%였는데 이 시기에 30세에서 35세 사이의 알제리 출신 젊은 세대들의 실업률은 40%였다. 이 차이를 능력과 학력의 차이로만 설명하기에는 충분치 않다. 국제노동사무소(BIT)가 2005년과 2006년 사이에 프랑스 대도시를 중심으로 호텔과 상업 분야에서의 취업자 선호도를 조사했는데, 70% 이상의 프랑스 기업들이 중앙아

우선교육지구(zone d'éducation prioritaire, 일반적으로 약어인 ZEP로 사용됨)는 프랑스 교육시스템에 속하는 것으로서 초등학교나 중학교가 위치한 지역 중에서 열악한 곳에 보충적인 재정을 지원하며 강력한 자치권을 부여하는 곳을 말한다. 이는 학교 및 사회적인 차원에서의 어려움을 헤쳐나가기 위하여 프랑스 교육체계의 전통적인 평등주의에 입각하여 시행하고 있는 것이다. ZEP는 1981년에 학생들의 학업 실패를 막기 위하여 당시 교육부 장관 알랭 사바리(Alain Savary)가 제안하고 부처간 협의를 통해 정의되었다.

현재 ZEP는 지역별로 8000여 개의 초등학교와 중학교로 이루어져 있으며 이 중 파리 지역의 학교가 32%를 차지하고 있다. 또한 다른 지역의 학급당 평균 학생 수가 23.8명인데 반해 ZEP의 학급당 평균 학생 수는 21.3명이다.

INSEE에 의하면 1982~1992년 사이의 ZEP 설치가 학생들의 성공에 있어 전혀 효과적이지 않았다고 분석하고 있는데, 이는 결국 보충 재정이 학생에게 직접적으로 혜택을 주었다기보다는 교사들에게 돌아갔다는 것으로 분석될 수 있는 것이다. 왜냐하면 문제점이 계속되기 때문에 ZEP의 학생 수는 줄어들고 있으며 상당수의 학부모들은 이 지역의 거주지를 피하고 있다.

1997년의 무아장-시몬느 보고서에서 이미 교육팀의 강화를 통한 ZEP의 문제점 해결을 제안했지만 충분히 실행되지는 않았다. 2006년의 교육 개혁을 통하여 문제가 되고 있는 중학교에 재정을 집중시키기 위해 관련 학교들의 수를 줄이는 조치가 취해졌다. 이어 2007년 입학에는 RAR(성공의 열망 네트워크)가 우선 교육 계획으로서 만들어졌다. 이 계획은 세 단계로 이루어졌으며 목적은 평등한 기회 제공과 학교와 가족 및 관련 파트너 사이의 조화를 용이하게 하는 것이다.

프리카나 마그레브 출신보다 프랑스인을 선호한 것으로 나타났다. 또한 2006년 에브리 대학에서 실시한 연구에 따르면 모로코 국적과 이름 그리고 성을 갖고 있는 젊은이들이 취업 면접에 평균 277번의 서류를 접수했으며 프랑스의 이름과 성 그리고 국적을 가진 젊은이들은 19번의 서류를 접수했다고 한다. 결국 이민자의 차별이 상당히 크다는 것을 알 수 있다.

일부에서는 1960년대의 미국 흑인들에 대한 긍정적 차별운동인 '아피르마티브 악씨옹(affirmative action)'을 프랑스의 이민자 문제 해결에 대한 대안으로 제시하고 있다. 왜냐하면 법으로 공포된 형식적인 평등이 실생활에서는 불평등으로 나타나기 때문이다. 만일 공공 기업과 민간 기업의 인사권자들이 채용을 결정하는 순간에 순수 프랑스인만 지원한다면 프랑스 공화국의 이념인 평등의 원칙은 절대로 무시되지 않을 것이다. 그러나 현실은 다르다. 프랑스 텔레비전에 피부 색깔이 다른 사람들이 등장하고는 있지만 프랑스 사회의 구조적인 불평등을 해결하지는 못하고 있다.

<긍정적 차별>이라는 개념의 대표적인 정책이라고 할 수 있는 '우선교육지구'는 프랑스를 대표하는 정책 중 하나이다. 그러나 현재 발생하는

여러 가지 문제점들은 프랑스 공화주의를 바탕으로 한 이념과 현실 사이에 커다란 괴리가 있음을 보여주고 있다.

5. 프랑스인은 이민자를 좋아할까?

프랑스에서 가장 큰 관심을 불러일으키는 사회문제는 이민자 문제이며 이에 대한 토론은 계속 이어지고 있다. 오늘날 프랑스는 이민자 문제를 해결하기 위해 국내에서 일을 하고 있는 합법적인 <좋은 이민>에 대해 높은 가치를 부여하고 있다.

현재 국경 폐쇄에도 불구하고 불법이민자의 유입과 정착이 계속되고 있다. 그러나 어떤 면에서 보면 불법이민자도 국가 경제를 위해 일한다고 할 수 있다. 더욱이 이들은 아이들을 낳고 교육을 시키고 있다. 그렇기 때문에 대부분의 유럽국가들은 시기별로 불법이민자 문제들을 조절하고 있다. 스페인은 2005년에 불법이민자 60만 명을 합법화했고 이탈리아는 2006년에 50만 명을 해결했으며 네덜란드는 2008년에 27,500명의 보호수용 신청자들을 구제했다(인구 비율로 비교해 보면 프랑스에서의 100,000명과 동등). 프랑스에서는 1997년에 불법 이민자의 합법화가 이루어졌다. 이후 2006년에 28,000명의 외국인이 합법화되었는데 이는 <대량>이라고는 할 수는 없지만 무시할 수 없는 숫자임에는 틀림없다.

적은 급여를 받고 사회적 권리 보장 면에서도 상대적으로 불리한 이민자 노동자에 대한 수용 대책은 많은 비용을 필요로 한다.

한편 프랑스 이민자들은 여러 지역이 아닌 정해진 일정한 지역에 정착해 살고 있다. 특히 이들은 '영광의 30년' 기간에 프랑스의 경제 성장에 동원되었는데 이때 프랑스 정부는 대형주거지를 만들어 이들에게 공급했다. 브르타뉴, 바쓰 노르망디 및 페이 드 르와르와 같은 지역에는 외국인 비율이 전체 인구의 2% 미만이다. 반면 이민자의 40%를 수용하고 있는 일드 프랑스 지역은 이 지역 인구의 12%를 차지하고 있다. 이렇듯 대도시의 몇몇 지역에 경제적, 사회적으로 커다란 어려움을 겪고 있는 외국인이 집중되고 있고 수용 능력에 대한 논란도 발생하고 있다.

2009년에 프랑스의 주간지 '주르날 뒤 디망쉬(Le journal du dimanche)'에서 프랑스인이 가장 좋아하는 인물을 발표했는데, 이 중 이민자 출신자가 4명이 포함되었다는 사실은 시사하는 바가 크다. 순서를 보면 야닉 노아(Yanick Noah), 다니 분(Dany Boon), 지네딘 지단(Zinédine Zidane) 그리고 가드 엘말에(Gad Elmaleh)였다. 이들 네 명 중 세 명은 이민자 자녀 세대이고 한 명은 이민자이다. 프랑스 오픈 테니스에서 우승한 경력을 가진 유명 가수 야닉 노아의 아버지는 카메룬 사람이고 다니 분과 지네딘 지단은 알제리인 아버지를 두고 있으며 코미디언이자 배우인 가드 엘말레는 모로코에서 태어났다. 일반적으로 이민자들이 차별의 어려움 속에서 살고 있는데도 이들 이민자 출신 스타들에게 출신지가 전혀 지장을 주지 않는 것도 아이러니하다.

물론 외국인을 거부하는 극우파의 주장을 지지하는 여론도 있다.

어쨌든 여러 설문조사를 통해 알 수 있듯이 외국인 혐오증은 장기간에 걸쳐 줄어들고 있고[30] 이민자가 너무 많다고 생각하는 프랑스인의 비율은 더 이상 증가하지 않고 있다. 또한 "인종 차별주의자라고 생각하는가?"라는 질문에 대해서는 2000년에 40%가 그렇다고 대답한 반면 2007년 11월의 조사에서는 27%까지 줄어들었다. "프랑스에는 너무 많은 이민자가 있

[30] Guillaume Roux, "Quelle évolution de la xénophobie en France?", *Futuribles*, n°319, 2006년 5월

는가?”라는 질문에 대해서 “그렇다”라고 대답한 사람은 1993년과 2007년 사이에 50%에서 20%로 현격하게 줄어들었다.[31]

이민자에 대한 프랑스인의 관용이 증가한 것은 일련의 가치와 관련된 운동, 예를 들어 동성애에 대한 관용과 같은 사회 현상과 함께 이루어진 것으로 분석된다. 더욱 관용적인 새로운 세대의 출현과 함께 기성 세대도 변하게 된 것이다. 그러나 이러한 긍정적인 관용도 마그레브 출신 같은 특정 집단에 대해서는 여전히 거부되고 있다.

프랑스의 일간지 리베라시옹(Libération)이 실시한 2006년의 여론 조사의 결과를 보면, 46%가 이민을 프랑스의 성공 수단이라고 답했다. 반대로 39%는 이민이 장애라고 했으며, 6%는 좋은 것도 나쁜 것도 아니라고 답했으며 9%가 답을 회피했다.

프랑스 경제적 측면에서 42%가 긍정적인 입장을 보인 반면 42%가 장애라고 답했다. 또한 사회 수당 지원에 장애가 된다고 대답한 사람은 61%이고 49%가 고용 상황을 악화 시킨다고 대답했다. 그리고 44%가 퇴직연금의 형평성에 문제를 야기한다고 했다.

이민법 정책에 대한 질문에, 프랑스인 76%가 5년 이상 프랑스에 거주한 불법 외국인(sans papiers)에 대한 규제완화책에 대해 동의한다고 대답했다. 54%의 프랑스인은 <프랑스는 이민을 받아들이는 국가여야 한다>고 생각하고 있고, 48%가 <프랑스 경제 상황의 필요에 의해 이주민을 선택해야 한다>고 생각하고 있다.

또한 34%의 사람들이 이민자들의 가족 재결합 규제는 강화되어야 한다고 생각하고 있으며 58%가 이에 반대한다고 말하고 있다. 사르코지 대통령의 이민법에 의하면 가족 재결합은 프랑스 체류 18개월 이상이 된 외국인들이 신청할 수 있다.

[31] Nonna Mayer & Guy Michelat, “Les Français sont-ils plus “racistes” qu’hier?”, *in Revue politique et parlementaire*, n°1042, 2007년 1월~3월.

3. 학생으로 산다는 것

프랑스의 학교 시스템은 초등교육, 중등교육 그리고 고등교육 세 단계의 피라미드 형태로 이루어져 있다. 초등교육단계는 초등학교 입학 전에서 초등학교까지의 교육으로서, 이 시기는 다시 세 주기로 나뉜다. 첫째 주기는 입문 단계인데 유치원의 세 학년[32]이 여기에 포함된다. 두 번째 주기는 기본 학습 단계로 초등학교 1학년(CP)과 2학년(CE1)으로 구성되어 있고, 세 번째 주기는 심화 학습 단계로 초등학교 3학년(CE2)부터 마지막 학년인 5학년(CM2)으로 구성되어 있다[33].

중등교육단계는 두 주기로 나뉜다. 첫 번째 주기는 중학교[34] 과정으로 이 주기는 다시 관찰과 적용(6학년), 심화(5학년과 4학년) 그리고 진로 결정(3학년)의 세 단계로 나뉜다. 두 번째 주기는 고등학교 과정이며 결정 단계(2학년)와 마지막 단계(1학년과 최종 학년[35])로 나뉜다.

---

[32] 프랑스어로 유치원의 세 학년은 연차에 따라 각각 '어린반(petite section)', '중간반(moyenne section)' 그리고 '큰반(grande section)'으로 불린다.

[33] 초등학교 4학년은 CM1이라고 한다.

[34] 프랑스의 중학교는 4년제이며 우리나라의 1학년에 해당하는 학년을 6학년이라고 하며 학년이 올라갈수록 5학년과 4학년 및 3학년으로 구성되어 있다.

[35] 고등학교의 마지막 학년을 '떼르미날(terminale)'이라고 한다.

마지막은 고등교육단계인데 이 단계에 포함된 기관은 대학, 기술학사원(IUT), 상위 기술 분야(STS), 에콜(école) 및 그랑제콜(grandes écoles)이 있다. 각 기관은 일반적인 전공과 관련된 진로 방향을 제시한다.[36]

1. 프랑스 교육 체계

프랑스의 교육 시스템은 국립 교육을 담당하는 부처의 소관이다. 초등학생의 86.5%, 중학생의 79.9%가 무상 공립 교육을 받고 있다. 교육부는 분야별로 학년에 맞는 교육 프로그램을 규정하고, 특정 교사에게 특권을 부여하지 않는 교육 방향을 제시하고 있다. 교육부는 교사 채용과 교육 및 관리를 보장하고, 학교 기관이 지켜야 할 규정과 권한을 명시한다. 또한 국가 차원의 시험을 조직하고 학위를 발급한다. 대표적인 학위는 중등교육 과정의 마지막에 부여되는 '바깔로레아(baccalauréat)'이다.

프랑스는 유아 교육의 전통이 아주 깊다. 유아 교육은 의무교육 대상은 아니지만 모든 프랑스 어린이는 3세가 되면 유치원에 입학한다. 만 2세에 유치원에 입학하는 어린이도 상당히 많은데, 2002년 입학생 중 32%가 만 2세였다. 이런 공립 유치원은 교육부의 관할 하에 있으며 무상으로 이루어진다. 전체 프랑스 어린이의 1.5%을 수용하는 사립학교는 부모가 등록금의 일부를 부담한다. 유치원 교사는 초등학교 교사와 같은 지위를 가지고 있고 중등교육 교사와 같은 학위, 즉 Bac+5[37]를 얻은 사람들이다.

---

[36] 예를 들면 제1단계의 입문 수업 및 응용 수업, 기술 분야 4년차, 2차 주기의 직업교육 단계 등등.

[37] 통상적으로 프랑스의 고등교육의 학위 수준을 바깔로레아 이후 수학한 학년의 수를 기준으로 통칭한다. Bac+5는 우리나라의 석사 학위와 동등한 학력을 의미한다.

그랑제콜(Grandes écoles) 그랑제콜은 높은 경쟁률의 엄격한 선발과정을 거쳐 소수 정예의 신입생을 선발하고, 각 분야에서 최고 수준의 교육을 통해 프랑스 사회의 엘리트를 양성하는 프랑스에만 존재하는 특유의 전통적인 엘리트 고등교육연구기관이다.

프랑스 대학입학 시험인 바깔로레아에서 우수한 성적을 거둔 고등학생들 가운데 그랑제끌 입학을 희망하는 학생들은 그랑제콜 준비반(classes préparatoires aux grandes écoles)이라는 별도의 2년 과정 안에서 여러 번의 시험을 통해 최종 그랑제끌 학생으로 선발된다. 그랑제끌 준비반에서 시험에 한 번 불합격한 학생들은 재시험에 응시 할 수 없다. 다시 말해, 상위권 고등학생들에게 그랑제끌 입학의 기회는 평생 단 한번 주어질 뿐이다. 그랑제콜은 프랑스 사회 각 분야의 엘리트의 산실로서 '대학 위의 대학'이라고 흔히 지칭되기도 한다.

그랑제콜은 프랑스혁명 이후 나폴레옹이 중앙집권 체제의 강화를 위해 체계화된 국가의 엘리트층 양성이 필요하다는 판단 하에 18세기 후반부터 국가의 주도로 세워지기 시작했다. 이 당시에는 주로 군사, 공학 분야의 국가 고위 관료들을 양성하는 것이 그 목적이었기 때문에 초창기에 세워진 대표적인 군사, 공학계열 그랑제콜들에는 에콜 폴리테크니크(École polytechnique), 국립토목학교(École nationale des ponts et chaussées) 등이 있다.

그러던 것이 19세기 들어와 각 분야별로 좀 더 세분화되고 전문화된 그랑제콜들이 생겨나기 시작했으며, 분야도 다양해져서 정치, 행정, 경영 분야에서도 차츰 그랑제콜들이 생겨나기 시작했다

그랑제콜의 특징은 세 가지이다. 첫째, 프랑스의 일반 국립대학은 대학입학 자격시험인 바깔로레아만 통과하면 누구나 입학할 자격이 주어지지만, 그랑제콜은 상당히 높은 경쟁률의 엄격한 별도의 선발과정을 거쳐 소수 정예만 입학할 수 있다.

둘째, 프랑스의 일반 국립대학은 한 학교에 여러 분야 혹은 다양한 전공들이 한 학교에 함께 모여있고 학교별 학생 수도 상당히 많은 대중교육을 지향하지만, 그랑제콜은 공학, 경영, 정치, 행정 등 한 분야에 특화되어 있으며 학교별 학생 수가 적은 소수정예 엘리트 교육을 지향한다.

셋째, 프랑스의 일반 국립대학과 비교해서 그랑제콜은

프랑스의 의무교육은 6세에서 16세까지이며, 초등 교육 기관과 하위 및 상위의 중등 교육 기관으로 나뉜다. 초등 교육은 6세에서 11세까지의 학생을 대상으로 하고, 하위 중등 교육은 11세에서 15세, 상위 교육은 15세의 학생을 대상으로 한다. 그리고 상위교육은 일반 학교와 기술 학교 및 직업 고등학교로 나뉜다.

공교육 등록은 지역의 원칙에 따라 이루어진다. 특히 초등학교와 중학교 및 고등학교는 학생의 부모가 살고 있는 지역으로 배정한다. 모든 공립 교육은 무상으로 이루어지는데, 부모가 원할 경우 정부에서 재정지원을 받는 정부 협약 사립학교에 보낼 수 있다. 학비 일부는 부모가 부담한다. 학기는 9월에 시작하여 이듬해 6월에 마친다. 1주일에 6일간 수업을 할 수 있으며 수요일과 토요일 오후에는 수업이 없다. 학급 규모에 대한 규정은 따로 없으며 평균적으로 학급당 학생 수는 초등학교는 25명, 중학교 24명 그리고 일반 고등학교와 공학고등학교는 28명, 직업고등학교는 20명이다.

학업 프로그램과 지식의 습득 및 학생의 능력에 대한 기준은 교육부가 정한다.

교사는 교육방법을 선택하는데, 초등학교의 경우 기본적으로 읽기와 쓰기 및 수학을 교육하고 감성 개발을 목표로 하고 있다.

중학교를 졸업한 학생들에게는 세 가지의 길이 제안된다. 하나는 일반과정이며 일반 바깔로레아까지 3년이 걸린다(2학년, 1학년, 떼르미날). 또 하나는 공학과정으로서 공학 바깔로레아까지 3년이 걸린다. 마지막으로 직업과정이 있는데, '직업 자격 증명(CAP)'이나 '직업 연구 증명(BEP)'까지 2년 과정과 직업 바깔로레아까지 추가 2년 과정이 있다.

상위 중등교육과정부터는 학생이 선택한 전공분야에 따라 주요 학습 과목이 달라진다. 일반 및 공학 고등학교의 첫 해 기본 과목은 프랑스어, 수학, 물리-화학, 인문과학, 언어, 역사, 지리 및 체육이고 선택 과목이 추가된다. 이후 최종 두 학년에서는 선택분야에 따라 필수 과목이 변한다(일반 3, 공학 7). 직업 고등학교에서는 일반 교육과 이론 및 실기 교육을 동시에 하고 기업 연수도 한다.

소수정예의 양질의 교육을 추구하기에 학생 1인당 교육을 위해 사용하는 비용이 훨씬 많고, 교육시설 확충은 물론 일반적인 교육 및 연구 예산 측면에서 보다 많은 투자가 이루어져 왔으며, 이러한 교육비용을 국가예산에만 의존하지 않고 비교적 높은 학비를 받거나 다양한 기관들로부터 후원 및 지원을 받는다.

교육부는 그랑제콜에 대해서 구체적인 법으로 규정하고 있지는 않고, 1994년부터 관련 시행령(le décret du 23 novembre 1994)을 통해서 그랑제콜 준비반을 세가지 계열로 나누고 있다: 인문 계열(littéraires), 과학 계열(scientifiques), 상경 계열(économiques et commerciales).

그랑제콜은 일반적으로 국립기관이지만, 상경계열 그랑제콜을 중심으로 사립기관들도 존재한다. 예를 들어, 2004년을 기준으로 226개의 공학 그랑제콜 중 162개가 국가 소속이었고(116개의 학교들은 교육부소속이었고 46개는 다른 부서 소속이었다.) 46개의 학교가 사립이었다. 그러나 그랑제콜 안에서도 각 계열별로 엄격한 평가 순위들이 존재하며, 이에 따라 그랑제콜 준비반 졸업생들의 지원선호에 의해서 사실상 순위가 정해져 있는 것이 특징이다.

프랑스의 상위 고등교육은 두 개의 체제로 이루어져 있다는 것이 특징이다. 다시 말해 프랑스의 상위 교육과정은 대학과 그랑제콜을 비롯한 공립 또는 사립 전문학교로 구성되어 있다. 또한 단기 기술 교육을 담당하는 기술학사원(IUT), 엔지니어 학위를 준비하는 직업 대학 학사원(IUP) 그리고 교사임용시험 준비를 위한 교사교육 대학 학사원(IUFM) 등이 대학에 소속되어 있다. 많은 고등학교에 그랑제콜 준비반(CPGE 혹은 '프레

비깔로레아(Baccalaureat) 비깔로레아는 프랑스에서 중등교육을 마친 후 치르는 시험이다. 이 시험에 합격해야만 대학에 갈 수 있는 자격이 주어진다. 비깔로레아는 처음 만들어진 나폴레옹 치하에서부터 20세기 초까지 주로 부르주아 계층의 남자만이 응시할 수 있는 시험이었다. 남녀 교육이 평등해진 20세기 초에 이르러 여성에게 비깔로레아 응시 자격이 주어졌다. 1930년대 고등학교 무상교육과 함께 응시자의 숫자가 대폭 증가했고, 60~70년대에 특히 폭발적으로 증가했다. 현재 고등학교 졸업생 중에서 70~80%가 비깔로레아를 통과한다. 초창기 국가의 엘리트들을 선발할 목적의 자격증이었다면 지금은 모든 교육과 직업상 경력을 위한 가장 기초적인 자격증이 되었다. 일반적으로 일반, 기술, 직업과정으로 나뉘고, 일반과정은 다시 문학, 과학, 사회경제 부분으로 나뉘며, 기술 및 직업과정도 다양하게 세분된다.

프랑스에서 모든 취업 공고는 비깔로레아를 중심으로 대학의 학부과정(Licence)을 졸업하면 Bac+3, 석사과정인 마스터 과정을 마치면 Bac+5 등으로 표시한다.

빠'라고 한다)과 단기 공학 교육을 담당하는 상위 기술 분야반(STS)이 있다.

프랑스 대학교의 과정은 오랫동안 세 단계로 구성되었다. 제 1단계는 더그(DEUG(Bac+2)), 제 2단계는 리쌍쓰(Licence(Bac+3))와 메뜨리즈(Maîtrise (Bac +4)), 제 3단계는 데으아, 데으에쓰에쓰(DEA, DESS) 그리고 박사과정인 독또라(Doctorat)였다. 그러나 2002년 이후 통일된 유럽의 상위 교육과정을 받아들여 3-5-8 시스템[38]으로 변형·운영되고 있다.[39]

2. 프랑스 교육 시스템의 지배적인 가치

프랑스 교육의 특징은 세 가지 원칙: <16세까지의 의무 교육>, <의무교육기간 동안의 교육에 대한 공공 서비스의 무상 제공>, <라이시테 원칙의 준수>로 이루어져 있다.

의무 교육

프랑스의 법은 <6세에서 16세 사이의 어린이에게 학교교육이 의무적

---

[38] 학사과정 3년, 석사과정까지 5년 그리고 박사까지 8년의 과정을 의미하는 명칭.
[39] 일반적으로 엘엠데(licence, master, doctorat)라고 부른다.

으로 이루어져야 한다>고 규정하고 있다. 만일 의무 교육 기간에 해당하는 연령의 어린이가 자신의 가정이나 협약을 맺지 않은 교육기관에서 교육을 받는다면 처벌을 받게 된다. 이것은 <교육은 한편으로는 기본적인 지식 습득, 일반적인 문화적 요소 습득 그리고 직업과 기술교육을 보장하고, 다른 한편으로는 개성을 개발시키고 학교 및 직업 교육의 수준을 높이고 사회 및 직업 생활 안에 잘 융화되고 시민정신을 실행할 수 있도록 보장해야 한다>[40]고 명시된 법에 의거해 처벌된다.

교육법 제 D131-11조에서 D131-158조까지는 <어린이나 청소년의 능력향상을 위해 공립 교육기관이나 협약된 사립 교육기관은 취학을 유도해야 한다>고 명시되어 있다. 이 조항에 따르면 <어린이는 다양한 분야와 방법을 통해 말하고, 읽고 쓰는 것 뿐만 아니라 정확한 언어 사용을 위해 문법과 어휘에 대한 프랑스어 능력을 갖추도록 해야 한다>고

프랑스의 대학과정과 LMD(엘엠데) 개혁 프랑스에서 대학이라 하면 보통 바깔로레아 이후의 과정, 일반대학, 전문대학, 특수전문대학인 그랑제콜 등을 일컫는다. 하지만 일반대학과 전문대학 및 그랑제콜은 선발과정이나 학습기간, 지향하는 목적 등에 상당한 차이가 있다. 특히 일반대학에 비해 전문대학과 그랑제콜은 훨씬 많은 자율성을 갖는다. 프랑스에서 일반대학은 모두 국립대학이다. 그렇기 때문에 등록금이 상대적으로 저렴하고 전문대학이나 그랑제콜과 다르게 대학별 수준의 차이가 상대적으로 적다. 일반대학은 바깔로레아만 합격하면 진학의 기회가 주어진다. 그리고 대학간의 수준 차이가 없기 때문에 주로 주거지를 중심으로 대학을 선택한다. 학문, 교양, 그리고 직업교육을 위한 공교육 기관으로서의 일반대학은 직업교육을 하는 전문대학과 다르고, 소수의 엘리트만을 모집하여 국가와 각 분야의 전문 인력을 중점 양성하는 그랑제콜과 다르다. 전문대학과 그랑제콜이 다른 교육기간을 설정하고 있는 것에 비해, 일반대학은 모두 동일한 학제를 받아들이고 있다.

특히 1998년 LMD(Licence-Master-Doctorat) 개혁은 이전의 중간 단계의 과정들을 없애고 학위의 체계를 유럽 전체의 시스템과 일치하도록 간소화시켰다. 다시 말하면 이전의 대학 교양과정인 DEUG 1, 2년과 1년의 석사과정인 메트리즈(Maîtrise) 그리고 박사준비과정(DEA)이 없어지고, 대신 3년의 학사과정(Licence)만이 유일한 학위가 되어 학사학위의 중요성을 갖게 되었다. 또한 2년의 석사과정인 마스터(Master)가 신설되었으며 3년의 박사과정은 그대로 유지되었다.

국가로부터 공식적인 학위를 인정받지 못했던 전문대학과 그랑제콜 중 일부가 학제를 바꿔 일반대학과 일치시켜서 국가로부터 마스터 과정을 인정받을 수 있게 되었고(예를 들어 파리정치학교는 4년제에서 5년제로, 건축학교는 6년제에서 5년제로), 박사과정이 신설되기도 했다.

---

[40] 교육법 제 L131-1-1조.

명시하고 있다. 또한 <계수와 기하학적 대상의 인지, 산술과 암산은 물론 추론과 요약 및 논증과 증명의 능력을 개발하는 수학의 기본적 요소를 습득하고, 하나 이상의 외국어 회화를 할 수 있도록 해야 한다>고 명시하고 있다.

이외에도 문학 작품들을 자주 읽어 문학적 요소로 구성된 일반 문화를 습득하고, 현대를 포함한 프랑스와 유럽 그리고 세계의 지리와 역사 교육을 통한 연대 및 공간의 지표를 습득해야 하고, 일상과 관련된 과학과 기술 그리고 예술 작품의 감수성과 같은 예술적 요소와 체육을 습득해야 한다. 또한 프랑스 교육법은 <어린이는 다양성과 발전이라는 큰 틀 안에서 다음과 같은 능력을 발전시켜야 한다>고 명시한다.

- 질문을 정확하게 표현한다.
- 자료 및 문서에 관련된 관찰과 결과를 제시한다.
- 증명된 과정에 따라 구상하고 만들어내며 변형시킨다.
- 작품을 창작하고 실현시키며 만들어낸다.
- 정보와 소통의 기술을 점차적으로 습득한다.

어린이는 프랑스 헌법, 인권선언, 국제 어린이 권리 헌장에서 정의한 인권을 존중하면서 시민정신을 실행하는 원칙과 개념 및 지식을 습득해야 한다. 학생이 습득해야 할 기본적인 지식은 1988년 12월법과 1999년 3월 25일의 시행령에 의해 체계화되었다. 한편 2004년 개정법은 결석한 어린이의 가정에 적용되는 처벌 조항을 명시하였다. 학술원의 조사를 보면 2001~2002년에 자녀가 결석했다는 이유로 2,009 가구가 가족 수당을 박탈당했다. 또한 학교 출석 통제에 관한 2004년 2월 20일의 시행령은 <교장과 장학관은 어린이를 학교에 데려올 수 있도록 하기 위해 가족과의 협의 방법을 찾는 데 노력을 해야 한다. 각 시도는 시청 및 도청의 승인

아래 학교 출석에 관한 위원회를 구성해야 한다>라고 명시하고 있다. 부모의 책임으로 심각한 문제가 발생한 경우에 그 부모는 3000 유로의 벌금과 2년의 징역형에 처해질 수 있다.

만일 부모가 자녀를 학교에 정기적으로 등교시키지 않으면 750유로에 해당하는 벌금형이 부과된다. 프랑스 정부는 대체 교사를 통해 교사의 부재를 막고 있다. 만일 교사의 부재가 발생하면 시간에 따라 150유로에서 450유로에 해당하는 금액을 학생 부모에게 지급해야 한다.

무상교육

유치원과 유아원에서 제공되는 공교육과 모든 공립학교의 교육은 무상으로 제공된다. 또한 중등 교육에 해당하는 공립 중학교와 고등학교의 학생에게는 물론 그랑제콜의 준비반과 공립 고등교육 기관의 모든 학생에게도 무상 교육이 제공된다.[41]

2001년 3월 30일의 공문은 공립학교 교육의 무상 원칙의 실행을 명시하고 있는데, 이에 따르면 지역의 모든 공립 교육기관에서 행해지는 무상의 원칙은 절대적으로 이루어져야 하며 여기에는 교육 자재, 행정 자재 및 교육 지출, 특히 학생과 가족이 사용하게 되는 복사물과 가족에게 보내는 우편 비용 및 전화, 팩스의 비용이 포함된다. 반면 임의적인 선택에 의해 부차적으로 발생되는 지출, 특히 수학여행과 같은 활동에는 이 원칙이 적용되지 않는다. 이것은 가족이 담당하도록 되어 있다.

---

[41] 교육법 제 L132-1과 L132-2조.

라이시테

공화국 헌법의 원칙인 <라이시테>는 공립학교의 기본 원칙 중 하나이다. 이것은 학교에서 개인적인 종교와 신앙은 개인적인 의식의 문제로 취급해야 한다는 것이다. 학교 안에서 어떠한 종교적 차별도 용인하지 않는 것과 의식의 자유를 실현하는 것은 모두에게 부과된 의무이다. 1946년 10월 27일 헌법의 서문과 1958년 10월 4일의 헌법 서문에 <국가는 어린이와 성인에게 교양의 전달과 교육 그리고 문화에 평등하게 접근하는 것을 보장한다. 모든 학년에게 무상 공립 교육과 라이시테는 정부의 의무다>라고 명시하고 있다.

헌법의 정의에 따라 정부는 공교육기관 내에서 어린이와 청소년은 모든 종교를 평등하게 존중하는 교육을 받을 권리를 보장받고 있다. 정부는 학생에게 종교 의식과 종교 교육의 자유를 보장하기 위하여 모든 유용한 장치들을 취하고 있다. 공립 초등학교는 원하는 경우 학교 건물 밖에서 종교 교육을 할 수 있도록 일요일 이외에 하루를 휴교할 수 있도록 했다.[42] 종교 교육은 학교 정규 수업 이외의 시간에만 할 수 있다.

학생의 복장에 관한 법이 2004년 3월 15일에 입안되었다. 이 법의 통과로 초등학교와 중학교 그리고 고등학교 내에서 종교를 상징하는 물건을 노출하는 것을 금지하였다. 공립 초등학교에서는 가톨릭사제 교사가 존재하지 않는다. 하지만 만일 학생의 안전이나 건강 상의 문제로 사제를 필요로 하는 경우에, 교장의 의견에 따라 학교 내에 종교 교육을 하는 사제를 허용할 수 있다.

2004년의 '종교 상징물 착용 금지법'으로 그 해에 639건이 지적되었다.

---

[42] 반면 사립학교에서의 종교 교육은 선택 사항이다.

이 중 대부분은 협의를 통하여 문제점이 해결되었으며 최종적으로 48건의 퇴학조치가 이루어졌다. 이 중 45명의 여학생이 이슬람교의 히잡을 두른 사례였고 3명의 학생이 시크교의 터번을 착용한 사례였다. 또한 퇴학생의 4분의 3 이상이 리옹과 스트라스부르그의 두 도시에 거주하고 있었다.

이 법은 라이시테를 강화한다기보다 종교적 상징물의 착용을 라이시테 적용 범주 내에 적용시킨 것이다. 대통령은 2003년 12월 17일의 담화문에서 <이 법은 새로운 규정을 만든 것도 아니고 라이시테의 경계를 변경한 것도 아니다>라는 입장을 미리 표명했다. 결국 100년 전부터 전개되어 온 라이시테의 실천을 재정의하는 것이지 종교와의 관계를 재정의하는 것이 아니라는 것이다. 이 법은 기존의 어떤 조항도 폐지하지 않고 인식의 자유에 대한 존중과 기회의 균등 및 라이시테를 더욱 활성화하는 평등의 조항을 계속 유지한 것이다.

3. 프랑스 학생이 대학을 갈 때까지의 현황

프랑스 교육환경의 특징 중 하나는 의무 교육에 해당하지 않는 연령인 6세 이전 학생의 취학 비율이 높다는 것이다. 초창기의 유치원은 5세의 어린이가, 이후 4세의 어린이가 입학했고, 1960년 중반에서 1980년대 말 사이에는 3세의 어린이가 유치원에 입학하는 것이 보편화되었다. 또한 자리의 유무에 따라 만 2세의 어린이도 입학할 수 있다. 1980년대에서 1990년대에는 만 2세에 입학하는 비율이 3분의 1까지 간 적도 있는데, 이러한 현상은 2000년 이후 출산이 증가하면서 줄어들고 있다.

인구 증가에도 불구하고 교육환경의 개선으로 사립과 공립학교 내의 학생 수가 상당히 줄어들었다. 유치원의 경우 1960년에 학급당 평균 학생 수가 40명이었던 것이 오늘날에는 26명으로 줄었다. 초등학교의 경우 유치원에 비해 이러한 현상이 두드러지게 나타나지는 않지만 1970년 이후 인구의 감소로 인해 총 학생 수가 줄어들었다. 그러나 2003년 이후 유치원과 초등학교의 학생 수가 증가하는 현상을 보였는데, 이것은 출산이 증가했기 때문이다.

1995년에서 2007년 사이에 중학교 학생은 약 400,000명 가깝게 줄어들었다. 이것은 중등 교육과정에서 수학하는 기간이 짧아졌고 또한 전 학년에서 낙제생이 많이 줄어들었기 때문이다. 고등학교 2학년의 낙제 비율은 최근 20년 동안 절반 가까이 줄었다(35%에서 18%). 1997년에서 2007년 사이에 초등학교 6학년은 12.1%에서 6.4%로, 중학교 1학년은 9.7%에서 3.1%, 중학교 2학년은 7.5%에서 5.2% 그리고 중학교 3학년은 9.1%에서 5.8%로 줄어들었다. 결국 프랑스 학생은 더 어린 나이에 중등교육을 시작하고 더 빠르게 졸업한다. 프랑스 학생의 중등 교육기관에서의 평균 학업 기간은 1995년에 7.8년에서 2007년에 7.6년으로 줄어들었다.

중학교에 입학한 대부분의 학생은(99%) 중학교 3학년까지 다니고 (1996년에 96%) 고등학교에 입학한 학생 중 93%가 고등학교 1학년에서 고등학교 3학년까지 다닌다.

중학교 3학년 학생의 3분의 2에 해당하는 학생은 일반 고등학교 혹은 과학기술 분야의 고등학교에서 학업을 이어가고 있고 이외의 학생은 직업 분야 고등학교에 진학한다. 고등학교 2학년 중 5분의 4가 공립 고등학교에 등록하고 있고 고등학교 1학년 중 절반에 해당하는 학생이 직업 고등학교에 다니고 있다. 또한 고등학교 1학년의 4분의 1은 직업 연수 교육 센터에, 4분의 1은 농업 고등학교나 사립 직업 고등학교에 등록하고 있다.

여학생은 남학생에 비해 낙제 비율이 적다. 그리고 간부직의 자녀와 중류층의 자녀는 평균적으로 5세에 취학하고 있는데 비해 노동자 자녀의 취학은 평균적으로 0.3세 더 높은 것으로 나타난다.

바깔로레아의 합격 비율을 보면 1950년대 말 10%에서 1970년대 초에는 30%로 증가했다. 이 비율은 직업 분야 바깔로레아가 만들어지고 일반 과정의 고등학생이 많이 늘어난 1985년부터 급증했다. 1992년에 바깔로레아의 합격 비율은 62%에 이르렀고 1994년은 상당히 많이 급증한 해로 알려졌다(71%). 이는 고등학교 최종학년으로 진학하는 학년 말에 대량의 낙제 비율이 감소했기 때문이다. 1990년대 중반 이후 바깔로레아의 합격 비율이 70%까지 증가했는데, 이것은 직업과 기술 분야의 바깔로레아로 진로를 정한 학생이 증가하면서 일반 및 과학기술 고등학교로 진학하는 중학교 최종학년의 학생이 줄어들었기 때문이다. 일반 과정의 고등학교에 진학하는 비율은 여학생이 높은 반면 기술 분야와 직업 분야에서는 남학생이 더 높다.

2008년 대학입학 자격 취득자의 비율은 64%에 이른다. 그리고 2009년 일반 분야 바깔로레아의 합격 비율은 88.8%이다(과학 분야인 S 시리즈에서는 89.6%). 100명의 학위 취득자 중 54명이 일반 바깔로레아이며 26명이 기술 바깔로레아, 20명이 직업 바깔로레아를 선택한다. 간부직과 교수 자녀의 합격 비율은 근로자의 자녀에 비하면 3배 높지만 20년 전의 4.5배에 비하면 많이 줄어든 것이다. 학위가 일반화되면서 몇몇 분야의 학위는 그 가치가 떨어지고 있다. 예를 들어 기술 분야와 직업 분야의 바깔로레아를 갖고 있는 대학생이 상위학년 진학에 실패하는 비율이 높게 나타나고 있다. 직업 분야 바깔로레아 소지자의 54%, 기술 분야 바깔로레아 소지자의 59%만이 대학교에서 상위 학년 진학에 성공하는데 이것은 79%의 진학 성공 비율을 보이고 있는 일반 분야의 바깔로레아 학생과 비교할 때 상당한 격차이다.

프랑스의 단기 과정 고등교육기관(IUT, STS) 공업단기대 (IUT)와 일반 단기대 (STS) 등이 여기에 속하는데 엄격한 서류전형 절차를 거쳐 입학이 허용된다.

고등학교를 졸업한 뒤 단기로 고등교육을 희망하는 학생들은 IUT (단기기술대학)와 STS (고등기술 전문과정)로 진학할 수 있다.

IUT 나 STS 는 고등기술자를 양성하는 직업교육기관으로서 교육기간은 2~3년이다. 일반대학 부설 교육기관인 IUT에서는 대학 학위인 DUT (대학기술자학위)를 수여하고, 주로 고등학교 부설로 설치된 과정인 STS를 마치면 BTS (고등 기술자 자격증)을 취득하게 된다.

이들의 교육기간이나 입학생의 수준 등은 비슷하나 교육 목표, 학생 선발 방식, 개설 강좌, 졸업 후 진로 등에서 차이가 난다.

실생활에 즉시 활용할 수 있는 전문 직업교육을 이수하므로, IUT 나 STS 졸업자는 취업 기회가 다양하며 취업 후에도 호평을 받고 있다. 현장에서 이들은 기술자로서 일하게 된다.

이 두 과정은 고등학교를 마치고 바로 진학할 수 있도록 되어 있어 고등학교 부설 STS 와 대학 부설 IUT 는 등록금이 저렴하고 분야가 전문화되어 있으며 빠른 취업을 보장한다는 차원에서 프랑스 고등학교 졸업자 사이에 매우 인기가 높다.

4. 프랑스 대학생의 현황

대부분의 일반 분야 바깔로레아 출신 대학 신입생은 낙제 없이 상급 과정에 진학한다. 이들은 전체 대학생 중 4분의 3을 차지하고 있는데 의대(95%), 약대(94%), 엔지니어학과(85%), 인문, 건강 및 지구 과학(85%) 그리고 법학과 정치학(71%)에 많이 분포되어 있다. 그러나 대학 입학 비율이 2004년 이후 점차 감소하고 있는데 이것은 기술 및 직업 분야의 바깔로레아 합격자들이 대학보다는 기술학사원(IUT)과 상위 기술 분야(STS)로 진학하기 때문이다. 일반 및 기술 바깔로레아의 39%는 지원자 경쟁률이 높은 분야(그랑제콜 준비반[43], IUT, STS)를 선택하고 있다. 과학 분야 바깔로레아 출신 학생 중 5명에 한 명은 그랑제콜 준비반에 등록하고 7분의 1이 IUT로 진학하며 53%가 일반 대학에 진학한다. 산업 과학과 기술 분야의 바깔로레아 출신 학생은 상당수가 상위 기술 분야(STS)에 등록하고 있다(56%). 특히 기술 바깔로레아는(14%) AES(경제 및 사회 행정)나 STAPS(체육 및 스포츠 활동의 과학과 기술) 또는 IUT로 진학하는데, 신입생의 비율이 각각 30%, 27%

[43] 일반적으로 프레빠라고 부른다.

그리고 24%이다. 직업 바깔로레아는 AES(경제 및 사회 행정, 10%)와 STAPS(체육 및 스포츠 활동의 과학과 기술, 6%)로 진학한다.

1980년에서 2000년 사이의 대학생 수는 100만 명에서 200만 명으로 두 배 증가했다. 이후 2000~2001년과 2004~ 2005년에 증가세가 약간 둔화되었다. 2007년의 통계를 보면 1,364,000명의 대학생을 포함하여 총 2,228,000명이 고등교육 기관의 학생으로 집계되었다. 이전의 증가는 외국 학생이 급증하였기 때문인데, 현재 상황은 반대이다. 1990년대 후반에 급격한 증가를 보인 이후 기술학사원(IUT)의 정원은 110,000명 정도로 유지되고 있다. 또한 상위 기술 분야(STS)의 정원도 현상유지 정도이며 그랑제콜 준비반도 약간 증가했을 뿐이다. 반면 엔지니어 학교의 학생 수는 1990년 이후 두 배 증가하여 100,000명 이상이 되었다.

대학 첫 학년의 통과 비율은 전공에 따라 매우 다양하다. 대학 1학년 이후 같은 전공을 이수하는 학생은 약 3분의 2 이하인데(2007년 기준 63%) 나머지 3분의 1 중 10%는 다른 전공을 선택했고 26.5%의 학생은 학업을 잠정적으로 중단하거나 포기했다. 한편 같은 전공에 재등록하는 학생의 비율도 분야에 따라 매우 다양하다. IUT의 83%, 엔지니어 분야의 81%는 같은 전공을 계속 유지하고 있고 이와 반대로 경제, 사회분야는 46%, 언어 분야에서는 52%가 같은 전공을 계속 유지하고 있다. 또한 대학의 마지막 학년인 3학년에서는 더 다양하다. 일반 분야나 직업 분야에서는 10명 중 6명만이 3년 동안 같은 전공에 등록한다.

상위 학년 진급에 성공한 학생의 비율은 학과에 따라 다르다. 2002년에 전혀 낙제 없이 졸업한 학생은 67% 뿐이었다. 그리고 기술 바깔로레아 출신 학생의 경우는 22%만이 낙제 없이 졸업했다. 바깔로레아 취득 후 5년이 지난 직업 바깔로레아 분야의 학생 중 83%는 학업을 중단한 것으로 집계되었다.

DEA와 DESS 프랑스의 고등교육체계 중에서 석사과정 이후의 제3기는 우리나라의 박사과정에 해당하는 독또라(Doctorat)의 전단계인 DEA와 DESS가 포함되어있다. 석사 학위를 소지한 사람이 박사에 등록을 하려면 학술 목적에 따라 DEA나 DESS에 등록을 해야 한다.

DEA : 석사학위 소지자 중 특정 분야의 연구 혹은 이론을 발전시키기 위한 과정으로 강의 진행 방식은 주로 세미나와 이론, 경우에 따라서는 연수 등으로 이루어져 있다. 수강생은 연구 논문 제출과 발표를 해야 한다.

DESS : 석사 학위 또는 그에 준하는 학위를 받은 사람 중 특정 분야의 전문가를 양성하기 위한 과정으로 약 300여 종류의 전공 분야로 세분화되어 있다. DESS 학위를 받기 위해서는 이론과 실기 수업 이외에도 4개월에서 6개월간의 현장 실습 연수를 받아야 한다.

현재는 새로운 교육체계로 개편되어 석사과정의 2학년에 해당하는 마스터2로 변경되었으며 DEA는 연구과정 마스터(Master de recherché), DESS는 직업과정 마스터(Master professionnel)로 각각 명칭이 변경되었다.

우리나라의 석사과정 2학년에 해당하는 DEA와 DESS 중에서 DEA(diplôme d'études approfondies)[44] 학위를 취득한 학생 수는 1986년과 1995년 사이에 15,400명에서 27,000명으로 거의 두 배 증가했고 DESS(diplôme d'études supérieures spécialisées)[45]의 학생 수도 꾸준히 증가하고 있다(최근 20년간 약 10%). 모든 전공 분야를 막론하고 DESS나 직업과정 마스터의 학생 수는 1983년에 7,000명에서 2006년에는 64,000명이 새롭게 등록했다.

엔지니어 학위를 이수한 학생 수는 년 30,000명에 달하는데, 1990년에 비하면(16,000명) 두 배 이상 증가한 것이다. 상업 전문학교의 학위 역시 두 배 이상 증가했고 석사과정의 30%는 DEA에 진학하고 약 반 정도가 DESS 과정에 등록한다.

박사학위를 취득한 학생의 약 3분의 1이 DEA 출신이고, 문학과 인문과학 전공 DEA의 4분의 1 그리고 과학 전공 DEA 출신 학생 중 절반에 가까운 인원이 등록 3년 후[46]에 박사 학위를 이수하고 있다.

---

44 현재는 연구과정 마스터(licence-master-doctorat인 LMD 체계에 따라)로 변경되었다.

45 현재는 직업과정 마스터(licence-master-doctorat인 LMD 체계에 따라)로 변경되었다.

46 프랑스 대학의 박사과정은 최소 3년 이상이다. 3년까지는 자동적으로 등록되며 이후에는 연장 허가를 받아야 한다.

5. 학위의 성격에 따라 달라지는 프랑스 학생의 미래

1980년대 중반부터 프랑스 학생의 학업기간이 길어졌는데 이는 젊은 세대들이 취업을 준비하기 위해서이다. 이에 따라 노동 시장에 늦게 진입하는 젊은 세대들로 통계상 실업률이 낮아졌다. 그러나 직장 생활을 시작한 후 몇 년 동안은 안정적이지 못한 생활을 한다(인턴, 계약직 등등). 2006년과 2007년의 일시적인 경제 호전에도 불구하고 최근에 학교를 졸업한 젊은 세대들의 실업률은 2005년과 같은 약 18% 정도이다. 이 기간에 저학력의 젊은 경제활동 인구는 고학력에 비해 약 4배 정도 높은 실업률을 보였고, 직업 자격 증명(CAP)과 직업 연구 증명(BEP) 혹은 바깔로레아를 갖고 있는 사람에 비해 약 2배 정도 높았다.

학업을 마친 5년 후를 보면 순수 과학이나 기술 전공의 고학력자 중 55%가 기업의 사장이나 상위직에 있는 반면 다른 전공자(문학, 경제, 상업 혹은 서비스 전공) 중 32% 정도만이 이와 같은 상위직에 있다. 그리고 DUT(기술 대학 학위)나 BTS(고급 기술 자격증) 학위 보유자 중 반 정도가 수공업자, 상인 및 농업에 종사한다.

이렇듯 프랑스 젊은이들의 사회생활 출발점은 학위와 선택한 전공 분야에 따라 결정된다는 것을 알 수 있다. 과학과 기술 및 산업 분야의 전공은 사회적 지위가 낮지 않다. 현재의 경제 위기와 함께 이러한 경향은 더욱 강화될 것으로 보인다. 2008년 4분기의 청년(25세 이하) 실업률이 20%를 넘었는데 25~49세 사이의 실업률이 7%인 것을 보면 청년 실업이 상당한 사회문제로 대두되고 있음을 알 수 있다.

2007년을 기준으로 학업을 마친 5년 이내의 경제 활동 인구 중 대다수(96%)는 임금근로자이다. 저학력자는 임시직이 45%로서, 고학력자의 22%인 것에 비하면 열악한 상태에 있다. 또한 저학력자가 공기업의 숙련도를 요하는 자리에 취업하는 경우는 많지 않다.

III

오늘날의 프랑스는
어떻게 변하고 있는가?

1. 사회계급에서 사회계층으로

사회계급과 사회계층을 어떻게 정의해야 할까? 사회계급이란 사회전체가 생산 수단의 소유 기능을 기준으로 정의하는 것으로 도식적으로는 부르주아(자본의 소유)와 프롤레타리아(자신의 노동력을 판매)로 구분한다. 즉 사회계급은 마르크스의 정의를 기초로 한다. 또한 사회 직능별 부류는 유사한 직업의 총체를 말한다. 사회계층 혹은 단체란 더욱 넓은 개념으로서 하위 범주로 사회직능별 부류를 포함한다.

1980년대와 1990년대는 <중산화> 혹은 <동질화>된 사회라고 일컫는다. 즉 사회가 개인의 <기호>로 이루어졌기 때문에 집단적인 사회 부류가 소멸된다는 것이다. 이런 토론은 삶의 수준이 높아지면서 더욱 발전하였고 소비 사회라고 일컫는 현대사회에서 특히 관심이 높아졌다.

오늘날 생산 수단의 소유와 관련된 <사회 계급>이라는 마르크스의 분석은 낡은 이론일 뿐이다. 자본가(자본의 소유자)와 프롤레타리아(노동력을 파는 사람)의 구조를 현대 사회, 즉 90%가 활동 인구이며 나머지 10%가 타인에 대한 지배적인 위치에 있는 높은 자본을 축적한 사람들로 구성되어 있는 사회에 적용시키기는 어렵다. 비록 부에 대한 주제가 사회적 변화를 이해하는 요소들 중에 하나라고 하더라도 이는 더 이상 핵심적이지 않다. 즉 다른 기준들, 특히 학력과 직업의 지위, 영역 등이 중요해졌기 때문이다.

1. 프랑스 사회의 부류는 어떻게 구성되어 있을까?

프랑스 경제 통계청(INSEE)은 '사회 직능별 분류법'으로 프랑스 사회의 전체적인 계층 구조를 분석하고 있다. 인구를 커다란 카테고리로 분류하는 이 분류법은 6개의 경제활동 부류와 <기타> 부류－퇴직자 및 전혀 일을 한 적이 없는 실업자, 군인, 학생, 가정주부－로 나뉜다.

오랜 기간 동안 대립 구도를 형성하고 있던 도시/농촌은 지주이건, 소작인이건 혹은 임금을 받는 농부(농촌의 급여생활자는 1982년에 노동자의 부류에 포함되었다)이건 간에 근로자의 영역 안에서 분류된다.

임금의 상승과 더불어 사회 부류는 노동자, 피고용자, 중산층 및 고위간부로 세분화되었다. 원칙적으로, 사회 부류 구분은 학위와 수입에 따라 서열화되지만, 이 또한 비숙련자(노동자와 피고용자)를 대상으로 하는 산업 분야의 직업과 3차 산업 분야의 직업으로 구분된다. 좀 더 세밀한 수준으로 분류하면 이 사회직능별 부류는 직업의 코드에 따라 497개의 직위로 다시 나뉜다.

프랑스의 사회 직능별 부류

○ 노동자

산업혁명을 통해 등장한 노동자는 전체 인구의 22.8%를 차지하며 하위 부류로는 수공업 노동자, 산업 노동자 및 비산업 노동자로 나뉜다. 운전

수, 석공, 창고 근로자는 물론 제조업 관리자와 같은 좀 더 지위가 높은 직업의 노동자 수는 산업 기기 발전으로 감소했다(이들은 1980년대 초와 2000년대 중반 사이에 3분의 1에서 4분의 1로 감소했다). 이 부류의 직업 종사자는 육체 노동을 하지만 급여는 상당히 낮은 편이며 월 평균 임금은 법정 최저임금과 크게 차이가 없다.

○ 피고용자

29.7%를 차지하고 있는 피고용자는 공공부문의 피고용자, 개인의 직접 서비스 피고용자 그리고 기업의 행정직 피고용자로 나뉜다. 이 부류에 200만 명에 가까운 사람들이 종사하는데, 1982년 이후 가장 많이 증가한 부류 중 하나이다. 이러한 현상은 서비스의 증가 특히 대형 유통의 증가로 나타났다.

더욱이 여성 피고용인이 상당히 중요한 위치를 차지하는데, 그 이유는 여성의 4분의 3이 피고용인 그룹에 포함되기 때문이다. 이 부류의 대표적인 직업으로 비서가 있는데, 규모 면에서 가장 크다(50만 명 이상). 정규직 피고용인의 임금은 노동자의 임금에 가깝지만 상당수의 여성 피고용인은 파트타임으로 일하고 있어 임금 수준이 낮은 편이다.

○ 중산층

23.6%를 차지하는 중산층의 하위 부류에는 행정, 상업 및 기술자가 포함되어 있다. 중산층은 상인이건 아니건 간에 서비스 발전을 위해 사회 중간 계급으로서 중요한 위치를 차지한다. 학교 교사에서 판매원 그리고 간호원까지 이 부류에 속한다. 이 부류는 결정의 권한을 갖고 있으며 주도적인 역할을 하는 간부 사이에서 일종의 매개 역할을 한다. 직위와 급여의 수준은 노동자보다는 월등하지만 간부의 수준과는 상당한 차이가 있다.

○ 간부 및 상위의 지적 분야 종사자

전체적으로 15.6%가 이 부류에 해당된다. 기업의 행정 및 상업을 담당하는 간부와 엔지니어 및 기술직 간부 그리고 교수와 과학 분야에 종사하는 사람들이 여기에 속한다. 이 부류는 다시 급여가 높은 간부직과 자유직으로 나뉜다. 이 부류의 사람들은 고용을 결정할 뿐만 아니라 실제적인 자치 능력을 갖고 있는 사람들이다. 이 부류에 속한 사람들의 특징은 학력이 높고 평균보다 월등히 높은 임금을 받는다. 또한 재직기간 동안 많은 임금 상승이 이루어지는 것도 이 부류의 특징이다.

간부직은 미래가 가장 확실하게 보장된 부류이며 현실적인 면에서도 더 유리하게 발전하고 있을 뿐만 아니라 이 부류에 속하고자 하는 사람들의 경쟁이 아주 심하다.

○ 수공업, 상인 그리고 기업주

6.2%를 차지하고 있는 이 부류는 수공업자와 상인 그리고 기업주(10인 이상의 직원을 보유한 기업)로 나뉜다. 독립적으로 일하는 사람들로만 구성된 이 부류의 고용 구조는 규칙적으로 급여를 수령하지 않는 것이 특징이다. 특히 대형 유통과 같은 경제 구조의 변화는 이 부류를 사라지게 하고 있다. 이 부류는 상당히 다양하게 구성되어 있고 가장 불규칙한 모습을 보인다. 즉, 이 부류 안에는 건축 수공업자, 최저임금의 수백 배에 달하는 수입을 올리는 대형 기업의 사장과 소형 상점의 상인 등이 있다.

○ 영농 경영자

2.1%가 이 부류에 해당되며 소작농과 중농인 그리고 대작농으로 나뉜다. 영농인은 고용시장의 2%를 차지하는데 수십 년 전부터 어려운 상황에 처해있다. 이 부류에는 24만 명에 해당하는 급여 영농인은 포함되지 않는다. 영농인의 부류는 수공업 경영자와 상인 그리고 기업주처럼 수입

면에서 상당한 차이를 보인다. 시골의 농장과 포도주를 재배하는 부농 사이의 수입 차이는 상당하며 산악지역의 목축업자와 다른 몇몇 지역의 목축업자와의 차이도 상당하다.

○ 누락된 비경제활동인

급여가 지급되지 않기 때문에 비활동 인구는 사회 계층의 부류 분석에서 누락된다. 이 부류에는 470만 명의 학생이 포함되어 있고 이미 고용의 경력이 있는 비활동 인구 1500만 명과 기타 비활동 인구 180만 명이 포함되어 있다. 이 부류에는 학생과 퇴직자 및 부부 등이 해당되고 이 중에서 학생은 미래의 활동 인구가 된다.

○ 실업자, 사회적 그룹?

실업자를 변별적인 사회적 부류로 따로 산출해야 하는가? 구직자도 이와 비슷한 특징을 갖고 있다. 즉 낮은 생활 수준과 자격 조건 그리고 미래에 대한 불확실성 등이다. 프랑스 통계청은 이들을 하나의 부류 안에 포함시키고 있다. 그 이유는 이들의 실업이 임시적인 상황이라고 판단하기 때문이다. 2006년의 경우 240만 명의 실업자 중 150만 명이 노동자와 피고용자였고, 이것은 전체의 3분의 2에 해당하는 숫자였다. 상위직 간부의 실업자는 전체 실업자의 7% 이하이다.

2. 동질화와 구분에 대한 새로운 기준들

1970년대 중반부터 시작된 고용의 감소에도 불구하고 프랑스인의 생활 수준은 계속 높아지고 있다. 구매 능력도 증가하고 있다. 프랑스 내륙에서 가장 낙후된 영외 지역까지 <소비의 사회>[1]로 변모하고 있다. 청바지, 텔레비전, 자동차, 전화, 소파 등 사람들의 생활 수준은 서로 닮아가고 있다.

생활의 풍요로움은 모든 부류의 생활을 바꿔놓았다. 가난한 사람들도 점점 대중의 소비를 따라가고, 주거조건 또한 확실하게 개선되었다. 대규모의 문화공급은 부류들 간의 경계선을 무너뜨렸다. 프랑스 사람들의 첫 번째 여가 수단인 텔레비전은 이러한 문화적, 사회적 통합에 있어 가장 중요한 역할을 담당한다. 오늘날 텔레비전을 포함한 몇몇 가전제품의 구비여부는 다른 사람과의 차별화 기준이 된다.

이와 함께 개인은 더욱 자유로워졌다. 교회 권력의 약화, 취학 기간의 연장, 새로운 통신 수단의 등장이 기존의 사회적 장벽을 제거하면서 문화생활의 기본적인 틀을 확장시켰다. 혹자는 이것을 <중산화>된 사회 안에서 개인의 선택에 따라 각자의 분야에서 최선을 다하는 <부족의 시기>[2]라고 분석한다. 예를 들어 과거에 타인과의 구별을 가능하게 한 평면 텔레비전의 보유는 오늘날 보편화되어, 2008년에 약 40%의 가정이 보유하고 있다.

프랑스 경제 통계청인 INSEE의 발표에 의하면, 사회 계층, 수입의 수준 그리고 부부 형태 사이의 소비 행동의 격차가 줄어들고 있다고 한다.[3] 특히 각 가정의 지출 구조 안에서 음식에 관련된 지출은 동질화 되고 있다. <가정의 예산>에 대한 통계 조사에서도 알 수 있듯이 최근 25년간의

---

[1] 여기서 사용된 <소비의 사회>는 장 보드리야르가 정의한 개념이다. 소비의 사회에서 상품은 단순히 물질적 욕구를 넘어 이미지와 상징, 개성과 자유, 쾌락과 환상으로 포장되어 있다. 현대인의 소비는 바로 이러한 것들을 지향한다. 이처럼 소비의 사회에서 소비는 단순한 물질적 필요를 충족하는 것을 넘어서 하나의 문화적 현상이 되었다. 결국 소비라는 것은 현대인이 자기를 표현하는 중요한 생활양식이다.

[2] Michel Maffesoli, Le Temps des tribus. Le déclin de l'individualisme dans les sociétés postmodernes, 1988년 파리 세미나.

[3] Jérôme Accardo, "1979~2006 : les structures de consommation et les écarts entre groupes sociaux évoluent", *France, portrait social*, INSEE, 2007년.

소비 구조는 간부직과 노동자 사이의 음식 분야의 지출 구조는 동일화 되었다. 반면 주거 분야에서는 커다란 차이를 보이고 있다.

프랑스와 앙리 드 비리외(François Henri de Virieu) 기자는 1974년 9월 16일자 누벨 옵제르바퇴르에서 <사람들의 냉장고는 같은 크기지만 내용물을 보면 다른 것으로 채워져 있다. 그리고 그들의 자동차는 같은 방향으로 가고 있지 않다>라고 지적하면서 여전히 사회적 차별이 존재하고 있음을 밝혔다. 소비의 사회적 불평등은 통계를 통해 이해하는 데는 무리가 있다. 거의 모든 사람들이 텔레비전을 시청하고 있지만 항상 같은 시간과 같은 방송을 보고 있지 않기 때문이다. 이처럼 개인의 기호는 수입보다는 다른 요소에 의해 형성된다. 즉 학력의 수준과 출신 사회 계층 그리고 이들이 가지고 있는 가치 체계와 전통 등을 바탕으로 만들어진다. 예를 들어 교사와 상인은 같은 소비 구조를 갖고 있지 않다. 문화생활의 차이는 교육의 정도에 따라 크게 차이가 난다. 간부는 노동자보다 도서관에 더 자주 출입하는데 이것은 돈의 문제가 아니라 책과의 관계가 더 중요하게 작용한 것이다. 노동자의 자녀 중에 5%만이 대학의 박사과정에 있고 그랑제콜에 다니는 자녀가 거의 없다는 것은 유전적인 영향이라기보다는 새로운 사회적인 요소, 즉 문화적 가치관에 의해 사회적 지위가 결정되고 있음을 보여준다.

3. 낮은 곳에서 높은 곳으로 서열화된 사회계층

<하위 계급>의 재탄생?

프랑스의 경제 통계청 INSEE의 조사에 따르면 하위 그룹에 속해 있는 노동자는 2002년을 기준으로 480만 명에 이르렀는데 이는 급여생활자의 26%에 해당된다. 이 하위 노동자의 수는 1990년대 초부터 증가하기 시작했으며 특히 저임금근로자를 위한 기업주의 분담금 면제 정책 이후에 큰 폭으로 증가했다. 이러한 하위계급에는 200만 명의 비숙련 노동자가 포함되어 있으며 60%가 상품운반 전담원, 건설 및 산업노동자 등의 남성으로 구성되어 있다. 또한 여기에는 저학력 수준의 고용이 포함된다(캐셔, 가정주부, 경비원 등).

비숙련 피고용자와 노동자는 엄밀하게 구분되지만 낮은 급여를 받고 있다는 공통점이 있다. 평균적으로 간부직의 약 3분의 1 정도의 급여를 받고 있다. 하위 계급의 노동자도 불안정한 지위의 일자리에서 일을 하고 있고 노동조건도 열악하다. 비숙련 노동자가 육체적으로 가장 고된 일을 하고 있는데 일정한 근무 시간이 아닌 불안정한 근무 시간의 일자리에서 일을 한다.

비숙련 피고용자와 비숙련 노동자는 또 다른 공통점이 있다. 이들은 정치생활과는 거리가 멀다. 그리고 다른 사회 그룹보다 사회성이 더 떨어지고 사회활동 또한 다른 계층의 사람들과 비교하면 상당히 저조하다. 이들은 통계청의 연구조사 대상자 중에 가장 적은 활동량을 나타내고 있는데, 그 이유는 외적으로 나타나지 않는 활동(특히 오토바이와 쇼핑)을 하고 있기 때문이다. 이러한 활동은 제도권에 의해 만들어진 사회분석 일람표 안에 포함되어 있지 않다.

또한 비숙련 노동자의 40%만이 사회 안에 속해 있다는 생각을 하는 반면, 60%의 간부직은 그들이 사회 안에 속해 있다고 말한다. 한편 젊은 세대들은 노동을 중요하게 생각하지 않으며 노동자 가족을 배척하는 태도를 보이고 있다. 그리고 나이가 많고 학력이 낮은 여성일수록 가족과 자신들이 살고 있는 장소를 우선적으로 생각하고 있고 이민자 역시 자신들의 출신지역 공동체를 이루는 장소에서 사는 것을 우선으로 하기 때문에 하나의 지역 공동체가 만들어지고 있다.

프랑스의 중간 계급

<중간 계급>을 정의하기는 쉽지 않다. 왜냐하면 개인들은 자신들이 사회나 자신의 이익을 바라보는 방법에 따라 서로 다른 중간 계급을 정의하기 때문이다. 그렇기 때문에 중간 계급을 하나의 집단적인 특징으로 표현하는데 있어 많은 논란이 있다. 이들의 공통적인 생활양식은 광고나 미디어(특히 텔레비전)에 의해 만들어진 이미지를 통해 표현된다.

1970년대 이후 중간 계급은 중간 계층의 급여 생활자에서 중간 위치의 간부와 자유직 혹은 엔지니어까지 확장되었다.[4] 1990년대에는 상대적으로 더 여유로운 생활을 하는 5%에 해당하는 상류층을 중간 계층에 통합하였다. 이후 중간 계급에는 어느 정도 높은 삶의 수준과 형태를 갖고 있는 지도적 위치에 있는 간부가 포함되었다.

그러나 현대 소비사회에서 이 중간계급은 다른 계층의 사람들이 예상하고 있는 것보다 부유하지 않다. 평균적으로 혼자 사는 경우 세금을 제외하고 약 1,300 유로로 생활하고 있고 부부인 경우는 2,600 유로, 자녀가 두 명인 가족의 경우는 3,400 유로로 생활하고 있다. 이 계층의 가정은 종종 부족한 예산으로 생활하고 있으며 여가 생활이 제한되고 외부적 지원을 필요로 한다.

프랑스 인구의 4분의 3은 도시에 살고 있고 프랑스인의 3분의 2가 빌라

---

[4] Louis Chauvel, “Le retour des classes sociales”, OFCE n°79, 2001 (www.ofce.sciences-po.fr/pdf/revue/9-79.pdf).

형의 건물이나 도시형 단독주택에서 살고 있다. 중간 계급의 주택은 임대료가 비싼 도심과 거리가 먼 곳에 위치한다. 일반적으로 이들의 주택은 90m^2 넓이에 방 2개와 거실 및 부엌이 있는 형태이다.

프랑스 사회에서 <중간 계급은 중소 자본가와 다른 급여 생활자 사이의 연대감을 창출시킨다>. 다시 말해서 급여 생활자 안에서 피고용자와 숙련 노동자를 포함하는 상위 간부직의 관심이 동질화되고 있다. 경제활동 인구의 5분의 1 이상을 포함한 <중간 계급>이 가장 표준적인 위치를 점하고 있어야 한다. 이것은 결국 1970년대의 원초적인 중간 계급의 사회적 개념으로 되돌아가는 것이다. 여기에 숙련된 노동자와 피고용자 일부 그리고 상위직 간부의 일부(중등 교육 교사, 기술직 간부 및 기업 행정 담당자 등)가 추가적으로 포함될 수 있다. 이 계층의 활동 인구는 업무에 관한 자치권을 갖고 있지만 고용주의 기업 전략에 영향을 미칠 정도의 권한은 아니다.

자신의 존재를 숨길 줄 아는 상위 계급

프랑스 사회에서 사회 서열상 가장 높은 계층은 일반 사람들에게 잘 알려져 있지 않은 계층이다. 이 부분의 연구도 불모지에 가깝다. 왜냐하면 프랑스에서 이루어지는 많은 연구들이 박탈당하고 소외된 사람들에게 집중되어 있기 때문이다. 즉 더 많은 혜택을 받고 더 많은 교육을 받은 사회 계층을 외면한다고 볼 수 있다.

4. 사회적 역동성

모두에게 동등한 기회를 주는 것이 민주사회의 기본적인 요소 중 하나이다. 이러한 능력주의는 모두에게 기회가 주어졌다는 생각을 부여하면서 다른 한편으로는 사회적 서열을 합법화한다. 그러나 동등한 기회의 공급이라는 원칙에도 불구하고 현대 사회는 일자리의 창출이 감소하고 있고 고용의 위기는 심각한 사회문제가 되고 있다.

프랑스는 <영광의 30년> 동안의 경제적 성장을 통해 모든 것이 가능하다는 사고를 갖게 되었다. 이와 함께 고용이 증가하고 숙련직 고용과 관련된 분야의 일자리가 늘어났다. 이후 경제구조는 변화를 거듭하고 있고, 고용 또한 매우 많은 요소들(혁신, 삶의 방식, 여가 활동의 장소 등) 때문에 변하고 있다. 제3차 산업의 영역이 계속해서 발전하고 있고, 이것이 계속해서 사회구조의 변화를 유도하고 있다. 예를 들어 2003년에 전체 남성의 3분의 2에 해당하는 남성이 자신의 아버지와 같은 사회적 위치에 있지 않다고 대답했다.

이렇듯 사회적 상황은 역동적이라고 표현될 정도로 많은 변화가 일어나고 있다. 이러한 역동성의 중심에는 언젠가는 더 좋은 지위에 오를 수 있다는 희망을 갖고 있는 부류가 있으며 이들이 변화의 큰 역할을 하고 있다. 1977년과 2003년을 비교해 보면 자신의 아버지와 다른 사회적 지위에 있는 남성이 57%에서 65%로 증가했다. 이러한 변화는 기본적으로 제2차 오일 쇼크 이후 고용 구조의 변화와 함께 만들어진 것이다.

사회적 변화는 기회의 평등이라는 측면에서 사회 부류에 따라 상반된 결과를 가져온다. 매년 발표하는 INSEE의 통계 조사결과에 의하면 <간부직의 가족과 노동자 출신의 가족은 상당한 차이를 보이는데, 간부직 가족 출신 10명 중 8명이 상위의 사회적 지위를 차지하고 있다>고 한다. 이러한 사실을 통해 사회적 세습이 강하게 작용하고 있음을 알 수 있다.

사회변화의 역동성은 세대간 혹은 취업 진로 안에서 느끼는 사회적 변화뿐만 아니라 삶의 조건이 변화하는 데서도 알 수 있다. 1950년대 중반의 노동자는 간부직의 삶에 이르려면 30여 년이 걸릴 것이라는 희망을 갖고 있었다. 그러나 이 30년이라는 기간은 1985년에 370년으로 늘어났고 1998년에는 150년으로 감소했다. 이러한 변화의 역동성은 사회 발전의 기대가 변하고 있다는 것을 의미한다. 그러나 많은 프랑스 부모세대는 자녀 세대에는 '영광의 30년'[5]과 유사한 사회적 상승이 되풀이 되지 않을 것이라고 확신한다.

서양사회에서 불평등은 매우 광범위하게 받아들여지고 있다. 높은 수입과 보너스 지급에 대한 비판은 강한 반면, 이와 동시에 모든 사람들이 평등한 급여를 받아야 한다고 요구하는 사람은 전혀 없거나 거의 없다.

현실에서는 불평등이 강하게 나타나지만 누구에게나 동등한 기회가 제공되는 것이 정당한 것이라고 생각한다. 이러한 형태의 사회는 많은 사람들의 처참한 몰락을 가져오고 높은 곳으로의 상승을 갈망하도록 만든다. 실제로 미국 사회와 같이 강한 변화의 이름 아래 불평등을 받아들이는 사회가 신화처럼 여겨지기도 한다.

프랑스는 유럽 여러 국가 중 직업 교육에 투자하는 부분이 가장 적은 나라이다. 프랑스 사회는 여러 측면에서 미국의 신화와 다른 새로운 신화를 기초로 하고 있다. 평등 이면에 강한 서열 구조의 중압감을 숨기고 있다.

학교는 규정을 준수하는 매우 학식이 높은 엘리트를 양성함으로써 보상받는다. 따라서 학위는 개인 자신의 위치 및 지위와 밀접하게 연결되어 있다. 학위는 개인의 경력을 상향시키는 데 항상 중요한 역할을 하고 있다.

---

[5] 많은 프랑스 사람들이 자신들의 삶이 중간 계층 이상의 삶이라고 여겼던 시기.

2. 가족의 변화

유럽의 많은 나라에서 이혼율이 계속 늘어나고 있고 이혼의 시기도 점점 빨라지고 있으며, 이혼 가정의 아이들 중 3분의 1이 새아빠나 새엄마로 재구성된 가족으로 살고 있다. 또한 많은 아이들이 편모나 편부의 가정에서 살고 있는데, 이들 중 대부분의 아이들은 엄마와 함께 살고 있다. 한편 정부의 지원에도 불구하고 홀로 사는 많은 여성들이 직장과 가정의 일을 병행하는데 어려움을 겪고 있다. 혼자서 아이를 키우는 여성의 4분의 1이 빈곤하게 살고 있다는 통계 자료가 이것을 증명해 주고 있다.

프랑스 사회에서도 가족이라는 주제는 끊임없이 논쟁의 대상이 되고 있다. 전통적 가족의 변화를 걱정하고 있는 사람들인 <지지자>와 급증하는 개인주의를 지지하는 <반가족주의자> 사이의 논쟁이 가장 빈번하게 일어난다. 가족은 인생의 실습장소 중의 하나이며 가족의 관계는 신뢰나 감정과 같은 비물질적인 요소들을 기본으로 하고 있는 장소이다. 또한 가족간의 관계가 순탄하지 않다는 것은 그 안에 증오와 원한 및 지배의 관계가 포함되어 있기 때문이다.

오늘날의 프랑스 가족은 1960년대의 가족과 완전히 다른 형태를 하고 있다. 이것은 여성이 사회적으로 새로운 위치를 얻었기 때문이다. 여성

경제활동 비율의 증가, 이혼의 증가 그리고 자녀수의 감소 등은 가족의 변화를 빠르게 정착시키고 있다.

1. 오래 전부터 시작된 프랑스 가족의 변화

오늘날의 가족은 1900년대의 가족과 다른가? 사람들은 흔히 가족을 정의할 때 법률적 정의의 변화와 부모와 자녀 사이에 존재하는 관계로 정의되는 가족 기능의 변화를 혼동하고 있다. 이러한 기능의 변화는 오래 전에 이미 시작되었다. 또한 개인주의라는 것도 단지 1968년 5월 혁명을 통해 시작된 것은 아니다. 이러한 변화는 르네상스와 18세기부터 정치적 자유주의가 발전시킨 개인에 대한 의식의 변화를 중심으로 진행된 것이다. 또한 아이들의 자립과 권리에 대한 존중은 앙시엥 레짐 때부터 만들어졌다. 1791년에는 올랭프 드 구즈(Olympe de Gouges)의 '여성과 시민의 권리 선언(Déclaration des droits de la femme et de la citoyenne)'이 공포되었다. 한편 19세기 말에 이미 에밀 뒤르카임(Emile Durkheim)은 부계 가족(아버지, 어머니 및 결혼한 딸을 제외한 자녀들)에서 부부 가족(아버지, 어머니 그리고 자녀들)으로의 변화를 서술한 바 있다.[6]

1960~1970년은 프랑스의 경제 발전이 가속화된 시기이다. 이 시기에 가족의 권리가 근본적으로 변화했고 이에 따라 여성 해방의 변화도 동반되었다. 1960년대 말 이후 출산율의 감소는 가족의 규모를 감소시켰다. 1928년에 태어난 여성 중 약 15%에 가까운 사람들이 최소 4명 이상의

---

[6] Louis Maurin, *Déchiffrer la société française*, La Découverte, 2009, p.35.

자녀를 두고 있는데, 이것은 1960년에 태어난 여성 중 8%인 것에 비하면 큰 변화이다. 두 자녀가 있는 가족의 모델은 이 시기에(1928년에서 1960년) 20%에서 40%로 증가했다. 1인 자녀를 갖고 있는 부부의 비율도 증가했지만 동시에 전체적으로 20% 이상을 형성하고 있는 3자녀 부부도 증가했다.

1970년대에 <여성의 자치>라는 권리가 만들어졌다. 다시 말해서 여성이 남편의 허락 없이 직업 활동을 할 수 있는 권리(1966년의 남편의 감독권 폐지), 동거 부부의 자치 및 피임의 권리와 함께 임신 조절 권리(1967년의 '뇌비르트법(loi Neuwirth)') 그리고 자발적인 임신 중절의 법안(1974년의 '베일법(loi Veil)')을 얻게 되었다.

경제적인 자치와 함께 여성은 잘못된 결혼 생활에 대한 불만을 표출하고 조절할 수 있는 권리를 요구할 수 있게 되었다. 이에 따라 1975년에 상호 합의에 의한 이혼이 만들어졌다. 이혼은 20세기 초부터 계속해서 증가하고 있는데, 1900년에 이혼 부부가 1만여 쌍이던 것이 1935년에는 24,000쌍으로 증가하였다. 1970년대에 들어서서 이혼이 급격하게 증가했다. 이혼 부부의 수를 보면 1960년대에 30,000쌍에서 1980년대에는 이미 100,000쌍을 넘어섰다.

결혼도 활력을 잃어가고 있는데 부부는 자신들의 결합을 공식화하지 않고 동거 형태로 살고 있다. 혼인율은 1970년대와 1980년대 사이에 3분의 1이 줄었다. 그러나 결혼과 출산의 관계는 비례하지 않았다. 자녀수의 증가는 혼외 커플에서 이루어졌다. 이렇게 태어난 아이는 더 이상 <불법>이 아닌 당당한 존재가 되었다.

이러한 가족의 발전은 모든 면에서 변화를 가져왔다. 사회 조직의 변화와 여성의 지위 변화 안에서 종교의 무게는 약화되었다. 1950년대부터 젊은 여성의 학력은 젊은 남성과 동등해졌고 여성의 직업활동 비율 역시

1960년대 이후 증가하기 시작했다. 어린이 역시 중요한 존재로 인정되었다. 1959년에 UN은 '어린이 권리헌장'에 서명했다. 이와 함께 1974년에는 성인의 나이가 21살에서 18살로 낮춰졌다.

개인에게 제공된 이러한 새로운 변화들은 긍정적인 개인주의를 가져왔다. 이것은 뤼미에르 시대의 철학에 바탕을 둔 <시민들 사이의 평등에 대한 요구>를 150년이 지난 후에 공식적으로 승인한 것이다. 가족과 부부는 기업이나 학교와 함께 권력의 분배라는 차원에서 중심이 되었다.

공식적인 결혼이 점점 감소하고 이혼이 증가했지만 사회 안에서의 부부의 중요성에 대한 근본적인 변화를 초래한 것은 아니다. 결국 가족 자체가 위태로워진 것은 아니다. 20세기 초부터 미혼 비율은 감소했다. 1850년에 태어난 세대 중 11.4%의 여성과 10.6%의 남성이 미혼이었지만, 1944년에는 미혼의 비율이 여성과 남성 각각 7.6%와 9.2%를 보이고 있다. 이러한 감소는 사망률의 감소에서 기인한 것이다. 오늘날 사회 네트워크가 활발한 도시 생활은 사람들의 만남을 더욱 용이하게 만들었고 나이가 많은 커플을 증가시켰다. 결국 이혼에도 불구하고 고독한 생활은 줄어들고 있다.

자녀 출산은 비교적 잘 이루어지고 있다. 20세에서 44세 사이의 여성 중 자녀를 원하지 않는 여성의 피임약 사용 비율은 1970년에 5%에서 2000년에는 60%로 증가했다.[7] 계획 출산율은 1960년에 59%에서 1980년대에 80%이상으로 증가했다. 짧은 간격의 출산은 드물어졌고 부부에게 가장 이상적인 자녀 출산 간격은 3년이 되었다. 이러한 자녀 출산의 조절

---

[7] Arnaud Régnier-Loilier & Henri Léridon, "La loi Neuwirth quarante ans après : une révolution inachevée?", *Population et Sociétés*, n°439, INED, Paris, 2007년 11월.

은 개인의 기본적인 자유를 누리는 데 중요한 역할을 한다. 여성의 출산을 보면 자녀 출산의 경험이 없는 여성은 1900년에서 1940년 사이에 23%에서 10%로 감소했으며, 이것은 1960년대까지 유지되다가 현재는 감소의 추세로 돌아섰다.

결국 전체 인구의 절반에 가까운 사람들이 부부로서 살고 있으며 한 명 이상의 아이를 갖고 있다. 80%의 아이들은 부모가 결혼을 했건 아니건 간에 두 부모로 구성된 가족에서 살고 있다.[8] 프랑스 사회는 더 이상 주례를 담당하는 시장이나 가톨릭 사제 앞에서의 공식적인 결혼 승인을 강요하지 않는다.

2. 프랑스에서 아이와 부모의 위치

아이와 청소년은 진정한 왕인가?

가족 규모의 감소로 부모가 아이에게 할애하는 시간이 늘어났다. 젊은 세대들은 새로운 지위, 표현의 자유 그리고 여러 자치권을 획득했다. 공공 분야에서 이들의 지위가 상승하고 있고 개인주의가 발전하고 있다. 결국 이러한 개인주의화를 통해 어린이도 자취적인 위치를 갖게 되었다.

그러나 프랑스는 경제적인 부유함에도 불구하고 어린이와 청소년이 처해 있는 문제점들을 해결하지 못하고 있다. 사회학자들은 일부의 청소년들은 고통 속에서 살고 있으며 사회적 지원이 충분하지 못하다고 비판하고 있다. 또한 방리유의 젊은 세대들은 그들의 분노를 강하게 표출하고

---

[8] 프랑스는 결혼하지 않은 커플의 자녀도 법적으로 인정하고 있다.

있고 종종 폭력을 행사하기도 한다. 도미티크 베르시니가 "신체적 고통이 젊은 세대들에게 점점 더 빠르게 다가오고 있다"고 말한 것도 이와 같은 맥락에서 이해할 수 있다.[9]

부모의 새로운 역할?

부부의 역할이 확연히 분리되어 있지만 서로 균형을 이루고 있다. 여성은 자녀 교육의 선택뿐만 아니라 중대한 결정(이사, 바캉스 등등)을 할 때도 중심적 역할을 한다. 그러나 노동과 가사라는 두 분야에서 완벽하게 성공하기에는 많은 어려움이 따른다. 프랑스 사회에는 강요하지는 않지만, 암묵적으로 용인되고 정당화된 가부장적 권위가 여전히 남아있다.

오늘날 언론은 수십 년 전부터 새로운 모습으로 바뀌고 있는 아버지 역할의 변화를 강조하고 있다. 아버지가 가사일에 많은 시간을 할애해야 한다는 말은 이제 흔히 듣는 말이 되었고, 아버지는 가족에게 더 만족감을 주는 일(정원 관리, 집수리, 아이와 놀아주기)을 담당하고 있다. 어머니는 일상적인 일이나 자녀들의 학교문제 등을 맡고 있다. 이러한 역할의 변화가 쉽지는 않지만 세대를 거치며 변화가 조금씩 이루어지고 있다.

아버지와 어머니의 새로운 역할에 대한 균형은 사회 구조를 다시 구성하는 결과를 가져온다. 이에 따른 가장 중요한 사회적 변화는 무엇보다 여성과 자녀가 한 개인으로 간주되고 존중되고 있다는 것이다. 이제 가족의 운명이 전적으로 아버지에 의해 결정되지는 않는다. 그러나 여성과 자녀의 더 많은 자유에 대한 의지는 갈등을 만들어내기도 한다.

---

[9] Alain Vulbeau, "Les adolescents", *Informations sociales*, n°119, 2004년 10월 ; Dominique Versini, *Adolescents en souffrance*, rapport thématique 2007 de la défenseure des enfants, 2007.

양친 중 한 쪽이 없는 가족[10]

배우자 없이 혼자서 자녀와 함께 사는 가족이 점점 늘어나고 있다. 2000년대에 편부모 가족의 수는 1980년에 비해 두 배 증가했다. 전체적으로 보면 280만 명의 어린이들이(5분의 1에 해당) 이러한 형태의 가족에서 살고 있는데 1960년대 말 8%에 불과했던 것에 비하면 격세지감을 느낄 수 있을 정도이다. 편부모 가정의 가장 보편적인 모델은 30~40대의 어머니로 구성되어 있고(85%), 절반 이상이 한 명 이상의 자녀를 두고 있으며, 드물게 세 명 이상의 자녀(14%)를 두고 있다. 국립인구조사기관(INED)에 의하면, 프랑스 여성의 4분의 1에서 3분의 1 사이의 여성이 이러한 상황에 처해있다고 한다.[11] 어머니의 학력에 상관없이 모든 계층에서 이와 비슷한 양상을 보이고 있다.

선택이건 강요이건 간에 이러한 삶의 형태는 여러 가지 문제를 수반하고 생활 수준도 현저히 저하된다. 편부모 가족의 첫 번째 문제는 가난이다. 편부모 가족의 개인적인 생활 수준은 다른 일반 가족에 비해 3분의 1 이하이다.[12]

한편, 편부모 가정은 지속적으로 이 상태가 유지되는 것이 아니라 자녀가 가족을 떠나기 이전이나 이후에 다른 사람과 결합을 하게 되면 더 이상 편부모 가정의 형태가 아니다.

---

10 프랑스의 <편부모>는 우리나라의 편부모와는 다른 의미이다. 왜냐하면 대부분의 아이들은 부모의 이혼 후에도 두 부모로부터 양육 받고 있기 때문이다.

11 Elisabeth Algava, “Les familles monoparentales : des caractéristiques liées à leur histoire matrimoniale”, *Cahiers de l'INED*, n°16, Paris, 2005.

12 INED의 2006년 자료. 이러한 삶의 수준은 가족의 규모는 물론 여러 가지의 삶의 형태를 통한 경제적인 측면을 고려하고 있는 것이다(예를 들어 주택의 가격과 같은).

조부모

자녀가 있는 사람들은 일반적으로 50대에 조부모가 되고 평균적으로 25년간 지속된다.[13] 퇴직의 연령이 낮아지고 평균 수명과 여성 급여 생활자가 늘어나면서 자녀가 있는 젊은 부부의 가정에서는 조부모 역할이 강화되었다. 특히 경제적 불황은 자신의 부모들에게 자녀 양육에 대한 도움을 요청하는 현상을 만들었다.

솔로의 삶

2005년 프랑스 인구의 14%, 즉 850만 명이 혼자 사는 것으로 집계되었는데 이것은 1975년에 비하면 두 배 증가한 수치이다. 솔로의 증가는 전체 프랑스인의 삶의 형태를 변화시켰으며, 특히 소비의 형태를 바꿔놓았다. 그러나 이 그룹에 속해 있는 사람은 학생부터 80세의 독거노인까지 다양하게 구성되어 있어 일관성 있는 형태를 보이지는 않는다.

첫 번째 요소는 젊음의 연장이다. 즉 20세에서 30세 사이에 혼자 사는 사람이 상당히 많이 증가했기 때문이다. 20~29세 사이의 젊은이 18%가 혼자 살고 있으며 많은 젊은이들이 부모의 집을 떠나는 순간부터 커플로 살기까지 솔로의 생활을 하고 있다. 일부에게는 자유의 시기라고 할 수 있는데, 이들은 부모가 주거를 지원하는 학생, 스스로 경제적 독립이 가능한 학생으로 구성되어 있다.

두 번째 요소는 헤어짐이다. 배우자 없이 살고 있는 성인 중 반 이상은

---

[13] Claudine Attias-Donfut, “Les grands-parents en Europe : de nouveaux soutiens de famille”, *Informations sociales*, n°149, 2008년 9월~10월.

이혼 후 솔로가 된 경우이다. 프랑스 성인의 4분의 1은 적어도 한번 이상 이혼을 한다. 이혼 후 혼자 사는 것은 젊은 세대의 솔로 생활과는 다른 것이다. 이혼은 결과적으로 편부모 가족의 증가를 가져오기 때문이다.

마지막으로 세 번째 요소는 나이 든 세대에서 솔로가 증가하고 있다. 솔로의 반에 가까운 사람이 60세 이상이며 여성이 더 많다. 이는 남성과 여성의 평균 수명에 차이가 있기 때문이다(20세기 후반에 남녀의 평균 수명의 차이는 5세에서 8년으로 증가했다).

3. 부부 역할의 새로운 규칙

프랑스 인구의 70%는 자녀가 있건 없건 간에 다른 사람과 짝을 이뤄 함께 살고 있다. 1960년대부터 커플의 변화가 시작되었는데 결혼은 감소하기 시작하였고 <자유로운 결합(union libre)>, 즉 결혼과 대립되는 형태의 결합이 증가했다. 2005년에 약 5분의 1인 340만 커플이 자유로운 결합으로 살고 있으며, 이것은 1990년대 초보다 두 배 정도 높은 비율을 보이고 있다. 그러나 이러한 증가가 남녀관계가 약해졌다는 것을 의미하는 것은 아니다. 이는 상호간의 존중과 평등을 우선으로 하는 남녀 관계를 원하고 있다는 것이다.

이혼에 대한 권리와 자녀 양육권의 공유는 1970년대 중반 이후에 발전하기 시작했고, 1990년대 말에 커플의 권리에 대한 논쟁이 활발히 이루어졌다. 특히 동성애 커플이 그들의 법적 지위 획득을 요구하고 나섰다.

결국 1999년에 합법적 동거인 '빡스(Pacs)'는 사회적으로 매우 중요한 변화를 가져왔다. 빡스(Pacs)는 매우 빠르게 증가했다. 2004년과 2008년 사이에 빡스(Pacs)의 수는 40,000에서 146,000으로 급증했다.

대표적인 동거 커플인 세골렌 루아얄과 프랑수아 올랑드 빡스(Pacs)는 두 사람이 자신들의 삶을 공동으로 조직하고자 하는 계약을 말한다. 출발 당시 논쟁이 되었던 동성을 위한 제도라는 인식과는 달리 빡스(Pacs)는 동성 커플만을 위한 것이 아니다. 빡스(Pacs)는 주거지의 가정법원에 계약서를 등록하는 순간부터 유효하다. 빡스(Pacs)의 효과는 기본적으로 재정적인 측면에서 발생한다. 주목할 만한 것은 2007년 1월 1일부터 빡스(Pacs)는 출생신고서류에도 기입하게 되어있다. 프랑스인들이 빡스(Pacs) 신고를 하는 이유는 두 가지로 요약될 수 있다. 첫째, 공동으로 재산의 분리를 하기 위해서이다. 원칙적으로 2007년 1월 1일부터 빡스(Pacs)는 커플간의 재산의 분리를 인정하고 있다. 그리고 두 번째는 커플들이 빡스(Pacs)로 등록한 날부터 공동 세금의 대상이 될 수 있다. 그러나 서로 간의 재산 상속은 이루어지지 않는다.

프랑스의 정치 지도자들도 이 형태의 결합을 유지하는 경우를 흔히 볼 수 있는데 대표적인 경우는 사회당의 대선후보였던 여성 정치인 세골렌 루아얄을 들 수 있다. 그녀는 정치학교 동기인 사회당 당수였던 프랑수아 올랑드와 동거 파트너였으며 네 자녀를 키우며 살아왔으나 불화로 25년간의 동거생활을 마감했다.

빡스(Pacs)는 자유로운 결합을 원하는 커플들로 조금씩 증가했다. 이것은 결합에서 동등한 경제적, 사회적 권리를 원하는 커플의 요구에 부합한다. 빡스는 결혼은 거부하지만 지속적으로 둘이서 살고자 하는 커플을 위한 제도적 장치로 볼 수 있다.

한편 1970년대 초와 2000년대 말 사이에 이혼이 3.2배 증가했는데 수치로 보면 매년 40,000에서 130,000 이상 증가한 것이다. 프랑스인은 평균적으로 두 번의 결혼을 하고 한 번의 이혼을 하는 것으로 집계되고 있다. 이혼이 증가하는 것은 커플 사이에서 개인의 자유를 더 얻기 위해 이혼을 선택하기 때문이다. 이에는 여성 해방이 커다란 역할을 했다. 여성해방은 어머니에게 과도하게 집중된 주부의 역할을 줄이고 남편에게 복종하던 전통적인 부인의 역할을 후퇴시키는 결과를 가져왔다. 또한 여성의 경제적 자치의 획득으로 부부간의 단절을 더욱 쉽게 할 수 있는 환경이 만들어졌다.

4. 프랑스인의 이혼

프랑스인의 이혼의 특징은 무엇일까?

<관계단절의 단순화>가 특징이다. 프랑스의 이혼 과정은 사회의 발전

과 함께 단순화 되었다. 현재 상호 협의에 의한 이혼은 배심원 앞에서 한 번의 공판으로 이루어진다. 빡스(Pacs)의 증가도 관계단절의 증가라는 현상을 유발시키고 있다. 빡스(Pacs)는 더욱 단순한 계약을 통해 이루어지기 때문에 더욱 단순화된 관계단절이 가능하다. 빡스(Pacs)는 법적 중재 없이 일방적인 결정으로 관계가 깨질 수 있으며 결혼과 달리 자녀의 양육을 위한 위자료가 지급되지 않는다.

<관계단절 이후>의 상황은 단순하지 않다. 전통적인 가치를 중요하게 여기는 사람은 관계의 단절을 범죄처럼 여긴다(특히 어머니들). 이러한 사고를 갖고 있는 커플 중 많은 사람들은 아이 때문에 헤어지지 못하고 있다. 특히 관계의 단절은 사회화에 있어 상당한 영향을 미치고 있다. 부부의 단절은 자녀의 사회적 서열을 반전시키지 않지만 부모와 자녀가 분리된 경우 자녀의 학업 기간이 줄어든다.[14] 이 아이에게 발생하는 모든 어려운 점들은 부모의 이별[15]이 없었다면 발생하지 않을 문제들이다. 한편 부모의 갈등이 이별로 이어지지 않는 경우에도 이별과 같은 심각한 문제를 유발한다.

관계 단절은 결혼한 성인에게도 매우 중요한 영향을 미친다. 함께 산다는 것은 주택, 전기 등의 비용을 절약할 수 있도록 해준다. 이혼은 생활의 수준을 낮춘다. 이혼을 통해 삶의 질이 감소하는 경향은 편부모의 경우에 더 심각하게 나타난다. 더욱이 이혼한 여성은 종종 생활비의 부족이라는 문제와 직면하게 된다. 그러나 어려움은 단지 물질적인 면에서만 일어나

---

[14] Paul Archambault, *Les Enfants de familles désunies en France*, INED, Paris, 2007.

[15] 프랑스에서의 부모는 반드시 결혼을 통해서 결합된 것이 아니기 때문에 이혼이 아닌 이별이란 말로 표현한다.

는 것은 아니다. 자녀를 두고 혼자 사는 것은 항상 단순한 일이 아니다. 편부모 가정에서의 어머니는 자신에게 투자할 수 있는 시간이 없을 뿐 아니라 강한 권위가 없다는 것도 문제가 된다. 반면 남성의 경우 다시 가정을 이루는 경우가 많다.

관계 단절 후 <자녀 양육>의 현황 또한 중요한 사회적 요소 중 하나이다. 프랑스 법이 인정한 양육의 권리는 77%가 여성에게, 8%는 남성에게 돌아간다. 또한 14.8%는 자녀가 이혼한 부모의 각 주거지에서 교대로 주거하고 있고 이혼 부부의 2%는 자녀의 주거지에 대한 합의를 하지 못하고 있다. 전체적으로 보면 이혼 부부 중 72%는 어머니가 자녀를 양육하고 있다.

대부분의 아버지는 개인적인 이유로 어린 자녀의 양육을 요구하지 않고 있다. 반면 일부 아버지는 어머니에게 유리한 법 판결에 반대를 하고 있다. 일반적으로 법의 결정은 사회적 현실을 반영하고 있다. 여성에게 양육권을 부여하는 것은 부모 역할에 대한 성의 차이가 있다는 것을 인정하는 것이다. 즉 프랑스에서 많은 어머니들이 자녀를 돌보는 일을 담당하고 있는 현실을 반영하고 있는 것이다.

3. 여가 생활의 변화

<여가생활의 사회>라는 주제가 노동을 필요로 하는 시기에 그 중요성이 부각된다는 것이 역설적이다. 오늘날 노동시장이 악화되고 있지만 삶의 수준은 계속해서 높아지고 있다. 특히 스포츠와 영화는 물론 놀이동산 등의 여가생활의 상품과 서비스 시장은 높아진 삶의 수준을 충분히 활용하고 있다. 도서관에서 수영장까지 공공 기관의 공급 역시 증가했다. 노동시간의 감소와 평균 수명의 증가는 여가생활을 누리는 시간을 증가시켰다.

현대 생활의 특징 중 하나는 여가생활이 텔레비전에 집중되어 있다는 것이다. 사람들이 매일 몇 시간씩 텔레비전 앞에서 시간을 보낸다는 것은 다른 여가보다 훨씬 많이 선호한다는 것이다. 이 대중매체는 즐거움을 제공하는 것은 물론 정보를 전달하기 위해 많은 사람들을 텔레비전 앞으로 결합시키고 있다.

이와 함께 새로운 기술의 발전과 발명은 커뮤니케이션과 정보 전달 수단을 제공하고 있다. 핸드폰과 집전화는 물론 전자 메시지와 같은 사회 네트워킹의 수단들이 증가하고 있다. <정보로서의 여가>라고 정의 내릴 수 있는 이러한 여가 생활은 현대 사회의 매우 특징적인 현상이며, 이는 수입과 학력 또는 연령에 따라 차별화된다.

1. 프랑스인의 정신세계와 시간 예산

프랑스인은 물론 세계의 많은 나라에서 최근 몇 년 동안 삶의 형태와 가치의 가장 중요한 변화 중 하나는 현실보다는 즐거움을 더 우월한 것으로 여기고 있다는 것이다. 그러나 이러한 가치는 오래 전부터 사람들의 정신세계 안에 존재하고 있던 것으로 오늘날에 와서 개인적인 차원에서 새롭게 요구된 것은 아니다.

프랑스인에게서 정신적인 가치의 쇠퇴(종교 생활 등)가 이루어지고 있다. 1980년대에 프랑스인들은 몸에 대해 관심을 갖게 되었고(조깅의 유행) 이와 함께 유희, 여가 및 자유를 위한 충동이 자연스럽게 일어났다. 과거에 중요하게 여겼던 희생 정신이나 사후의 천국에 대한 개념들은 일상 생활에서 그 중요성을 잃어 갔는데, 이는 프랑스인들이 더 이상 종교를 중심으로 하는 사회 시스템 하에 있지 않다는 것을 의미한다. 나이 든 사람들이 자신의 삶을 <의무>로 꾸려가고 있다면 젊은 세대들은 <자신들의 열정과 권리>를 중심으로 꾸려가고 있다.

이렇듯 구세대들이 <미덕>과 분리될 수 없는 것에 비해 신세대들은 여가를 기본적인 권리로 생각하고 있다. 즉, 신세대들은 노동보다 여가를 더 중요한 것으로 여기고 있는데, 이것은 여가가 삶의 가장 기본적인 가치이며 개인적인 권리를 나타내는 것이라고 생각하기 때문이다. 따라서 이들 젊은 세대들은 즐기고 인생을 누리기 위해서 자신을 포기하고 기다릴 만한 어떠한 이유도 없다.

수백만 명의 프랑스인들은 일자리가 없는 실업상태에서도 노동의 권리보다 휴식과 기분전환의 권리를 더 존중하고 있다. 오늘날 여가시간이 크게 증가한 것은 최근 몇 년 동안의 수입의 증가와 깊은 관련이 있다. 세속화된 사회 안에서 개인이 가장 많이 투자하고 있는 시간은 바로 여가인 것이다.

자유시간이 증가하고 있는 현상은 사회학적으로도 중요한 의미를 지닌다. 왜냐하면 이것은 노동 시간의 감소(일일, 주간, 연간 및 인생)와 평균 수명의 연장으로 인해 나타난 직접적인 결과이기 때문이다. 1900년에 평균 수명이 46세인 프랑스 남성의 노동시간은 12년이었는데 이것은 인생의 4분의 1에 해당한다. 반면 2009년에는 남성의 평균 수명이 78세로 늘어났고 이에 대한 노동 시간은 평균 6년 이상으로 이것은 사람이 태어난 이후 총 가용 시간의 8%, 깨어있는 시간의 11%를 차지한다.

이것은 노동 이외의 자유시간과 심리적인 자유시간(수면, 식사, 수양) 그리고 어린이와 학생의 증가로 발생한 결과라고 할 수 있다. 자유시간은 인간의 평균 수명을 기준으로 할 때 16년에 이르는데, 이는 1900년의 노동 시간의 세 배 정도가 증가한 것이다. 또한 이것은 프랑스인의 전 삶의 5분의 1 정도를 차지한다. 만일 깨어있는 시간을 모두 합한다면(약 하루 평균 7시간 반) 자유시간은 가용 시간의 30%정도가 된다. 만일 자유시간에 식사(가족 및 친구 초대)에 소비한 시간과 여가 및 바캉스에 관련된 이동 시간을 포함한다면 실제로 이보다 훨씬 더 높게 나타난다.

2009년 OECD의 발표 자료에 의하면 프랑스 여성은 남성에 비해 하루당 자유시간이 34분 적은데 이것은 연간 207시간에 이른다. 프랑스는 OECD 가입국 18개 국가의 평균과 비교했을 때 35분의 차이를 보인다. 남녀 차이가 가장 적은 국가는 노르웨이로서 연간 55시간이며 다음으로는 87시간의 뉴질랜드, 122시간의 일본 순이다. 반대로 남녀 차이가 가장 큰 나라는 이탈리아로서 하루에 79분의 차이를 보이고 있다. 이것은 연간 481시간에 해당한다.

또한 청소년의 여가시간은 일반적으로 직업을 갖고 있는 나이든 세대들에 비하면 상당히 많다. 시니어들은 가정 내의 어린 자녀 유무에 따라 차이를 보인다. 프랑스에서 여가를 위해 사용한 시간의 비율은 15~24세에는 27%, 25~44세에는 22%, 그리고 45~64세에는 25%이다. 이를 일일 가용 시간으로 환산하면 연령의 차이에 따라 각각 7시간 29분, 5시간 17분 그리고 6시간으로 나타난다. 65세 이상의 프랑스인들은 이에 비해 훨씬 더 많은 시간, 즉 8시간 53분의 가처분 시간을 갖고 있다.

15세에서 24세 사이의 젊은 세대들의 여가시간 비율은 이웃 나라인 이탈리아나 핀란드보다 더 높다. 그리고 25~44세의 여가시간은 노르웨이나 핀란드, 독일 및 벨기에보다 더 높다. 또한 45~64세의 여가시간은 벨기에와 독일에 비해 훨씬 높은 것으로 나타난다. 이를 통해 프랑스는 여가시간의 비율이 타 국가들에 비해 상당히 높으며 노동과 삶의 사이클 안에서 사적인 삶을 영위하는 데 가장 용이한, 다시 말해서 여가시간을 가장 잘 활용하는 국가임을 알 수 있다.

미니텔 단말기

미니텔에서 인터넷으로의 전환 프랑스는 온라인 통신산업에 있어 미국의 인터넷에 비해 훨씬 오랜 역사를 갖고 있다. 1980년대 초반부터 시작한 비디오텍스트 네트워크 서비스인 소위 미니텔(Minitel)은 당시 국영 통신기업인 프랑스 텔레콤이 단말기를 무료로 배급하여 보급함으로써 프랑스 국민들에게 널리 사랑을 받아왔다. 현재 2,000만 이용자들이 전화를 사용하는 것만큼이나 쉽게 25,000개 분야의 온라인서비스에 접속하여 전화번호서비스와 기차 시각표, 기상 정보 등 각종 생활 문화 정보 등을 이용하고 있다. 또한 이를 통해 기차표 예약이나 전자뱅킹 등의 서비스들을 이용할 수 있다.

프랑스 사람들은 미니텔의 보편적인 보급의 성공에서도 알 수 있듯이 이미 온라인 구매 문화를 갖고 있다. 따라서 미니텔이 사라지고 인터넷으로 온라인서비스가 옮겨졌음에도 새로운 기술을 통한 새로운 환경의 디지털 생활로의 변화라기보다는 온라인서비스 수단의 변화라는 것이 더 정확한 표현일 것이다.

2. 모든 사람을 위한 뉴 테크놀로지?

프랑스에서 정보통신이 발달하기 시작한 것은 1960년대 말 이후부터이다. 1970년에는 약 15%의 사람만이 집전화를 갖고 있었고 10년 뒤인 1980년대에는 3분의 2가 집전화를 보유하였다. 1974년에 선출된 발레리 지스카르 데스탱(Valéry Giscard d'Estaing) 대통령은 타

국가와 비교해 많이 뒤떨어진 이 분야의 산업을 회복하기 위해 별도의 계획을 발표했다. 1980년대 초 프랑스는 알파벳을 칠 수 있는 자판이 기착된 최초의 특수한 단말기, 즉 인터넷의 선조격인 미니텔(minitel)을 발명했다. 이것은 1990년대에 전성기를 구가하다 이후 인터넷의 등장으로 쇠퇴하기는 했지만 2007년에도 여전히 많은 사람들이 이용한(2억 2000만 번) 것으로 집계되고 있다. 한편 1990년대 중반에 이미 95%의 가정에서는 집전화를 보유하고 있다.

핸드폰이 매우 빠른 속도로 증가하고는 있지만 집전화나 텔레비전의 보급 속도를 추월하지는 않는다. 2008년 6월을 기준으로 프랑스 인구의 78%가 핸드폰을 보유하고 있는데[16] 간부직은 90%, 노동자는 84%가 보유하고 있다. 핸드폰 보유는 세대별로도 차이가 난다. 18~24세는 99%가 보유하고 있는 반면 70세 이상은 37%만 핸드폰을 보유하고 있다. 이는 아마도 나이가 들수록 새로운 기계에 대한 적응이 둔화되기 때문일 것이다. 더욱이 12~17세 사이에서도 76%가 핸드폰을 보유하고 있다.

핸드폰의 사용 비용은 상당하다. 프랑스인들은 평균적으로 단말기 가격을 제외하고 약 28유로 정도를 핸드폰 비용으로 지출한다. 이를 연간 비용으로 환산하면 약 340유로이고 월 최저임금의 3분의 1 정도가 된다. 이 비용의 지출은 가정 내 지출의 약 1.3%에 해당하고 신문, 책 그리고 잡지를 구매하는 지출과 맞먹는 것이다.

잘 알다시피, 핸드폰은 사용의 간편함과 동시에 유용성이 필수불가결한 요소이다. 2007년에 핸드폰 사업자 연합(AFOM)이 실시한 설문조사에

---

16 Régis Bigos & Patricia Croutte, "La diffusion des technologies de l'information dans la société française", *Crédoc*, 2008년 11월. 텔레비전 보급 또한 1960년과 1970년 사이에 10%에서 70%로 급증했다.

따르면 53%의 프랑스인들은 "사용상의 편의성이 아니라 결정적으로 잘 신호가 연결되는지를 의심하고 있다"고 대답한 것으로 나타났다. 이는 프랑스인들이 지속적으로 개인을 연결하고 정보를 더욱 빠르게 전달하기 위해 핸드폰을 사용한다는 것을 의미한다. 또한 열 명 중 여덟 명의 프랑스인은 "핸드폰이 치안문제와 연결되어 있다"고 대답하였다. 그리고 사진이나 인터넷 서핑과 같은 부가적인 기능을 사용하고 있고 매일 시간을 알기 위해 핸드폰을 보는 사용자가 30%인 것으로 나타나고 있어 시계로 사용하고 있음을 알 수 있다.

이러한 뉴 테크놀로지에 대한 접근은 <정보통신의 전파>와 동의어가 되었다. 2000년도에 PC 보유자가 성인의 3분의 1이었던 것이 2008년도에는 3분의 2가 넘는 것으로 집계되었다. 인터넷 사용 또한 빠르게 증가하고 있는데, 위와 같은 기간에 14%에서 58%로 증가했다. 핸드폰과 마찬가지로 인터넷 사용 비용도 크게 증가하였다.

가정에 PC를 보유하고 있는 사람들 중 62%는 매일 사용하고 있고 전체 인구의 40%에 해당하는 사람들이 매일 컴퓨터를 사용하고 있다. 통계에 따르면 2008년도에 프랑스인의 38%가 온라인을 통하여 물건을 구매하였고 58%의 네티즌이 행정 업무와 세무관련 업무를 보았으며 37%는 음악 다운로드를 하기 위해 사용한 것으로 나타났다. 방대한 네트워크에 대한 접속은 정보 교환을 가속화시키고 사람들 사이의 관계를 증대시키고 있다. 또한 인터넷은 정보의 공유는 물론 논쟁의 장을 제공하는 역할을 하고 있다.

그러나 프랑스에서 뉴 테크놀로지에 대한 접근은 아직도 일반화되어 있지 않다. 이러한 뉴 테크놀로지에 대한 불평등은 연령과 학력이라는 두 가지 커다란 요소에 의해 발생한다. 2007년도는 고학력자 중 91%가 컴퓨터를 보유하고 있고 82%가 가정에 인터넷이 연결되어 있는 것으로 나타났다. 반면 저학력의 사람들은 각각 31%와 27%로 나타났다. 12~17세 중 92%가 컴퓨터를 갖고 있는데 반해 70세 이상의 83%는 갖고 있지 않다.

그렇다면 PC와 인터넷은 전화처럼 일반화 될 것인가? 너무 이른 결론은 금물이다. 왜냐하면 프랑스 인구의 반 정도는 아직도 인터넷을 사용하지 않고 있기 때문이다. 학력은 여전히 이러한 차별화의 기준이 된다. 저학력을 가진 사람들의 4분의 3과 어려운 가정(월수입이 900유로 이하인 가정)의 3분의 2는 인터넷에 접근하지 못하고 있다.

3. 모든 형태의 정보

지면 신문과 라디오

산업 분야에서의 농업과 마찬가지로 언론 분야에서의 지면 신문은 계속되는 위기에도 불구하고 소멸되지 않고 꾸준히 유지되고 있다. 프랑스의 일간지는 1950년과 1960년대에 영광의 시대를 누렸다. 매년 6월에 집계되는 일간지 판매를 보면 50년대에 1000만 부에서 10년 후에는 1300만 부로 증가했다.[17] 그러나 1970년대 말부터 서서히 쇠퇴하기 시작하여 결국

프랑스의 잡지(magazine) 프랑스를 여행하다 보면 거리의 가판대에 놓여 있는 잡지의 양과 종류에 놀라게 된다. 대표적인 잡지인 누벨 옵세르바테르(Le Nouvel Observateur)나 렉스프레스(L'Expresse) 이외에도 사냥과 자동차 등의 전문 잡지는 물론 세대별 계층을 대상으로 하는 잡지 등의 상당히 다양한 잡지들이 즐비하다.

가판대의 잡지를 살펴보는 것만으로도 프랑스인들의 관심의 주제와 문화적 성향을 알 수 있다.

---

[17] *Tableaux statistiques de la presse 2007*, Direction du développement des medias/La Documentation française, Paris, 2007.

1000만부라는 한계선 밑으로 떨어졌다.

신문 역시 노동시간의 감소와 여가시간의 증가로 혜택을 보았지만 이후 라디오와의 경쟁, 텔레비전의 탄생 그리고 인터넷의 등장과 같은 일련의 경쟁자들과 직면해야 했다. 그러나 무가지의 성공을 보면 신문 구독이 줄어드는 것은 사람들이 신문을 외면한 것이 아니라 신문이 대중의 기대에 부응하지 못한 것이 문제라는 것이다. 구매 능력, 공급 그리고 여가시간 증가 및 온라인 무료 제공의 상황에서 가격은 더욱 중요한 역할을 한다. 프랑스의 가판대에는 여전히 다양한 종류의 잡지와 신문들로 가득차 있다. 잡지의 성공은 많은 외국인 독자들이 부러워하고 있다. 우표 수집가부터 윈드서핑 매니아까지, 비디오 게임 수집가 등, 개인들은 특수한 정보에 대한 매체를 선호하고 있다. 이렇듯 일간지의 위기는 인쇄매체의 전반적인 위기에서 발생한 것이 아니다.

한편 올드미디어인 라디오는 사람들과 근접한 미디어로 남아있으면서 무사히 뉴 미디어의 공격에서 벗어난 듯 보인다. '메디아메트리'[18]에 의하면 평균 일일 라디오 청취율은 약 3시간 정도라고 한다. 또한 4250만 명의 프랑스인들은 일정한 시간에 라디오를 듣는 것으로 나타났다.

그렇다면 신기술의 소용돌이 속에서 신문과 라디오는 왜 서로 다른 상황에 있는 것일까? 지면 신문과 라디오의 대중은 다르다. 평균적으로 3분의 1에 해당하는 가정에서 적어도 하나 이상의 신문이나 잡지를 구독하고 있다. 그러나 INSEE의 통계에 따르면 2006년에 상위직 간부의 44%가 신문이나 잡지를 구독하는 것으로 나타난 반면 노동자는 23%만이 구독한 것으로 나타났다. 판매점에서 멀리 산다는 이유로 61%의 농부는 신문

---

[18] 프랑스의 시청률 조사기구.

을 구독하지 않는 것으로 나타났다. 반대로 라디오는 모든 사회계층이 청취하고 있고 모든 세대들이 이용하고 있다. 2003년에는 10명 중 8명의 프랑스인들이 라디오를 청취한 것으로 집계되었고 이 가운데 10명 중 7명은 거의 매일 음악과 정보를 듣기 위해 이용한 것으로 나타났다. 65세 이상에서는 약간 덜 이용하는 것으로 나타났지만, 자동차로 이동할 때는 라디오 이용이 급증한 것으로 나타났다.

텔레비전

'메디아메트리'에 의하면 15세 이상의 프랑스인은 텔레비전을 평균 매일 3.5시간 이상 시청한다고 한다. 이처럼 프랑스인들이 여가 생활 중에서 시간을 가장 많이 투자하는 부분이 바로 텔레비전이다. 물론 젊은 세대들과 나이 든 사람들이 더 선호하고 있지만 직장인들에게도 일하는 날과 쉬는 날의 텔레비전 시청률은 차이가 있다.

무엇보다 텔레비전은 프랑스인의 삶의 형태를 새롭게 만들어내고 있다. 잠자는 시간과 일하는 시간을 제외하고 이 작은 화면의 매체가 프랑스인의 주요 활동 또는 주요 일거리라는 점이다. 평균적으로 연간 1,300 시간 정도를 시청하고 있는데 이것은 평균 노동 시간이 1,600 시간, 잠자는 시간이 약 3,000 시간이라는 것을 감안해 보면, 텔레비전이 상당한 영향력을 갖고 있는 매체라는 것을 알 수 있다.

이 매체의 힘이 강해진 것은 사회변화와 함께 점차적으로 이루어졌다. 시청시간을 조사하기 시작한 1980년대부터 텔레비전의 시청률은 세 단계로 발전했다. 1980년대에 가장 크게 발전했는데 이 기간에는 가정에서의 일일 평균 시청 시간이 3시간 50분에서 5시간으로 증가했다. 1990년대에 5시간으로 굳어진 시청률은 2005년 이후부터는 5시간 40분 정도로 유지되었다.

텔레비전은 탁월한 대중 커뮤니케이션 매체이다. 소수의 가정에서 텔레비전 프로그램이 아이들에게 안 좋은 영향을 미칠까 걱정되어 텔레비전을 거부하고 있기는 하지만 대다수의 사람들, 즉 95%의 독립 근로자와 노동자 그리고 91%의 간부직이 텔레비전을 갖고 있다.

또한 텔레비전은 강한 커뮤니케이션의 수단이 된다. 예전의 <프로파간다[19]>를 통해 모든 통제 권력이 이루어졌던 것을 텔레비전이 대체하고 있다. 즉 여론을 조성하는 강력한 수단이 바로 텔레비전인 것이다. 왜냐하면 텔레비전은 모든 사람들에게 오락이나 정보를 통해 사회에 대한 같은 시각을 공유할 수 있도록 하기 때문이다. 그렇기 때문에 거의 모든 가정에서 보유하고 있는 텔레비전이 비판의 대상이 되었다. 2008년도에는 50%의 가정에서 텔레비전 두 대를 보유하였고 15%는 세 대를 보유하였다. 그리고 90% 이상의 가정이 DVD 플레이어를 갖고 있으며 점점 더 많은 가정에서 홈시어터를 이용하고 있다.

텔레비전 시청은 가족생활에서 중요한 역할을 하고 있다. 텔레비전의 저녁 시청은 모든 계층과 모든 연령층에 공통적으로 나타난다. 특히, 저녁 7시 반과 10시 반 사이에는 프랑스 가족의 반 정도가 축구, 오락, 또는 영화를 보기 위해 텔레비전 앞에 모여 있다. 따라서 텔레비전이 프랑스인의 사고에 영향을 미친다는 것은 당연한 것이다. 프랑스의 대다수 가정은 텔레비전을 통해 정보를 얻고 정치, 사회 등 논쟁에 참여하기도 한다. 따라서 텔레비전은 정보 자체를 넘어 가족 혹은 친구 사이의 대화의 주제를 제공한다.[20]

---

19 일정한 의도를 가지고 세론을 조작하여 사람들의 판단이나 행동을 특정의 방향으로 이끌어가는 것.

20 Faïza Guene, "Qu'est-ce que je serais sans la télé?", *Informations sociales*, n°111, 2003년 11월.

그러나 텔레비전의 사용 형태가 모두에게 동일한 것은 아니다. 무엇보다 시청시간에 영향을 주는 것은 연령이다. 젊은 세대들의 텔레비전 시청률이 가장 낮고 60세 이상의 시청률이 가장 높다. 4~14세는 평균 약 2시간 이상을 시청하고 있고 15세 이상은 3시간 30분을 시청하고 있다(2008년). 또한 남성보다 여성이 더 많이 시청하는 것으로 나타나고 있는데, 이것은 여성이 직업활동을 덜 하고 있기 때문이다. 일하는 여성은 여성 전체에 비해 약 30분 정도 덜 시청한다. 한편 시청시간은 학력과 매우 밀접한 관계가 있다. 최대한 하나의 자격증을 가진 사람 중 주당 30분 이상 시청한 사람은 26%이고[21] 바깔로레아 + 3년에서는 5%로 나타났다. 일일 시청시간이 10분 이하인 간부직은 41%이고 노동자는 18%, 피고용자는 20%인 것으로 나타났다.

텔레비전은 사회의 이미지를 충실히 제공하고 있는가? '프랑스의 시청각 위원회(Conseil supérieur de l'audiovisuel, CSA)'는 <텔레비전 프로그램내의 다양성 재현(Représentation de la diversité dans les programmes de télévision)> 조사에서 디지털 텔레비전 전체 프로그램을 광범위하게 분석했다. 이 조사는 세 가지 기준, 즉 사회적 부류, 성별 그리고 민족과 인종에 따라 텔레비전에 나타난 모든 인물들을 분류했다. 이 조사 방법은 많은 비판을 받았는데 그것은 민족 문화와 사회 단체를 정의하기 어렵기 때문이었다. 그렇지만 표본의 규모(42,500명)는 일반적인 경향을 반영할 수 있는 수치였다.

이 연구의 분석은 미국에서 수입한 텔레비전 프로그램 안에서의 유색인종의 위치에 중심이 맞춰졌다. 프랑스 드라마에서 백인이 아닌 사람이

---

21 고등학교 졸업 후 대학에 진학하지 않고 직업활동을 하기 위한 교육과정을 수료할 수 있는데, 이 과정에서는 수료 후 자격증을 수여한다.

프랑스 TV의 토론프로그램 프랑스의 텔레비전 프로그램 중에서 가장 특징적인 것 중에 하나가 토론 프로그램이다. 프랑스의 정치인들은 텔레비전을 통해 자신의 생각과 의견을 표출하는 것이 매우 일반화되어 있으며 시청자들과의 직접적인 커뮤니케이션이 이루어지는 장이기도 하다.

이외에도 동성애에 대한 의견이나 관심이 높은 사회문제에 대한 토론 등의 프로그램이 많으며 전문가와 일반인들과의 토론을 통하여 국민들이 올바른 견해를 갖도록 하는데 상당히 중요한 역할을 하고 있다.

등장한 것은 11%뿐이었고 반면 미국 드라마에는 19%였다. 이것에 대한 국가간의 비교는 큰 의미를 갖고 있지 않는데, 그 이유는 미국과 프랑스의 유색인종 비율이 같지 않기 때문이다.

그러나 다른 두 가지의 결과는 관심을 끌 만하다. 특히 여성 이미지의 재현에 관한 분류이다. 여성은 텔레비전 등장인물의 3분의 1을 차지하고 있고 15세 이상 등장인물의 절반 이상이 여성이다. 광고 안에서 여성의 위치는 상당히 고무적인데 여성이 약 43%를 차지하고 있고 뉴스 프로그램의 진행자도 52%가 여성이다. 특히 다큐멘터리는 노동자와 피고용자를 상당히 많이 등장시키고 있다. 또한 정보와 토론 프로그램을 보면 사회부류에 따른 격차가 여전히 크다는 것을 알 수 있는데, 토론 프로그램 안에서의 발언은 지적인 직업을 가진 사람들이 거의 독점하고 있고, 학력이 낮은 사람들은 주로 리얼리티 프로그램에 출연하거나 시청한다.

4. 자유로운 시간의 사회와 차별화된 여가생활

프랑스 경제통계청 INSEE는 1986년에서 1999년 사이에 프랑스 사람들이 여가에 할애한 일일 평균 시간은 약 30분 정도 증가했고 이를 주당으로 환산하면 3시간 35분이라고 발표했다. 그러나 고용된 사람들의 여가시간은 13년 동안 불과 9분정도 증가했고 이것 또한 파트타임이 증가한 것에서 기인한 것이기 때문에 프랑스인들 전체의 여가시간이 급격하게 증가했다고는 말할 수 없다.

산업사회는 노동시간을 감소시키면서 생산성의 증가를 가져왔다. 또한 급여생활자는 수입이 많아졌고, 따라서 더 나은 생활을 하고 있다. 1949년 이후 현재까지 프랑스의 경제 활동 인구의 노동시간을 보면 연간 평균 465시간 정도 덜 일하고 있는데, 이것은 주당 9시간이 감소한 것이다. 일하는 사람들 대다수는 이러한 시간의 자유가 사회 발전의 중심이라고 여기고 있다.

경제활동에 참여하는 사람들의 노동 시간이 줄어듦에 따라 휴가 일수, 즉 바캉스 시간이 점점 더 늘어나고 있다. 프랑스의 유급 휴가는 1936년에 시작되었지만 실제로 휴가가 증가한 것은 1960년부터이다. 1956년 3월, 1969년 5월 그리고 1982년 1월, 이 날짜를 대부분의 급여생활자들이 기억하고 있지는 않지만 매우 중요한 날짜이다. 이 날짜는 프랑스에서 각각 3주, 4주 그리고 5주의 유급휴가가 만들어진 날짜이기 때문이다. 1964년에 43.6%의 프랑스인이 1년에 한 번 이상 바캉스를 떠났고 2004년에는 60%가 바캉스를 떠난 것으로 집계되었다. 이러한 개인 생활의 자유화는 사회를 변형시켰고 또한 관광 산업의 발전을 가져왔다.

그러나 2007년은 프랑스 노동자들에게 새로운 전환점이 된 해이다. 왜냐하면 사르코지 대통령이 이전의 모든 대통령과는 근본적으로 다른 프로젝트를 발표했기 때문이다. 사르코지 대통령은 <더 벌기 위해서 더 많이 일하라>는 슬로건을 내걸었다. 이 슬로건은 2009년의 경제위기와 더불어 점점 더 힘을 얻기 시작했다. 경제위기가 가져온 노동에 대한 관념의 변화가 여가에 대한 관념을 근본적으로 바꾸지는 않았지만 시간 활용 차원에 있어, 첫 번째에서 두 번째로 밀려나게 되었다.

그러나 모든 프랑스인이 여가 생활을 누리고 있는 것은 아니다. 몇몇 완고한 사람들은 텔레비전 프로그램의 유명 사회자 장 피에르 푸코가 누군지 모르고 유명 락 그룹인 슈퍼버스가 누군지 모른다. 그리고 많은 사람

프랑스 TV의 유명 사회자 장 피에르 푸코 1947년생인 장 피에르 푸코(Jean Pierre Foucault)는 프랑스 남부의 마르세유에서 태어났다. 프랑스 최고의 라디오와 텔레비전 프로그램의 진행자인 그는 레지옹 도뇌르, 즉 프랑스 정부의 훈장을 수여하기도 했다. 푸코가 진행한 대표적인 프로그램은 프랑스의 대표적인 상업방송인 TF1을 통해 방영되는 <누가 백만불을 원하는가? (Qui veut gagner des millions?)>이며 1995년부터 매년 미스프랑스 선발대회의 사회를 맡고 있다.

들이 여가를 만끽할 정도로 충분한 수입을 올리지 못하고 있다. 바캉스를 떠나지 않는 프랑스 사람들의 37%는 금전 문제, 19%는 자신의 선택 그리고 15%는 건강 문제 때문이며 10%는 직업적인 이유로 떠나지 못하는 것으로 나타났다. 결국 자신의 수입을 포기하면서 더 많은 여가시간을 사용하려는 사고는 경제적으로 부유한 사람들에게만 국한된 유토피아인 것이다.[22] 많은 파트타임 급여생활자는 돈을 더 벌기 위해 추가적으로 일을 하는데 이들은 법정 노동 시간인 주당 35시간에 비해 훨씬 더 많이 일을 한다. 일부 간부직도 법정 노동 시간 이상을 일하는데 이들은 자신의 자유 시간을 노동을 위해 활용한다. 새로운 커뮤니케이션 수단(특히 PC, 핸드폰, 인터넷)의 발전은 이러한 행동방식, 즉 노동시간과 자유시간의 혼합에 기여하고 있다.

결국 여가생활에는 몇 가지 장벽이 존재하는데, 첫 번째 장벽은 재정문제이다. 승마나 스키 혹은 수상 스포츠는 돈이 많이 들어가는 여가활동이다. 한편 인구의 10% 미만이 겨울 스포츠를 떠나지만 스키장은 항상 만원이다. 이것은 부유층들이 경제위기를 실제로 느끼지 못하고 있기 때문이다. 두 번째 장벽은 상징성이다. 어떤 여가활동을 하기 위해서는 그 가족의 역사 안에서 이루어진 문화 코드가 습득되어야 한다. 예를 들어 오페라

---

22 Daniel Mothé, *L'Utopie du temps libre*, Esprit, Paris, 1997.

공연은 대중 가수의 콘서트보다 더 비싸고 많은 사람들이 이해하지 못하는 어려운 장르이다.

여가에 대한 최근의 자료들은 많은 변화를 보여준다. 바캉스의 형태에 대한 격차가 서서히 줄어들고 있는 반면 사회 부류 안에서 바캉스 활용에 대한 불평등은 더욱 증가하고 있다. 대부분의 상위 간부직이 휴가를 떠나는데 반해 노동자 중 바캉스를 떠나는 비율은 반이 안 된다. 수공업자, 상인 및 농부도 마찬가지이다.

한편 경제발전을 통해 이루어진 부유함은 프랑스 사람들에게 더욱 다양한 사회활동을 할 수 있는 환경을 만들어주었다. 이러한 사회활동의 증가로 사람들은 시간이 점점 더 부족하다고 느끼는데, 이것은 더 많은 활동을 원하기 때문이다. 이러한 여가시간 활용의 증가는 주로 성인에게 나타나고 있지만 학교 이외에 사회활동이 많아진 일부 젊은 세대들에게서도 나타난다.

능력과 경쟁이 특징인 현대 사회에서 여가 활동은 노동보다 더 품위 있는 것으로 여겨진다. 고도의 리듬을 통해 세밀한 스케줄에 따라 움직여지는 것, 즉 인간은 노동과 여가의 스케줄에 따라 세밀하게 움직인다. 폴 요네(Paul Yonnet)는 라디오나 텔레비전과 같은 대중 매체가 조건 짓고 조정하는 이 사회의 위험성을 <자유로운 시간은 자유시간이 아니다>라고 비판한다.[23] 특히 불안정한 상태에 있는 경제활동 여성과 젊은 학생에게 주로 나타나고 있는 이러한 경향은 엘리트에게도 예외는 아니다.

---

[23] Paul Yonnet, *Travail, loisir: Temps libre et lien social*, Gaillard, 1999.

5. 문화생활의 서열화?

문화시설의 이용이 증가하고 있다. 문화생활이 보편화되고 있다는 것이다. 국립 박물관의 출입자 수를 보면 1995년에서 2007년 사이에 1270만 명에서 2500만 명으로 증가했다. 이 기간에 파리의 민영 연극 극장의 유료 관객 수는 240만 명에서 330만 명으로 증가했고 공연 횟수도 11,800회에서 16,700회로 증가했다. 또한 극장의 영화 티켓 판매 수는 1억3000만에서 1억 7700으로 증가했다.

이것은 학력과 생활의 수준이 높아졌고 노동 시간이 감소했기 때문이다. 한편 이러한 요인들은 문화생활의 대중화에 공헌하고 있다. 텔레비전 시청, 비디오 게임 그리고 인터넷의 증가는 전통적인 문화생활에 피해를 주지 않는다. 2002년 이후 음반 판매사를 파산하게 만든 뉴 테크놀로지는 음악의 환경을 바꿔놓았지만 음악 청취를 줄어들게 한 것은 아니다. 결국 음악, 영화, 전시 등의 문화 생산물 산업이 발전하는 것은 커뮤니케이션 수단과 확장된 상업 네트워크(특수 상점, 대형 슈퍼마켓에서의 판매, 인터넷 사이트 등)를 바탕으로 이루어진다.

2005년 조사에 의하면 10명 중 한 명 이하의 프랑스인이 1년에 1번 연극극장에 가는 것으로 나타났다. 1960년에서 1990년 사이에 증가한 독서는 침체되었거나 혹은 줄어들었다. 또한 1973년에서 2003년 사이에 책을 1년에 20권 이상을 읽은 인구가 29%에서 19%로 감소했다. 프랑스인들의 연평균 독서량은 17권이지만 인구의 30%는 책을 읽지 않는다. 프랑스인들은 요리책, 집수리 안내책자 혹은 여행 안내서를 선호하는 반면 고전 소설은 덜 읽고 있으며 클래식 음악보다는 대중음악을 세 배 더 많이 듣는 것으로 나타나고 있다. 결국 책이나 음악은 인터넷 등의 네트워크를 통한 대중적인 장르가 더 많이 소비되고 있음을 알 수 있다.

한편 이러한 문화생활은 부류에 따라 매우 다르게 나타난다. 종종 중류층의 문화생활이 상위 간부직에게 영향을 미쳐 전체적으로 문화생활의 폭이 증가・확장되었다. 그러나 이 부류, 즉 상류층의 문화생활은 대중계층과 비슷하게 나타나지 않는다. 이런 현상을 사회학자 클로드 그리뇽(Claude Grignon)과 장 클로드 파스롱(Jean-Claude Passeron)은 "선택주의[24]가 문화생활을 서열화하는 가장 긍정적인 요인이다"라고 표현한다.[25] 노동자들의 <지적> 문화생활은 다른 계층의 사람들과 구별된 다. 다시 말해서 2005년도에 평균적으로 프랑스인 16%가 연극 극장에 갔으나 노동자 중 6%만이 연극 극장에 갔고, 박물관을 방문한 비율도 프랑스인 평균이 39%인 것에 비해 노동자는 25%만 방문한 것으로 나타나고 있다.

그러나 사회 계층의 차이가 이러한 문화생활의 차이의 유일한 기준은 아니다. 박물관과 유적지에서의 무료 입장이 관객 증대의 커다란 요인이 되었듯이 재정적인 기준도 무시할 수는 없다. 프랑스 문화부에 따르면 박물관 입장은 상대적으로 문화생활과 거리가 있는 학생과 대중 계층을 동원해서 50%가 증가한 것이고 이와 함께 지리적인 기준도 중요한 역할을 하고 있다고 한다. 즉, 근처에 박물관이나 극장이 없을 때 자주 갈 수 없는 것이다. 90%의 농부가 연극을 보러 가지 않는 것은 노동에 투자한 시간이 도시인에 비해 더 많기 때문이다. 또한 문화 공급이 집중되고 있는 도심에서 멀리 떨어져 있다는 것도 문화생활의장애 요인이 된다.

문화생활의 격차는 영화와 음악을 선호하는 젊은 세대와 박물관에 가

---

[24] 지극히 개인적인 성향을 말한다.

[25] Claude Grignon & Jean-Claude Passeron, "*Le Savant et le Populaire*", Misérabilisme et populisme en sociologie et en littérature, Gallimard/Seuil, Paris, 1989.

는 것과 책을 읽는 것을 선호하는 나이 든 세대 사이에서도 나타난다. 2005년에 15~24세의 40%가 영화관에 6회 이상 출입했고 40~59세는 17%, 60세 이상은 7%인 것으로 나타났다. 이처럼 어떤 연령대에서는 문화로서 활용되지만 다른 연령대에서는 사회 네트워킹의 역할을 하는 도구로서 이용된다.

반면 성별에 따른 문화생활의 차이는 매우 적은 편이다. 단지 독서와 연극 관람에서만 큰 격차를 보인다. 2005년에 여성의 3분의 2가 적어도 한 권 이상의 책을 읽었고, 18%가 연극을 보러간 것으로 나타났는데, 남성의 14%와 비교했을 때 다소간의 차이가 있다. 문학작품의 독서는 어린 시절부터 남녀간에 차이를 보인다. 다시 말해서 학교 교육에서부터 여학생과 남학생 사이에 차이가 발생한다. 이것은 여학생이 남학생에 비해 부모에 의해 더 보호와 감시를 받고 더 정적이고 학교의 요구에 더 잘 순응하는 것으로 이해할 수 있다.

또한 음악 청취와 같은 몇몇의 문화생활은 일반적으로 남녀 및 계층별 구별이 덜하다. 42%의 노동자와 간부직의 46%가 매일 음악을 듣고 있고 단지 농업에 종사하는 사람들만이 평균적인 문화생활과 차이를 보인다. 그러나 듣는 음악의 내용을 자세히 살펴보면 차이가 난다. 다시 말해서, 많은 사람들은 프랑스 대중음악이나 외국의 대중음악을 듣고 있지만 38%의 간부직이 가장 많이 듣는 음악은 클래식이다. 반면 노동자는 8%만이 클래식 음악을 선호하는 것으로 나타난다.

그러나 문화생활의 공인된 전형은 존재하지 않는다. 인간 공동체를 고유하게 만드는 모든 생활은 문화적이다. 즉 설거지를 하고 세탁물을 정리하거나 세차하는 것 등도 문화적인 행동이다. 그러나 종종 문화를 <지적(知的)> 활동과 관련된 것, 즉 예술이나 이에 대한 실천만을 지시한다. 그러나 여기에 문화 시설에 대한 출입, 수집가의 활동, 독서, 가정에서의 시청각

행위(텔레비전 포함) 그리고 외출 등도 첨가시켜야 할 것이다.

이러한 문화생활을 서열화할 수 있을까? 노동자들은 오페라에 간부직보다 덜 간다. 이는 <차이>일까 아니면 <불평등>일까?[26]

문화 실천과 사회계층 (2005년 기준, 단위 : %)

최근 12개월간 1회 이상	독서	영화	박물관이나 전시회	연극	콘서트, 공연
농업	31	33	34	11	33
독립활동	49	42	40	20	28
간부 및 자유직	83	76	66	36	50
중산층	70	68	52	25	46
피고용인	63	51	38	12	29
노동자	32	35	25	6	22
총계	58	47	39	16	31

출처 : INSEE

26 클로드 그리뇽(Claude Grignon)과 장 클로드 파스롱(Jean-Claude Passeron)은 위의 두 경향을 분리한다. 이를 차이라고 하는 것을 <지배주의>라고 한다. 이는 사회적으로 서열화된 문화들 사이의 지배 관계 형태로 설명된다. 즉 상위의 사회계층 지배에 대한 하위 산물로서 여겨진 대중 문화에 대한 <사회적 참상 묘사주의> 형태로 보여지는 것이다.

반대로 불평등이라고 말하는 것은 <상대주의>로서, 모든 실천을 동등한 것으로 유도한다. 이는 <포퓰리즘> 형태로 유발하는 문화생활의 서열화를 나타내는 사회그룹들 사이의 지배 관계를 부정한다.

4. 지배 가치와 사회 연대의 변화

가족이나 교육의 변화와 마찬가지로 공동 참여 형태의 변화도 중요한 사회변화 중 하나이다. 예전과 달리 선거의 역할이 많이 줄어들고 있는 것에서도 알 수 있듯이 정치 생활의 의미도 상당히 줄어들었다. 노조와 정당의 인원이 줄어들고 있는 반면 동호회에 가입하는 사람들의 수가 늘고 있어 사회 연대의 방향이 이와 같은 비종교적 단체를 중심으로 하는 공동 단체의 형태로 교체되고 있다.

1. 여론을 만드는 설문조사

프랑스에 설문조사가 도입된 것은 1938년 '프랑스 공공여론연구소(Institut français d'opinion publique, IFOP)'를 창설한 장 스토젤(Jean Stoezel)에 의해서이다. 이렇게 탄생한 설문조사는 1965년 대통령 선거 당시 <정치적 논쟁의 장>이라는 명성을 얻었고 좌파 대통령 후보인 프랑수아 미테랑은 설문조사를 이용해 드골 장군의 대통령 1차 투표 통과를 불가능하게 만들었다. 설문조사는 시간이 지나면서 기술적으로 점점 더 발전하고 있다. 대부분의 사회는 인구의 표본 장치와 점점 더 복잡한 기술적인 방법으로 다양하게 발전된 설문조사를 하고 있다.

그러나 설문조사는 여러 형태의 문제점을 발생시키고 있다. 무엇보다 설문조사는 모든 여론을 가치가 있는 것으로 만든다. 그러나 질문에 대한 모든 응답자의 의견이 여론 생산의 능력을 갖고 있는 것은 아니다. 또한 질문에 대한 응답 능력과 이해 방법은 사회 문제에 대한 이해, 개인의 상황, 정보의 수준 등에 따라 다양하게 달라질 수 있다. 이에 대해 프랑스 사회학자 피에르 부르디외(Pierre Bourdieu)는 설문조사자가 "개인의 의견을 수용하면서 <공공의 여론>이라는 인위적인 공통의 것을 만들어낸다"고 분석한다. 부르디외에 의하면 "여론이란 설문조사를 만드는 사람들이나, 그 결과를 사용하는 사람들에 의해 허용된 수용 범위 안에서 만들어진 것으로서 공공의 여론이란 존재하지 않는다"는 것이다.[27]

미디어를 통해 과다할 정도로 결과를 노출하고 있는 대부분의 여론 조사는 유용성이 매우 약하다는 비판을 받기도 한다. 선거 수개월 전에 미리 행해지는 대선 후보자의 지지율에 대한 설문조사는 텔레비전의 메인 뉴스 및 여러 매체를 통해 발표되는데, 이것은 후보자들을 홍보하는 광고의 효과로 더욱 많이 사용된다. 그렇기 때문에 언론 윤리에 대한 문제가 제기되기도 한다.

그럼에도 불구하고 설문조사는 사회를 이해하기 위한 필수불가결한 방법 중 하나로 남아있다. 프랑스 경제통계청 INSEE에서 제시하는 통계조사는 방대한 표본을 통해 시행되고 있고 여러 부류에 대한 행동을 이해할 수 있도록 한다. 결국 여론 설문조사는 시민의 인식을 이해하기 위한 유일한 방법인 것도 사실이다.

---

[27] Pierre Bourdieu, "L'opinion publique n'existe pas", *Question de sociologie*, Minuit, Paris, 1984.

더 광범위한 표본을 통해 예전의 전통적인 설문조사의 질문보다 더 깊이 있는 여론 조사를 만드는 것이 가능하게 되었다. 대표적인 예로 1981년, 1990년 그리고 1999년에 시행되었던 '아르발 설문조사'가 있다. 이외에도 두 개의 설문조사가 여론의 중심적인 맥을 알기 위해 정기적으로 이루어지고 있는데, 하나는 1978년 말 이후에 크레독(Crédoc)[28]이 진행하는 '프랑스인의 삶과 열망에 대한 조건(Condition de vie et aspiration des Français)'이며 다른 하나는 최근의 연구, 평가 및 통계부처(Drees)에서 실시하는 '건강, 사회보장, 불안정, 가족 및 연대감의 관점에서 본 프랑스인의 여론에 대한 지표(*Suivi barométrique de l'opinion des Français à l'égard de la santé, de la protection sociale, de la précarité, de la famille et de la solidarité*)' 조사이다.

2. 자유와 평등에 대한 요구

가치는 어떻게 형성되는가?

설문조사는 한 사람의 생각이 다른 사람에게 영향을 주어 사회의 중요한 가치를 만들 수 있다. 가치는 주어진 상황(가족, 사회, 정치, 경제 등) 안에서 확립된다. 최근 교회의 영향이 최소화되는 것은 풍습이라는 영역 안에서 자유주의가 증가한 것으로 설명된다. 도시화, 여성 급여근로자의 생활 변화, 소비생활 등의 모든 사회적 변화는 사회 기능 안에서 작용하고

---

[28] 삶의 조건에 대한 연구 및 관찰을 위한 연구센터(Centre de recherche pour l'étude et l'observation des conditions de vie).

있는 가치의 변화를 만들어낸다.

이러한 근본적인 변화는 정치, 경제 및 사회의 역사 안에서 이루어지고 있다. 알제리 전쟁과 같은 외부적 갈등과 68혁명은 물론 파업과 같은 내부적 갈등은 가장 왕성한 활동을 하는 세대들의 가치를 형성시키고 있다. 또한 에이즈와 같은 비극적인 사건을 만들어 내기도 했지만 동성애자에 대한 프랑스 사회의 관용도 프랑스인의 가치에서 만들어진 것이다.

경제에만 국한되지 않은 넓은 의미에서의 자유주의 전파

경제위기는 강력한 정부의 개입을 특징으로 하는 통제경제라고 하는 프랑스식 경제구조에도 변화를 가져왔다. 이와 함께 개인의 자유주의도 계속해서 발전하고 있다. 여론은 과거에 반대했던 것에 대해 점점 더 관용을 보인다. '아르발 설문조사'에 따르면 <동성애를 전혀 인정할 수 없다>고 생각하는 사람의 비율이 1981년에 49%에서 2008년에 19%로 감소했다. 한편 2007년의 연구 · 평가 및 통계부처(Drees)의 설문조사에 의하면 78%의 사람이 동성애를 자신과 같은 세계의 사람으로 생각하고 있는데, 이는 2001년에 비해 10% 증가한 것이다. 그리고 사형제도는 대부분의 프랑스인이 반대하고 있다.

한편 남성과 여성의 관계는 서서히 발전하고 있고 <동등>이라는 방향으로 가고 있다. '크레독(Crédoc)의 설문조사'에 의하면 프랑스인의 5분의 1은 <어린 자녀가 있는 여성은 절대로 일을 해서는 안 된다>고 생각하고 있는데 이 수치는 1980년에는 두 배 정도 더 많았다. 또한 결혼이 남녀간의 단순한 동의에 의해 파기될 수 있는 결합이라고 생각하는 사람의 비율이 점점 증가하고 있다.

규칙의 요구

개인은 자신을 위해 공동의 규정과 규칙을 확립할 것을 강력하게 요구하고 있다. 아르발 설문조사에 의하면 우선적으로 권위를 존중하는 것이 좋다고 생각하는 사람의 비율이 1981년과 2008년에 각각 60%에서 72%로 증가했다. 또한 군대에 대한 신뢰 수준은 58%에서 72%로 증가했고, 경찰에 대한 신뢰는 66%에서 73%로 증가했다. 법원의 판결이 너무 관대하다고 생각하는 프랑스인은 1980년 4월에 29%에서 2002년 1월에 72%로 증가했다(시장조사업체 Sofres의 조사에 의하면).

그러나 이러한 경향이 프랑스 사회에서 관용이 줄어들었다는 것을 의미하는 것은 아니다. 아르발 설문조사에 의하면, 부모들이 자녀에게 용기를 북돋아 주는 것으로 <관용과 타인의 존중>이라고 생각하는 사람이 1980년에서 2008년 사이에 59%에서 85%로 증가했고, <관대함>이라고 생각하는 사람도 22%에서 39%로 증가했다.

그러나 경제 분야에서 시장에 대한 지지가 절대적인 것은 아니다. 1990년에서 2008년 사이에 시장의 경쟁이 좋을 것이라고 생각하는 사람의 비율은 60%에서 40%로 줄어들었기 때문이다(아르발 설문조사). 한편 "세금 인하에 대하여 호의적입니까?"에 대한 질문에 대부분이 "그렇다"라고 대답했는데, 이는 세금 인하가 구매 능력의 증가와 동의어이기 때문이다.

2007년 설문조사에서 69%의 응답자는 <프랑스 사회가 불공정하다>라고 생각하고 있고 <공정하다>고 생각하는 사람은 28%였다. 프랑스인의 4분의 3 이상은 최근 5년간 불평등이 증가했다고 생각하고 있다. 이처럼 프랑스 여론은 국민들이 프랑스 사회가 변화해야 한다는 생각을 하고 있다는 것을 여실히 보여주었다. 2007년 연구 · 평가 및 통계 부처 'Drees의 설문조사'에 의하면 프랑스인의 19%는 사회를 근본적으로 변화시켜야 한다고 생각하고 있고, 72%는 기본적인 것은 보존하면서 몇 가지는 개혁해야 한다고 생각하고 있다.

그러나 시장 경제를 수용하는 것이 공권력의 중재를 포기하는 것을 의미하는 것은 아니다. Drees의 설문조사가 보여주는 것처럼 52%의 프랑스인은 <경제 및 사회 분야에서 정부가 충분히 중재하지 않는다>고 생각하고 있고, 27%는 <필요한 만큼 중재하고 있다>고 생각하고 있으며 17%는 <과도하게 중재하고 있다>고 생각하고 있다. 또한 프랑스인은 지역자치단체가 상황을 개선시킬 수 있는 자금을 보유하고 있다고 여기고 있다. 따라서 39%는 <공권력>이 가난과 소외의 문제를 확실하게 해결할 수 있다고 생각하고 38%는 기본적인 구조를 개선할 수 있다고 생각한다.

3. 어떤 종교, 어떤 신앙생활?

2005년에 인구 통계 연구소인 INED와 프랑스 경제통계청인 INSEE가 공동으로 실시한 종교에 관한 설문조사에 의하면 18세에서 79세 사이의 인구 4,370만 명 중 80%가 가톨릭이라고 선언하였고 있고 5%는 이슬람(200만), 2%는 프로테스탄트(90만) 그리고 기타 종교 및 종교가 없다고 말한 사람은 11%였다.[29] 또한 프랑스 공공여론연구소(IFOP)가 실시한 "당신은 어떤 종교에 가장 가깝다고 생각하십니까?"라는 질문에 3분의 2는 가톨릭, 4%는 이슬람, 2%는 프로테스탄트와 기타 종교라고 대답했다. 또한 4분의 1은 종교가 없다고 대답했다. 그리고 2008년 아르발 설문

---

29 Arnaud Reigner-Loilier & France Prioux, "La pratique religieuse influence-t-elle les comportements familiaux?", *Population et Sociétés*, n°447, INED, 2008년 7~8월.

조사 당시, 인구의 53%가 신앙이 있고, 36%는 신앙은 없지만 신이 중요하다고 생각하고, 24%는 신이 존재하지 않는다고 대답했다.

한편 신앙심의 정도는 종교, 성별 혹은 연령에 따라 달라진다. INED의 설문조사에 의하면 18~24세의 3분의 1은 어떤 종교에도 소속되지 않았고 반대로 65~79세의 사람들 중 소속된 종교가 없다고 대답한 사람은 5%로 적게 나타났다. 그리고 가톨릭이 종교인 남성의 80%와 여성의 70%는 종교 행사에 전혀 참석하지 않고 있다. 또한 이슬람인들 중 여성의 약 80%가 사원에 전혀 가지 않고 50%를 약간 넘는 남성도 사원에 전혀 가지 않는다.

이렇듯 여러 설문조사를 통해 알 수 있는 것은 프랑스 사회 에서 종교가 자신의 영역을 잃어가고 있다는 것이다. 신앙을 갖고 있다는 사람의 비율은 1981년에서 2008년 사이에 62%에서 53%로 감소했는데, 특히 가톨릭이 가장 많이 감소했다. 세례를 받은 사람의 수는 1990년과 2006년 사이에 472,000명에서 344,000명으로 감소했고 같은 시기에 가톨릭교도들 사이의 결혼은 147,000명에서 89,000명으로 감소했다.[30]

'프랑스 공공여론연구소(IFOP)'는 가톨릭의 정체성 감소의 시기를 1970년대 초로 규정하고 있다. 이 연구소에 따르면 매일 기도하는 이슬람교도의 비율은 1989년 이후 40% 정도라고 한다. 금요일에 사원에 가는 사람의 비율은 16%에서 23%로 증가했는데, 이것은 젊은 세대의 증가에서 비롯된 것이다. 이렇듯 프랑스에는 이슬람주의자가 증가하고 있음을 알 수 있다.

한편 종교 규범이 실생활에 미치는 영향력은 점점 줄어들고 있다.

---

30 프랑스 교회 통계 연보, Conférence des évêques de France (www.eglise.catholique.fr).

INED에 따르면 종교를 갖고 있지만 종교생활을 하지 않는 사람의 90%는 미혼이다. 이는 과거에 종교가 했던 역할을 미디어와 같은 새로운 매체들이 대체하고 있기 때문이다.

4. 프랑스인의 정치 생활

투표 참여

프랑스 선거일 저녁 뉴스에 가장 많이 등장하는 기삿거리는 투표율이 감소했다는 것이다. 이것이 이제는 프랑스 뉴스의 전형적인 기사 거리가 되었다. 1960년대와 1970년대 사이에 대통령 1차 투표와 국회의원 선거의 기권율이 20% 이하였던 것이 2002년 대통령 1차 투표 당시에는 28%였고, 이어 실시된 국회의원 선거에서는 35%였다. 또한 2009년 유럽의회 선거 당시의 기권율은 국내 선거에서 전혀 보지 못했던 59.4%로 높았다.

많은 선진국에서 일어나고 있는 이러한 현상이 정치에 대한 기본적인 틀이 변했기 때문이라고 할 수는 없다. 1962년에 국회의원 선거에서 기권율은 30%를 넘었다. 당시 투표를 안 한 사람의 비율이 갑작스럽게 10% 증가했고 이후 지속되었다. 80%의 참여율을 보인 2002년 대통령 선거 2차 투표 그리고 1차 투표와 2차 투표의 참여율이 각각 83.4%와 84%였던 2007년 대통령 선거는 강한 민주주의적 역할을 필요로 할 때 사람들이 움직인다는 것을 보여준다. 2007년 대통령 선거의 투표율은 제5공화국에서의 투표율 중 1974년, 1965년과 함께 가장 높은 것 중 하나였다. 그러나 이러한 상황이 계속 지속된 것은 아니었다. 왜냐하면 한 달 후에 치러진 국회의원 선거의 투표율은 제 5공화국에서 유례없이 저조하게 떨어졌기 때문이다.

2007년에 바깔로레아 + 2년의 상위 학력을 갖고 있는 사람들 중 9%만이 투표를 하지 않았고 이와 반대로 저학력자의 19%가 투표를 하지 않았다. 그리고 간부직의 10%가 투표를 하지 않았고 노동자나 피고용자는 이에 비해 두 배가 넘는 것으로 나타났다. 연령별로 보면 50세 이상의 사람들 중 12%가 투표를 하지 않았으며 18~24세에서는 20%가 투표를 하지 않았다. 국회의원 선거에는 젊은 세대 두 명 중 한 명이 투표를 하지 않았으며 60대 중에는 투표하지 않은 비율이 5분의 1 이하였다.[31]

일부 시민들은 "대형 정당의 프로그램이 이전과 다르지 않기 때문에 투표를 하지 않는 것"이라고 말한다. 이를 통해 프랑스인들은 근본적인 변화를 원하지 않거나 현실적으로 중요하다고 생각하는 것의 순위를 변경하는 것을 싫어한다는 것을 알 수 있다. 또한 민주주의 안에서 좌파와 우파 사이의 거리가 감소했다는 것도 알 수 있다.

2006년 3월에 '시장조사업체 Sofres'가 실시한 "정치인은 사람들이 생각하는 것에 대해 노력하고 있는가?"라는 설문조사에 70%가 "조금 혹은 실제로는 없다"라고 대답했는데, 이것은 1970년대 말의 40%와 비교하면 상당한 차이이다. 2006년 4월에 '정치전문대학 정책연구센터 Cevipof (Centre de recherche politiques de Science Po)'가 시행한 <프랑스 정치적 지표>에 관한 설문조사에 의하면 70%의 간부직과 34%의 노동자, 33%의 피고용인이 정치에 관심 있다고 대답했다.

프랑스의 대통령 선거제도 프랑스의 대통령은 국민 직접·보통선거에 의해 선출되며 1차 투표에서 과반수를 넘는 절대다수 득표자가 없는 경우, 1차 투표에서의 상위 득표자 2명 중 2주 후 일요일에 결선 투표에서 다수 득표자가 대통령으로 당선된다. 대통령의 취임, 유고 및 사망 시 상원의장이 승계한다.

---

31 Stéphane Jugnot, "La participation électorale en 2007", *INSEE Première*, n°1169, 2007년 12월.

한편 프랑스의 국회의원을 포함한 선거 당선자들의 출신은 다양하지 않다. 2007년에 당선된 국회의원 중에는 급여를 받는 피고용인이 단 한 명이었고 노동자는 단 한 명도 포함되지 않았다.[32]

누가 누구에게 투표하는가?

2008년 4월 22일 저녁, 니콜라 사르코지 대통령은 "나는 더 이상 말하지 않는 사람들, 노동자, 근로자, 피고용자, 수공업자, 농부 그리고 많은 것을 주지만 아무 것도 받지 않는 프랑스, 짜증나고 고통 받는 프랑스, 어려운 상황에 있는 방리유, 쇠퇴하는 산업지구, 버려진 농촌 지역의 프랑스에게 말하고 싶습니다"라고 발표했다. 이 발표는 2007년 선거에서 극명하게 보여줬던 정부의 우경화를 확인하게 했다.

1981년에 66%였던 대통령 1차 투표에서의 좌파와 녹색당의 노동자 표는 2007년에 36%로 감소했다. 결국 노동자의 표는 이제 무조건적으로 좌파에게만 몰리지는 않는다. 이에 대해 정치전문대학 정책연구센터 Cevipof의 플로랑 구구(Florent Gougou)는 "좌파 정당에게 투표하기 위해서는 노동자란 직업을 갖고 있는 것만으로는 충분하지 않다"라고 언급하고 있다.[33] 2007년 대통령 선거의 1차 투표에서 우파 후보인 니콜라 사르코지는 노동자에게서 좌파 후보인 세골렌 루아얄과 동일한 표를 획득했고(각각 26%와 25%) 피고용인에게서는 상당한 표차를 보였다(32%와 24%). 중요한 것은 피고용인과 노동자가 유권자의 반 이상을 차지한다는

---

32 Dominique Andlofatto, "Les députés de 2007 : miroir déformé ou microcosme?", *Revue politique et parlementaire*, n°1044, 2007년 7월~9월.

33 Florent Gougou, "L'éclatement du vote populaire", *in Pascal Perrineau, Atlas électoral 2007. Qui vote qui, où, comment?*, Presses de Sciences-Po, Paris, 2007.

것이다.

니콜라 사르코지 후보가 행정과 서비스 분야의 피고용인을 통해 승리를 구축하고 있는 동안 세골렌 루아얄 후보는 상업 분야의 비고용인(주로 여성들)에게서 득표를 했다. 또한 2차 투표에서는 사회 부류와 학력이 중요한 역할을 했다. 좌파 후보자의 투표는 학력 수준이 높을수록 유리했고, 반면 우파는 학력이 낮은 계층에게서 확실한 승리를 거두었다. 한편 고등학교 졸업 이하의 학력을 가진 사람들이 투표자의 70% 이상을 차지했고 바깔로레아 + 2년 이상은 12%였다.

프랑스의 대표적인 우파 정당인 '위엠뻬(UMP)'[34]는 유럽의 보수주의 정당이나 옛 골족의 모델로서 대중 정당을 표방하고 있다. 그러나 대중 부류의 참여는 약하다.[35] 대중의 지지도가 높기는 하지만 이 정당의 정책 실현단계에서의 대중의 참여도는 높지 않다. 반면 대표적인 좌파 정당인 '뻬에스(PS)'[36]의 경우 이와는 반대의 현상이 나타났다.

2007년 선거에 대한 설문조사에 의하면 세대별로 극심한 분열을 보여주었다. 정치전문대학 정책연구센터 Cevipof에 의하면 50세 이상의 사람 40%가 2차 투표에서 세골렌 루아얄 후보를 지지한 반면 60%는 반대의 입장인 라이벌이 되었다. 그렇기 때문에 이 여성 후보는 65세 이상에서 33%만 득표했다. 반면 18~24세에서 많은 표를 얻었지만 이 젊은 세대들은 전체 투표자의 15%에 불과했다.

그렇다면 사회의 우경화를 만드는 것이 연령인가 혹은 학력인가? 2007

---

[34] Union pour un mouvement populaire의 약자로서 사르코지 대통령이 소속된 집권당이며 한국어로는 '대중운동연합'으로 해석할 수 있다.

[35] Emmanuel Rivière, "Majorité présidentielle : le fragile ralliement des catégories populaires", *in Sofres, l'Etat de l'opinion 2008*, Seuil, Paris, 2008.

[36] PS는 Parti socialiste의 약자로서 '사회당'으로 해석할 수 있다.

년 사회당 소속 여성 후보인 세골렌 루아얄의 2차 투표와 1995년 사회당 남성 후보인 리오넬 죠스팽 후보의 2차 투표를 비교해보면, 나이 든 사람들의 여성후보 루아얄에 대한 지지가 현저히 줄어들었음을 알 수 있다. 피상적이지만 이를 통해 프랑스의 나이든 사람들이 여성에게 대통령 궁의 열쇠를 맡기기 어려워한다는 것을 알 수 있다.

미디어와 정치, 밀접한 관계

누가 투표하게 만드는가? 대중은 정치 정당의 공약을 읽고 후보자와의 만남과 연설에 참여한다. 그러나 피선거자가 정당의 정책 제안에 직접 참여하는 일은 매우 드물다. 유권자는 미디어가 보내는 정보를 통해 판단한다. 종종 정책과 입안에 대한 토론이 정치인의 개인적인 논쟁에 밀려 부차적인 것이 되기도 한다. 또 정책 제안과 공약은 희화화되고 설문조사에 의해 선거가 결정되는 모습을 보이기도 한다. 정치 판단의 기준을 제공하는 기자들은 정치 전문가이기는 하지만 그들에게는 단지 기삿거리일 뿐이다. 결국 언론은 피선거자와 정당 사이의 간격을 만들어낸다는 비판을 받고 있다.

미디어는 선거에 얼마나 영향을 주고 있을까? 미디어는 특정 집단의 가치를 방어하기 위해 움직이고 있을까? 1846년의 마르크스와 엥겔스의 『독일 철학』에서 오래된 논쟁인 <사회 지배 계급은 지배 정신의 권력을 갖고 있는가?>라는 주제에서 이들은 <계급>이 사물을 일반화시킬 수 있는 지적 생산물의 수단을 보유하고 있다고 설명한다. 광고주로서 대형 민영 기업이 메시지를 결정한다는 사실이 이를 입증하고 있다. 좀 더 자세히 들여다보면 기자들, 관련 사회 계층, 정치 · 경제적 권력 엘리트들의 관계가 이들 대형 민영 기업의 이미지에 영향을 미치고 있다. 흔히 이는 직접적인 방법이 아니라 공동 여론이라는 형태를 통해서 이루어진다. 결국 비평가들이 공유하고 있는 생각, 예를 들면 치안이나 감세의 필요성, 주당 35시간의 노동시간에 대한 부정적인 양상 등, 판단을 요하는 주제들이 사회 전체 안에 순환하게 된다. 이것은 비판적 사고를 기초로 한다기보다는 이해를 고려한 관계(권력과의 관계에 따라 영향을 미치는)가 더 큰 영향을 미친 것이라 볼 수 있다.

따라서 텔레비전이 민주주의를 연출한다는 표현이 생겨났다. 프랑스 텔레비전이 정치 세계로 입문한 것은 1965년의 대통령 선거였다. 텔레비전은 탈락의 위기에 있던 드골 장군을 구원했다. 이후 미디어 권력에 의한 통제를 비판했던 프랑수아 미테랑은 미디어를 잘 활용한 대가 중 한 사람이 되었다.

텔레비전은 1978년 이후 선거에서 중심적인 역할을 하게 되었다. 텔레비전은 토론을 조직하고 질문의 내용을 결정한다. 그리고 여러 후보자들의 이미지를 만든다.[37] 이렇게 전달된 메시지는 시청자의 정치적 성향에 따라 매우 다양하게 인지된다. 1981년의 좌파의 승리, FN(Front National)[38]의 약진, 1995년의 발라뒤르 후보자의 실패, 그리고 10년 후 유럽 헌법에 대한 국민투표는 미디어의 힘이 작용한 것이다.

한편 텔레비전을 통해 이미지를 형성하는 데 불리한 정당들은 현실적으로 상당히 불리한 여건에서 투쟁해야 하는 문제점이 있다. 뿐만 아니라 텔레비전은 정치적인 논쟁을 정형화한다. 결국 마를렌 쿨롱-귈리(Marlène

---

[37] Jay G. Blumler & Roland Cayrol, *La télévision fait-elle l'élection? Une analyse comparative : France, Grande-Bretagne, Belgique*, Presse de la FNSP, Paris, 1978.

[38] 프랑스 제1의 극우정당으로서 당수는 장 마리 르펜(Jean-Marie Le Pen)이다.

Coulon-Gully)가 언급한 것처럼 <텔레비전이 민주주의를 연출>하고 있는 것이다.[39]

반면 롤랑 카이롤(Roland Cayrol)과 아르노 메르시에(Arnaud Mercier)는 "정치 광고와 텔레비전에서 연출된 광경은 정치를 진부한 것으로 만드는 역효과를 보이고 있다"고 역설한다. 또한 "탈정치화의 나선이 시작되었다"고 주장한다.[40] 즉, 커뮤니케이션 기술의 발달은 대중의 관심으로부터 정치를 떼어놓고 있는 것이다.

5. 공동 참여의 형태

항의하기, 보이콧하기, 시위하기, 파업하기…

아르발 설문조사에 따르면 1981년에서 2008년 사이에 정부에 항의 공문을 보낸 사람이 43%에서 64%로 증가했고 보이콧에 참가한 사람은 10%에서 16%, 시위에 참여한 사람은 25%에서 42%로 증가했다. 항의의 형태는 보이콧에서 격렬한 파업까지 다양한 형태를 취하고 있으며 대형 시위나 관련자에 대한 감금 등의 폭력적인 행동도 있다.

특히 젊은이들은 1986년의 대학 재정 자율권을 골자로 하는 '드바케(Devaquet)법'에서 1994년의 '사회진출에 관한 계약' 그리고 2006년의 '최초고용계약'에 이르기까지 결집할 줄 아는 세대이다. 사회학자 안느

---

39 Marlène Coulon-Gully, *La Démocratie mise en scène, Télévision et élections*, Edition du CNRS, Paris, 2001.

40 "Télévision, politique et élection", *Dossiers de l'audiovisuel*, n°102, INA/La Documentation française, Paris, 2002년 3~4월.

뮈셀(Anne Muxel)은 "젊은 세대는 정치에 무관심하지 않을 뿐만 아니라 의식이 없는 것도 아니다. 오히려 그들은 공동체를 자극하는 문제들에 대해 날카로운 의식을 가지고 있다"라고 말한다.[41] 이렇듯 젊은 세대는 나이든 세대에 비해 정치에 대해 더 많은 정보를 갖고 있는 것처럼 보인다. 한편 2005년 이후에 발생하고 있는 대도시 주변의 방리유 폭동 사건은 젊은 세대들이 유감이나 격분이 강렬할 때 폭력적으로 변할 수 있다는 것을 보여주고 있다.

쇠퇴하고 있는 정당과 노조

이익 방어를 위한 정당의 전통적인 후원 조직은 그 발전 속도를 잃어가고 있다. 1970년대 말에 70만 명 이상이었던 가입자가 현재 13만 명 정도로 줄어들었는데, 이것은 공산당의 추락이 크게 작용한 것으로 보고 있다. 또한 정치 정당에 가입한 사람도 많이 줄어들었다. 대형 노조의 조합원 수가 많기는 하지만 노조에 대한 지지도도 많이 낮아지고 있다.[42]

이러한 정당과 노조의 쇠퇴는 두 단계로 나타났다. 첫 번째 단계는 1950년대에 노조 가입 비율이 30%이상에서 17%로 감소했다. 이후 1970년대까지 유지되었던 이 비율은 두 번째 단계인 1990년대 중반에 8%로 감소했다. 이때부터 현재까지 이 비율이 유지되고 있다. 현재 노조의 조합원은 30만 명의 퇴직자를 포함해 약 200만 명으로 추정되고 있다.

---

41 Anne Muxel, *L'Expérience politique des jeunes*, Presses de Science-Po, Paris, 2001.

42 프랑스 대표적인 최대 노조인 CGT(Confédération française du travail)는 55만 명의 노조원이 있으며 CFDT(Confédération française démocratique du travail)는 약 60만 명 그리고 포르스 우브리에(Force ouvrière)는 30만 명 정도이다.

15%가 넘는 기업의 조합원 수를 제외하면 민간 산업 분야에서의 가입율은 6%이고 의료 및 사회활동 분야의 가입율은 7%인 데 비해 건설 분야에서는 2.2%, 상업분야에서는 2.8%로 상당히 많이 감소하고 있다. 결국 프랑스는 부국 가운데 조합 가입 비율이 상당히 낮은 나라이다.

현재 프랑스 공동 단체의 특징 중 하나는 연합된 형태로 구성되었다는 것이다. 스포츠 단체에서부터 빈민 단체를 지원하는 조직, 학부모 조직 등 연합 환경은 매우 다양하다. 전체적으로 100만 개 이상의 협회를 통해 1400만 명 정도의 자원 가입자들로 조직되어 있다.[43] 프랑스 경제통계청 INSEE에 따르면 16세 이상의 3분의 1이 동호회에 가입하고 있고 이들 중 72%는 1년 내내 정기적으로 참가한다고 한다(2006년 기준). 스포츠 및 문화와 여가 동호회가 4분의 1을 차지하고 있는데 이 중 5분의 1이 스포츠 동호회에 가입하고 있다.

공식적인 집계는 아니지만 매년 동호회의 수가 증가하기 시작한 것은 정당과 노조가 쇠퇴하기 시작한 때부터이다. 동호회의 수는 1970년대 말에서 1990년대 중반 사이에 30,000개에서 60,000개로 두 배 증가했으며 이후 계속 그 수치가 유지되고 있다.

새로운 사회 운동

단체 연합 현상의 증가는 여가의 발전과 노동시간의 감소에서 기인하고 있다. 문화와 관련된 동호회(음악, 연극, 무용)와 국제적 연대 조직이 가장 많이 증가하고 있다. 이와 함께 사회 운동 역시 새롭게 변모하고

---

43 Viviane Tchernonog, “Le paysage associative français”, *Stat-info*, n°07~04, 청소년 스포츠부, 2007년 11월.

있다. 개인주의의 강화가 공공 이익에 대한 무관심에서 비롯된 것은 아니다. 사회단체들의 정치적인 행동은 주거나 불법체류 외국인 혹은 불안정한 상태의 비정규직 등 세부적인 목표를 겨냥한다.

2006년 겨울, 노숙자의 주거 권리를 옹호하기 위해 파리 센느강의 생-마르탱 운하에 200개의 천막을 설치했던 동호회 <동키호테의 아이들>의 영향력은 환상적이었다. 수년에 걸쳐 요구되었던 주거 권리를 자극하려는 몇몇 자원봉사자들의 이러한 행동은 사람들의 관심을 끄는 활동으로서 충분한 역할을 했다. 이렇듯 1970년대 이후 정치적 참여의 형태는 다양해졌고 이러한 행동들은 눈에 띌 정도로 일반화되었으며 오늘날에는 미디어와 인터넷의 도움으로 더욱 활발해졌다.

그러나 프랑스에서 이러한 사회 운동이 새롭게 등장한 것은 아니다. 1960년대에 이미 사회 비판 운동이 다양하게 전개되었으며 이를 통해 참여 행동이 어느 정도 구조화되었고 기구가 조직화되었다. 또한 1970년대에는 환경보호 운동이 정치적 논쟁의 장으로 진입하였다. 녹색당은 적절한 정치적 표현을 써가며 자신의 요구사항들을 표출하고 있다. 새로운 이슈로 사람들을 끌어 모으고 있는 이러한 협회 혹은 동호회는 정당 혹은 노조와 경쟁관계를 이루기도 한다.

동키호테의 아이들과 주거권 2006년 겨울, 노숙자 문제가 부각됐을 때 파리 시민들은 이들을 강제로 추방하려는 당국의 조치에 반대하고 굶고 추위에 떠는 집 없는 사람들의 뒷바라지를 하다 타계한 피에르 신부의 정신을 기리며 노숙자들 곁에 텐트를 치고 이들과 함께 밤을 새우며 연대감을 표시했다. 12월 25일 이들이 조직한 단체가 '동키호테의 아이들'이다. '동키호테의 아이들'과 뜻을 같이 하는 시민들의 조직은 곧 전국으로 확산됐다. 이들은 노숙자 곁에서 밤을 새우는 것으로 만족 하지 않았다. 이들의 궁극적 목표는 그 헌장이 시사하는 것처럼 집 없는 사람들에게 집을 마련해 주는 것, 주거권을 기본권으로 법제화하는 것이었다.

'동키호테의 아이들' 요구에 귀를 기울인 시라크 대통령이 연말 국민에게 보내는 송년 담화에서 빌팽 총리에게 집 없는 사람들을 위한 '주거권'법 제정을 지시함으로써 주거권법은 급물살을 타게 됐고 이듬해 2월 22일 상하 양원에서 법이 통과됐다. 두 선두 대선 후보들도 주거권법을 전적으로 환영했다.

이 주거권은 단순한 선언적 권리가 아니라 집이 없거나 주거상태가 아주 열악한 국민이 국가를 상대로 주거를 요구할 수 있는 법적으로 보장된 기본권이다. 주택 요구를 했는데도 너무 오래 요구가 충족되지 않을 때는 행정법원에 소원을 신청할 수 있다. 의회는 무주택자나 열악한 주택 거주자들을 위한 사회주택 건설 목표(2006~2009)를 50만 가구에서 59만1000 가구로 늘리고 소요 예산 8억5000만 유로(약 11억 달러)를 통과시켰다.

6. 사회 만들기

사회 연대란 무엇인가?

프랑스 사회학자가 많이 다루는 주제 중 하나가 '사회 연대(lien social)'일 것이다. 사회 연대는 인간관계, 부부, 가족, 친구 등의 관계들의 총체라고 정의할 수 있다. 이 관계는 규칙과 가치는 물론 상호 의존관계의 메커니즘과 문화적 전통이나 경제 상태에 의해 만들어진다. <사회>는 연령, 출신지, 삶의 수준 혹은 서로 다른 계층의 사람들이 함께 살게 할 수 있는 능력을 갖고 있는데, 바로 이러한 것을 가능하게 하는 것이 사회 연대이다.

현재 혼자 살고 있는 사람들이 점점 늘어나고 있지만 이것이 관계상의 단절을 의미하는 것은 아니다. 오히려 소외는 가족의 삶에서도 올 수 있다. 그렇기 때문에 친구 관계는 사회 연대를 위한 사회 기능의 필수적인 요소이다. 사회 안정성에 대한 조사에 의하면 1983년 이후 친구나 이웃간의 직접적인 접촉이 줄어들고 있다고 한다.[44]

변하고 있는 사회 연대, 사회 연대는 위협받고 있는가?

사회 연대에 영향을 주는 요소는 상당히 많다. 특히 뉴 테크놀로지는 교류 및 정보전달의 방식을 변형시키면서 관계의 단절을 가져온다는 비판을 받아왔다. 과거에는 이러한 논란 중심에 텔레비전이 있었고 이후 비디오 게임과 인터넷이 비판 받아왔다. 이것은 모두 여가생활이 발전하면서 일어났다. 텔레비전이 노동 시간 감소로 얻게 된 자유로운 시간의

[44] Nathalie Blanpain & Jean-Louis Pan Ke Shon, "1983~1997 : les Français se parlent de moins en moins", *INSEE Première*, n°571, 1998년 3월.

대부분을 차지하고 있다. 텔레비전의 발전은 사람들의 생활을 집안 내부로 이동시켰다.

또한 뉴 테크놀로지는 사람 간 교류의 범위를 확장시켰다. 집전화 및 이동전화 그리고 전자 메시지 기기는 커뮤니케이션의 생활을 파급적으로 확대시켰다. 그러나 이 기기들에 대한 부정적인 의견도 많다. 사이버 상의 관계는 사회관계의 모조품일 뿐이라고 비판하기도 한다. 가상의 삶이 사회관계를 대체할 수 없기 때문이다. 이러한 2차적인 삶은 비현실적인 세계 안에서 자신이 붕괴되는 수단이 될 수 있다는 것이다.

경제 변화 역시 사회 연대를 변화시킨다. 3차 산업화와 개인 서비스의 발전(교육, 건강 등을 포함하는)은 급여 생활자와 고객 혹은 사용자 사이의 관계를 활발하게 만든다. 그러나 실업 및 계속되는 불안정한 고용의 상황은 사회관계를 상실시킨다. 결국 생계를 보장하는 수단인 고용이 사회관계의 형태를 결정짓게 된다.

사회 연대는 다른 문화를 공유하는 사람들이 공통의 규칙을 준수하면서 같은 영토에서 결합할 수 있도록 한다. 프랑스에는 오랜 기간 외국인과 이민자가 증가했다. 이민자의 증가가 문화를 변화시켰지만 사회 통합에 대한 조사를 보면 문화 차이가 사회 연대를 붕괴시키지 않았다는 것을 보여준다. 폭력적인 갈등은 가까운 문화 사이에서 일어나며 아주 멀리 떨어져 있는 문화와는 충돌 없이 공존할 수 있다고 한다. 그러나 이 분석의 오류가 발견되었다. 2005년 방리유에서 일어난 폭동은 사회적으로 거부된 젊은이들의 감정 폭발로 설명할 수 있다. 결국 사회 연대가 이루어지려면 사회 통합이 동반되어야 한다.

개인주의와 사회적 응집력

사회에서 개인의 위치 또한 중요한 지표이다. 교육 수준이 높아지고 많은 요소가 개인의 자치권을 강화시킬 뿐만 아니라 권위로부터 해방되었다. 무엇보다 개인주의의 특징은 해방이다. 이것은 개인 각자가 사회 통제를 거부할 수 있는 능력을 갖추고 있다는 것을 의미한다. 반면 부정적인 측면도 포함되어 있는데, 규제에 대한 해방이 이기주의를 불러일으킬 수도 있다.

또한 해방은 갈등의 원인을 제공하기도 한다. 특히 가족 안에서 개인들이 대립하고 있다. 사회학자 이렌 테리(Irène Théry)는 <우리는 더 자유로운 동시에 더 사회적으로 노출되어 있고, 더 책임이 많아졌고, 더 불확실하고, 더 자치적이며 더 연약하다>라고 설명한다.[45] 이혼의 급증과 편부모 가정의 소외 같은 개인적 갈등이 증가하는 것을 보면 쉽게 알 수 있다. 또한 폭력의 증가와 도시의 무질서, 전통적 권위의 약화는 개인화의 과정에서 이루어진 것이라고 할 수 있다.

그러나 사회 안에서 발생하는 갈등은 발전의 열매가 될 수 있다. 갈등의 일부분은 실제로 개인들 사이의 관계를 위협하는 것이 아니라 정상적인 경로를 통해 표출되는 이익을 창출하고 있다. 결국 갈등이란 조화로운 인간관계의 장애인 동시에 사회 연대의 활성화를 위한 요소이다. 다른 사람과 갈등 관계를 이룬다는 것은 다른 사고에 대한 존재와 통합을 인지하는 것이다. 왜냐하면 구조와 규정에서 허용되는 합의의 행동 기준이 제시되기 때문이다.[46] 대표적인 갈등은 파업으로서 노동자들 사이의 사회적 연대성의 요소인 동시에 긴장에 대한 표현인 것이다.

---

45 Irène Théry, *Le Démariage. Justice et vie privée*, Odile Jacob, Paris, 2001.

46 Dominique Picard & Edmond Marc, *Les Conflits relationnels*, PUF, coll. <Que sais-je?>, Paris, 2008.

■ 참고 문헌

이보경, 『파리는 사랑한다, 행복할 자유를!』, 창해, 2009.
정일영, 『프랑스 문화의 이해』, 신아사, 2006.
함혜리, 『프랑스는 FRANCE가 아니다』, M&K, 2009.
한택수, 『프랑스 문화 교양 강의 18』, 김영사, 2008.
Alain Vulbeau, "Les adolescents", *Informations sociales*, n°119, 2004년 10월.
André Glucksmann, *Decartes, C'est la France*, Flammarion, 1987.
Anne Muxel, *L'Expérience politique des jeunes*, Presses de Science-Po, Paris, 2001.
Arnaud Régnier-Loilier & Henri Léridon, "La loi Neuwirth quarante ans après : une révolution inachevée?", *Population et Sociétés*, n°439, INED, Paris, 2007년 11월.
Arnaud Reigner-Loilier & France Prioux, "La pratique religieuse influence-t-elle les comportements familiaux?", *Population et Sociétés*, n°447, INED, 2008년 7~8월.
Carine Rouart, *Filles et Garçons la parité*, Actes Sud, 2008.
Christian Baudelot, Roger Establet, *Quoi de neuf chez les filles? Entre stéréotypes et libertés*, Nathan, coll. <L'enfance en question>, Paris, 2007.
Christophe Robert, *Eternels Etrangers de l'intérieur*, Descellée de Brouwer, Paris, 2007.
Claude Grignon & Jean-Claude Passeron, *Le Savant et le Populaire Misérabilisme et populisme en sociologie et en littérature*, Gallimard/Seuil, Paris, 1989.
Claude Martin, "Les effets du divorce et du non-divorce des enfants", *Recherches et Prévisions*, n°89, CNAF, 2007년 9월.
Claudine Attias-Donfut, "Les grands-parents en Europe : de nouveaux soutiens de famille", *Informations sociales*, n°149, 2008년 9월~10월.
Daniel Mothé, *L'Utopie du temps libre*, Esprit, Paris, 1997.
Denise Bauer, "Entre maison, enfant(s), et travail : les diverses formes

d'arrangement dans les couples", *Etudes et Résultats*, n°570, DREES, 2007년 4월.

Dominique Andlofatto, "Les députés de 2007 : miroir déformé ou microcosme?", *Revue politique et parlementaire*, n°1044, 2007년 7월~9월.

Dominique Maison, "Femmes au foyer, Expériences sociales", *Dossier d'étude*, n°92, CNAF, Paris, 2007년 5월.

Dominique Meurs & Sophie Ponthieux, "L'écart des salaires entre les femmes et les hommes peut-il encore baisser?", *Economie et Statistique*, n°398~399, INSEE, 2006.

Dominique Picard & Edmond Marc, *Les Conflits relationnels*, PUF, coll. <Que sais-je?>, Paris, 2008.

Dominique Versini, *Adolescents en souffrance*, rapport thématique 2007 de la défenseure des enfants, 2007.

Elisabeth Algava, "Les familles monoparentales : des caractéristiques liées à leur histoire matrimoniale", *Cahiers de l'INED*, n°16, Paris, 2005.

Emmanuel Rivière, "Majorité présidentielle : le fragile ralliement des catégories populaires", *in Sofres, l'Etat de l'opinion 2008*, Seuil, Paris, 2008.

Ezzedine Mestiri, *L'Immigration*, La Découverte, Paris, 1990.

Fabienne Rosenwald, "Les filles et les garçons dans le système éducatif", *Note d'information*, n°06~06, 교육부, 2006년 2월.

Faïza Guene, "Qu'est-ce que je serais sans la télé?", *Informations sociales*, n°111, 2003년 11월.

Florent Gougou, "L'éclatement du vote populaire", *in Pascal Perrineau, Atlas électoral 2007. Qui vote qui, où, comment?*, Presses de Sciences-Po, Paris, 2007.

Guillaume Roux, "Quelle évolution de la xénophobie en France?", *Futuribles*, n°319, 2006년 5월.

Irène Théry, *Le Démariage. Justice et vie privée*, Odile Jacob, Paris, 2001.

Jay G. Blumler & Roland Cayrol, *La télévision fait-elle l'élection? Une analyse comparative : France, Grande-Bretagne, Belgique*, Presse de la FNSP, Paris, 1978.

Jérôme Accardo, "1979~2006 : les structures de consommation et les écarts entre groupes sociaux évoluent", *France, portrait social*, INSEE, 2007년.
Lara Muller, "Les écarts de salaires entre hommes et femmes. Des disparités persistantes", *Premières Informations*, n°44.5, 고용부, 2008년 10월.
Louis Chauvel, "Le retour des classes sociales", OFCE n°79, 2001 (www.ofce.sciences-po.fr/pdf/revue/9-79.pdf)
Louis Maurin, *Déchiffrer la société française*, La Découverte, 2009.
Marlène Coulon-Gully, *La Démocratie mise en scène, Télévision et élections*, Edition du CNRS, Paris, 2001.
Michèle Tribalat, *Faire France. Une grande enquête sur les immigrés et leurs enfants*, La Découverte. Paris, 1995.
Nathalie Blanpain & Jean-Louis Pan Ke Shon, "1983~1997 : les Français se parlent de moins en moins", *INSEE Première*, n°571, 1998년 3월.
Nelly Mauchamps, *Les Français*, Le Cavalier Bleu, 2006.
Nonna Mayer & Guy Michelat, "Les Français sont-ils plus "racistes" qu'hier?", *in Revue politique et parlementaire*, n°1042, 2007년 1월~3월.
Paul Archambault, *Les Enfants de familles désunies en France*, INED, Paris, 2007.
Paul Yonnet, *Travail, loisir: Temps libre et lien social*, Gaillard, 1999.
Pierre Bourdieu, "L'opinion publique n'existe pas", *Question de sociologie*, Minuit, Paris, 1984.
Pierre Rosanvallon, *l'Etat en France de 1789 à nos jours*, Seuil, 1993
Régis Bigos & Patricia Croutte, "La diffusion des technologies de l'information dans la société française", Crédoc, 2008년 11월.
Stéphane Dupays, "En un quart de siècle la mobilité sociale a peu évolué", INSEE, 2006년.
Stéphane Jugnot, "La participation électorale en 2007", *INSEE Première*, n°1169, 2007년 12월.
Tableaux statistiques de la presse 2007, Direction du développement des medias/La Documentation française, Paris, 2007.
Ted Stanger, *Sacré Français. Un Américain nous regarde*, Folio, 2004
Viviane Tchernonog, "Le paysage associative français", *Stat-info*, n°07~04, 청소년 스포츠부, 2007년 11월.

"Télévision, politique et élection", *Dossiers de l'audiovisuel*, n°102, INA/La Documentation française, Paris, 2002년 3~4월.
경제 사회 위원회(CES, Conseil économique et social), "La place des femmes dans les lieux de décision", n°6 보고서, 2007년 2월.
프랑스 교회 통계 연보, Conférence des évêques de France (www.eglise.catholique.fr)
브리태니커 온라인(http://preview.britannica.co.kr/)

■ 찾아보기

(ㅈ)

(ㅊ)

(ㅋ)